# 모멸감,

### 끝낸다고 끝이 아닌
### 관계에 대하여

# 모멸감,

## 끝낸다고 끝이 아닌
## 관계에 대하여

프랑크 M. 슈렌커 지음 | 정윤경 옮김

을유

일러두기

1. 문장부호와 글자 표기 등은 원문을 거의 그대로 따랐다.
2. 인물 관련 명사는 무작위로 여성(그녀) 또는 남성(그)으로 표현했다.
3. 핵심 문구나 본문의 표제어는 굵은 글씨로 표시했다.
4. 원제인 Kränkungen은 경우에 따라 본문에서 '모욕' 또는 '모멸'로 번역했다.

자신의 정신적 고통을 과감히 드러낼 용기를 지니며, 고유의 정신적 과정
이 이에 미치는 영향을 알아내기 위해 애쓰는 모든 사람들에게 이 책을
바칩니다. 이들은 스스로의 용기에 대한 결실을 거둬들일 자격이 충분합
니다.

이에 더해 타인과의 관계에 책임을 가지고 적극 관여하면서, 공동의 안녕
에 이바지하고 자신이 처한 어려움을 건설적으로 이겨내기 위해 노력하
는 모두에게 이 책을 드립니다.

# 머리말

## 오늘도 모멸감에 시달리는 당신에게

"실례합니다."

바다에서 온 물고기 하나가 다른 물고기에게 말을 걸었다.

"저보다 나이도 많고 경험도 풍부할 테니, 아마도 저를 도와주실 수 있을 것 같아서요. 바다라 불리는 것은 대체 어디에서 찾을 수 있죠? 제발 알려주세요. 방방곡곡을 다니며 찾아도 아무 보람이 없네요."

"바다는 말이지."

나이 든 물고기가 입을 열었다.

"네가 지금 헤엄치고 있는 곳이야."

"이거라고요? 하지만 이건 그냥 물이잖아요. 저는 바다를 찾고 있다고요."

어린 물고기는 실망스럽게 말하며 다른 어딘가를 찾아 헤엄쳐나갔다.[1]

심리 치료에 몸담으면 내담자에 대해 매우 상세히 알게 된다. 상담과 치료 과정에서 나는 이들 중 다수가 인간관계에서 사회 공포와 수치심, 모멸감을 겪으며 정신적으로 얼마나 심히 약화되는지를 눈여겨본다. 여기에서 말하는 인간관계는 연인과 부부나 가족처럼 가까운 관계도 해당되지만, 친구나 동료, 직장 상사와의 관계도 포함된다. 번아웃이나 괴롭힘 또는 따돌림 같은 문제가 빈번히 발생하고 또 화두로 오르내리는 직장 생활에서 모멸감은 하나의 중요한 역할을 차지한다.

일터에서는 문제의 양 측면을 직접 경험할 수 있기 때문에 여기에선 모멸감의 형성 조건들이 하나하나 세세히 또렷하게 드러난다. 그뿐만 아니라 일터는 예전과 현재의 모멸감이 당사자가 서로 간의 연대감이나 애정을 명확히 느끼고 누리는 걸 얼마나 어렵게 만드는지 확인할 수 있는 공간이다. 다양한 노력에도 불구하고, 내담자가 내가 바라는 대로 고통스런 감정과 모욕적 후퇴, 공격적인 비난이라는 악순환에서 벗어나 다시 상대와 가까워지고 서로를 다시 신뢰하게 되는 경우는 생각보다 드물다. 직장 생활에서의 모멸은 당사자들의 정신 건강과 관계의 질뿐 아니라 신체 건강과 기대 수명에도 막대한 영향을 미친다.[2]

모멸감을 다루기 어려운 이유는 이를 겪는 당사자의 개인적인 결점과 민감성만의 문제가 아니기 때문이다. 우리 문화에 널리 자리한 사고 모델이 모멸감의 발생 조건을 마련하고 또한 모멸감의 역학을 제대로 풀어내지 않는 데 주된 원인이 있다. 우리 사회 문화에서 일반적으로 통용되는 이 사고 모델은 굉장히 강력하다. 모멸감을 느끼는 당사자들은 때로 인지하지도 못한 채 이에 압도되며, 이들은 우리 문화에서 성장하고 살아가는 사람들의 생각과 경험에 파고들어 감정과 행동에 강한 영향을 미친다. 이 사고 패턴은 내가 주로 다루는 상호 인간관계뿐 아니라, 정치적이고 국제적인 분야의 갈등에도 영향력을 드러낸다.

인간에게 **문화**란, 이를테면 물고기에게 바다와 같은 존재다. 온 생활 공간이 문화로 둘러싸여 있기 때문에 그 영향력이 얼마나 광범위한지, 얼마나 다양한 형태로 우리 삶의 작디작은 틈새까지 효과를 미치는지 여러모로 거의 파악하기가 어렵다. 나의 동료이기도 한 고든 휠러Gordon Wheeler는 이를 멋진 문장으로 표현했다.

"우리 경험의 모든 틀은 문화적으로 가장 깊은 곳에서 형성된 것이면서, 동시에 대부분은 우리가 가장 적게 의식하는 것이기도 하다. (……) 그러므로 문화에서 가장 깊은 층위는 '현실' 그 자체다. 즉, 세상이 원래 그

렁다고 생각하는 까닭에 내가 문화적이라 여기지 않는 모든 것이다."[3]

### · 여담 I

인간이 하나의 상황을 경험하는 방식은 여러모로 이미 문화적 관점이 '스며든' 상태라고 할 수 있다. 애초에 '자연스러운' 경험은 없다. 일단 나중에 해석되는 것은 자연스런 경험이라 말할 수 없다. "문화적으로 각인된 견해와 가치관과 관점은 우리가 경험적 판단에 따라 임의로 덮거나 혹은 덮지 않을 수 있는 개념적 외피가 아니다. 더 구체적으로 말하면 **모든 경험은 철저하게 문화 의존적**이다. 그러므로 우리가 어떤 방식으로든 우리 '세계'에서 경험하는 무언가는 우리 문화가 이미 지니고 있는 경험 그 자체다."[4]

개인의 모멸감을 이해하려면 우리 사회 문화에 형성된 모멸감의 구도를 알아야 한다. 우리 문화에서 모멸감은 대부분 눈에 띄게 단순한 가해자-피해자 구도가 지배적이다. 이런 관습적인 틀 안에서는 한 인간이 타인을 통해 모욕을 느낄 때 동반되는 다층적인 상호작용이 억제된다. 또한 안타깝게도 이 구도 안에서는 모멸감을 극복하려는 대다수의 시도가 불만족스럽게 흘러간다. 우리 독자 여러분들은 내가 앞으로 소개할 사례들을 본인이 경험한 바에 따라 모두 익히 알 것이며, 아마도 그 가운데 몇몇은 책을 통해 다시금 새로이 인식하게 될지 모른다.

어쩌면 당신은 가해자-피해자 틀에서 벗어나기가 그리 쉽지 않음을 깨닫게 될 것이다. 이 틀은 우리 문화 도처에 퍼져 있다. 우리 모두는 가해자-피해자 구도와 함께 성장했으며, 이 구도는 매체를 비롯해 여러 인간적 만남 속에서 끊임없이 재연된다. 여기에서 우리는 이 세상이 또는 인간이, 정해진 사고의 틀이 암시하는 대로 따라야 하는 운명인 듯한 인상을 받기도 한다. 그러면서 우리는 새로운 것을 받아들일 때보다 불이익이 따르더라도 차라리 익숙한 걸 고수하는 편이 낫지 않은가, 하는 물음에 가끔은 저항하기도 한다.

그런 이유로 이 책에서 전하는 고찰은 당신의 심기에 '거슬릴' 것이다. 특히 당신이 지금껏 경험한 모멸감에 대해, 그저 무력하게 전달받은 감정이 아니라 그 안에 당신의 책임도 있으며 스스로 영향을 미쳤을 가능성도 있다고 말하면 다소 불편할 것이다. 어쩌면 당신은 모멸감을 이해하고 다루는 나의 접근법이 까다롭고 복잡하다고 느낄 수도 있다. 우리 문화에 깊이 뿌리 내린 사고 패턴과 견주면 그래 보이긴 한다. 혹여 내가 당신에게 내 생각을 납득시킨다 하더라도, 당신의 익숙한 사고와 감정이 단번에 새로운 것으로 대체되지는 않는다. 그러므로 기존의 낡은 틀이 경우에 따라 다시금 영향력을 드러낼 수 있음을 알아두고 미리 대비하기를 권한다. 습관의 힘은 막강하다. 하지만 낙담하지 말자. 이런 데자뷔 같은 경험들을 우호적인 태도와 인내로 마주하자. 그리고 새로운 가능성들을 계속 실험해보자. 새로운 것이 습관이 되고, 당신에게 또 다른 대안으로 확실히 자리할 때까지 말이다.

이처럼 예정된 난관에도 불구하고 부디 나의 고찰과 제안을 믿고 따라오기를 바란다. 왜냐하면 나는 당신이 이런 어려움을 통해 결국 유익을 얻게 될 거라 확신하기 때문이다. 비록 가해자-피해자 구도가 우리 사회 문화에 널리 퍼져 있기는 하지만, 내 경험에 따르면 모멸감이라는 현상에서 무슨 일이 벌어지는지 이해하는 데 이 구도는 적합하지 않다. 유감스럽게도 이 틀은 당사자가 모멸감을 건설적인 방식으로 극복해 관계를 다시 견고하게 만드는 데 그다지 유용하지 않다. 오히려 그 반대로 "피해 의식은 인간적인 경험을 제한하고 사회적 관계의 복잡성을 단조로운 단 하나의 세계관으로 이끈다."[5] 피해자 역할(상호 보완적 관계인 가해자 그리고 종종 구원자 역할)에 속한 이들은 불가피하게도 이 같은 세계관 속에 산다.

우리가 일반적으로 모멸감을 이해하고 다루는 방식은 이

감정과 결부된 고통을 더욱 강화하며 이 감정에서 빠르게 회복되는 길을 방해하고 지연시킨다. 그래서 모멸감의 사정거리가 이토록 넓은 것이다. 거의 모든 상호적 인간관계에서 발생하며 특히나 가깝고 내밀한 관계에서 생겨나기 때문이다. 그러면서 나는 다음의 물음에 도달하게 된다. 즉, 모멸이라는 감정이, 당사자들이 처한 공동의 상황 속에서 서로 간의 존엄과 연대를 통해 극복될 수 있는 현상인지 궁극적으로 묻게 된다.

이 질문은 여러 하위 질문으로 세분화된다. 먼저 나 스스로가 타인을 어떻게 다루는지에 관한 질문이 갈라져 나온다. 내가 그의 인간적 존엄을 존중하는가? 그러면 이와 밀접하게 결부된 두 번째 질문이 등장한다. 타인을 향한 나의 행동은 나 자신의 존엄에 어떤 영향으로 되돌아오는가? 그리고 이는 세 번째 질문으로 이어진다. "나는 스스로를 어떤 식으로 바라보고 평가하며 대하는가? 이를 통해 나는 스스로에게 존엄의 경험을 부여하는가?"[6]

내가 이해하는 존엄은 본질적으로 체화된 태도에 있다. 이를테면 중심이 잡힌 올곧은 자세를 지니고, 심히 불쾌한 상황 앞에서도 평온하고 겸손하게 자신의 입장을 견지할 때 품위 있는 인간이라 할 수 있다. 진지함과 책임 의식과 진실성을 대하는 자세가 쉽게 흔들리지 않으며, 다른 사람들에게 관심과 존중을 표하고 확고한 자존감 속에서 고유의 인간적 권리를 비롯해 타인의 인권에 결코 무디지 않은 태도라 하겠다. 이뿐만 아니라 존엄의 자세는 고유의 소망과 목표가 남주된 사회적 전략에 휘둘리는 걸 꺼리도록 만들며, 자신 또는 타인을 목적의 수단으로 전락시키지 않도록 이끈다.

　　나는 어떤 식으로든 모멸감과 연관된 모든 사람들에게(이와 전혀 무관한 사람이 있기는 할까?) 내가 수년 동안 개인적으로 그리고 심리 치료 활동을 하면서 유익하다고 증명된 몇몇 견해를 전하고 싶다. 모멸감에 시달리는 당사자들이 상황을 좀 더 분명히 깨닫는 데 내가 조금이나마 기여하기를 소망한다. 문화적으로 애초에 정해진 해석의 틀 안에서 우리가 관계를 맺고 존엄의 감정을 느끼며, 그 과정에서 모멸이라는 감정이 생겨난다는 사실을 이해하고 받아들이기를 바란다. 더불어 문화적 틀을 인지하면 이런 상황에 쉽게 휘말리지 않으며, 혹여 이미 빠져들었다 하더라도 수월하게 벗어날 수 있다.

　　여기에 더해 나는 다른 대안적인 관점을 견지하려 한다. 즉, 상호 인간관계에 도움이 되며 당사자들의 품위와 존엄을 더욱 높이는 방식으로 상황과 감정을 들여다보려 한다. 우리 독자 여러분들이 이 글을 통해 훗날 인간관계에서 모멸감을 경험하는 빈도와 강도가 줄어든다면, 무엇보다 모멸감이 관계에 가하는 파괴성을 덜 겪게 된다면, 이미 벌어진 일을 순조롭게 수습하고 단순히 관계를 회복할 뿐 아니라 가능한 한 굳건한 관계를 형성하게 된다면 나의 고된 집필 작업에 충분한 보답이 될 것이다.

책에 담긴 나의 견해와 고찰을 독자들이 가급적 편안히 읽고 이해하기를 바라는 마음으로 본문을 여러 장으로 나누어 비교적 짧은 호흡으로 읽을 수 있도록 구성했다. 그리고 본문 사이사이에 "여담"이라는 이름의 토막글을 끼워 넣어 추가로 덧붙이고 싶은 설명이나 안내 사항을 담았다. 원한다면 여담은 읽지 않아도 된다. 여담이 없더라도 본문의 의미를 파악하기는 어렵지 않다. 하지만 여담에 실린 참고 문헌과 제안을 따라간다면 책에서 다루는 주제를 더욱 넓게 이해할 수 있을 것이다.

이 글이 당신의 마음속에 있는 사람들과의 관계에 도움이 된다면, 당신에게 만족스런 방식으로 그들과 관계를 형성하는데 도움이 된다면 더할 나위 없이 기쁠 것이다.

마지막으로 집필에 도움을 준 사람들에게 감사의 말을 전하고 싶다. 무엇보다 나를 찾아온 다수의 내담자가 여기에 속한다. 이들은 기꺼이 나에게 마음을 열고 개인적인 경험을 상세히 털어놓으며 내가 모멸감을 본질적으로 이해하는 데 크게 이바지했다. 상당수의 경우 나는 내담자들과 함께 모멸감이라는 현상에 사적으로 결부되어, 그들을 통해 모멸감을 느끼기도 하고 또 나로 인해 그들이 모멸감을 경험하기도 했다. 이런 불편한 경험과 이겨내려는 노력은 모멸이라는 감정을 파악하는 데 굉장한 도움이 되었다. 모멸감이 양측의 관점에서 각각 어떻게 느껴지는지, 당사자들이 이를 극복하려면 무엇을 어떻게 해야 하는지를 배우게 되었다.

원고의 수정과 개선에 누구보다 귀중한 자극과 격려를 준 내 생의 동반자 바바라 슈템러Barbara Staemmler에게 특히 고마움을 표한다. 바바라는 원고를 처음 쓸 때부터 한 걸음씩 천천히 동행하며 언제나 유익한 생각과 의견을 달아주었다. 지금까지 45년 동안 지속된 우리의 동반자 관계는, 이처럼 가까운 인간적 관계 역시 견고하고 생기 넘치게 꾸려가는 게 얼마든지 가능하다는 걸 보여주는 중요한 자료 중 하나다. 내가 직접 경험했기에 의심의 여지없이 확실한 자료라고 할 수 있다. 더불어 나의 딸 카틴카 슈템러Katinka Staemmler, 나의 친구 소냐 라이너Sonja Reiner, 롤프 메르텐Rolf Merten, 클레트-코타 출판사의 담당 편집자 크리스티네 트레믈Christine Treml에게도 진심 어린 감사를 전한다. 그녀의 호의적이고도 날카로운 편집 직업과 유용한 논평 덕분에 매끄러운 원고가 나올 수 있었다. 여기에 언급된 그리고 다른 많은 성실하고 진실한 사람들과 내가 연결되어 있으며, 이들로부터 도움과 지지를 받고 있다는 느낌처럼 귀하고 아름다운 것도 없다.

# 차례

# 1장

## 악의 없이 생겨나는 비극

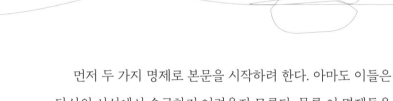

　먼저 두 가지 명제로 본문을 시작하려 한다. 아마도 이들은 당신의 시선에서 수긍하기 어려울지 모른다. 물론 이 명제들을 뒷받침하는 경험과 과학적 근거는 알려져 있지 않다. 사실 이를 증명하기 위한 마땅한 방법론을 찾기도 어렵다. 하지만 이 두 명제는 나의 개인적, 직업적 삶 속에서 얻은 수많은 경험들과 잘 들어맞는다.

　내가 앞으로 계속해서 끌고 갈 견해의 출발점이 되는 두 가지 명제는 다음과 같다.


　√ 두 사람 사이에서 생겨나는 모멸감은 일반적으로는 고의가 아니다.

　√ 그러므로 대다수의 경우, 전적으로 당사자 단독의 책임이나 잘못으로 돌릴 수는 없다.

비록 내가 이처럼 '무죄 추정'을 확신한다 하더라도, 단순하게 모두 무죄라 추정해버리거나 사람들이 서로를 의도적으로 모욕하는 일은 결코 없다고 주장하지는 않을 것이다. 실제로 고의적인 모욕은 때때로 일어난다. 그러나 보통은 자발적인 행위에 의해서가 아니라, 오히려 이를 주관적으로 겪은 반응에 의해 모멸이 발생한다. 예컨대 대부분은 이미 모멸감이 생겨난 후에 다툼이 격렬해지고 타인에게서 나쁜 말이 날아오는 순간 모욕을 당했다 느낀다. 모욕당한 상태는 종종, 크든 작든 불쾌함을 표출할 수 있는 일종의 자격으로 여겨지거나 또는 상대를 모략해도 된다는 정당성이 부여되곤 한다.

하지만 부부나 연인 같은 동반자 관계, 친구 사이, 내담자와 상담자처럼 치료적 관계 또는 동료 사이 등 스스로의 경험적 배경에 영향을 미치는 밀접한 상호 인간관계에서, 일반적으로 사람들은 일단 처음에는 서로에게 호의적이며 함께 좋은 관계를 유지하는 데 주로 관심을 갖는다. 적어도 내가 받은 인상에 따르면, 그저 타인에게 모욕을 주려고 이처럼 깊은 관계를 맺고 유지하는 이들은 없으며 또한 다른 사람에게 모욕당하길 적극 꾀하는 이들도 없다.

그럼에도 불구하고 모멸은 일어난다. 대다수는 양측 당사자에게 예기치 않고 갑작스럽게 발생한다. 바로 여기에 우리

가 절대 무시할 수 없으며 심지어 불가피하고 불행하기 짝이
없는 **비극**이 놓여 있다. 이 명제는 문득 튀어나온 것이 아니
다. 나의 개인적인 경험 외에도 타당한 근거가 마련되어 있다. 이
는 다음에 이어지는 문단에서 더 명확히 설명될 것이다.

· **여담 2**
오이디푸스 왕처럼[1] 고전적인 그리스 비극에서는 운명이
좌우되는 상황에서 최선의 결정을 내리는 인간들을 유독
입체적인 방식으로 묘사한다. 그럼에도 결국 그들의 결정
은 잘못된 것으로 판명난다. 다시 말해 **비극 속 인물들은**
**'무고하게 죄를 범하게' 된다.** 나쁜 것을 피하려는 시도는
실패로 돌아가거나, 아니면 도리어 최초의 희망을 거스르
는 방향으로 향하는 데 결정적인 역할을 한다.

이 비극은 종종 이해하기 어렵다. 악의 추정은 해석을 시도
하는 과정에서 나타난다. 즉, 복잡한 현상을 명료하게 풀어보
려는 시도는 실상을 단순하게 만들지만, 이것이 과도해질 경우
현상을 이해하는 데 큰 도움이 되지 않는다. 모멸이라는 비극
은 한두 번 정도의 시도로는 그 본질을 파악할 수도 이해할 수
도 없다.

그러면 이런 질문이 떠오르게 마련이다. 사적인 관계에서 발생하는 모멸이 주로 고의가 아니라면, 누구도 모멸을 의도하지 않았다면 대체 모멸감이라는 현상은 어떻게 발생하는 것인가?

이 물음에 대한 답을 찾으려면 우선 다른 질문 하나를 반드시 짚고 넘어가야 한다. 모멸감이 도대체 무엇인가 하는 질문 말이다. 다음 장에서 나는 몇 가지 사례를 들어 모멸감을 들여다볼 것이며, 그다음 장에서는 이 사례들에서 드러나는 몇몇 의미 있는 행동 양식과 경험 양식을 풀어갈 예정이다.

# 2장

## 우리는 언제 모멸감을 느끼는가

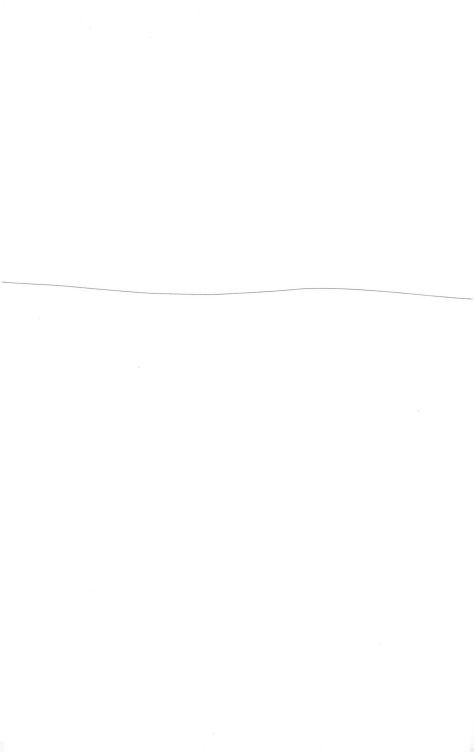

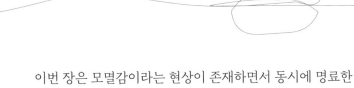

이번 장은 모멸감이라는 현상이 존재하면서 동시에 명료한 풀이가 필요한 몇 가지 사례로 시작할까 한다. 이 사례들은 **성인**이자 각각의 삶에 **책임이 있는 인물**을 위주로 다룬다. 즉, 자유 의지로 연인이나 부부 같은 동반자 관계를 비롯해 친구, 동료, 치료 관계 그리고 다른 여러 친밀한 관계에 관여하는 사람들의 이야기를 통해 모멸감을 풀어보려 한다.

### · 여담 3

"당연히 실제 피해자는 있다. 인종차별도 성차별도 결코 신화가 아니다. 많은 사람이 여전히 늘 편견이라는 부낭한 대우를 경험한다. 그리고 소위 핸디캡을 가진 사람들 또한 일상에서 직면하는 장애물 앞에서 매번 낙담한다."[1] 대량

학살이나 집단 강간 같은 잔혹한 현실은 침묵 속에 묻힌다. 하지만 여기에 나오는 피해자는 내가 다룰 주제가 아니며, 이외에도 성인과 미성년의 관계나 신체적 폭력 같은 사례는 논외로 할 생각이다.

이 책에서 말하는 "피해자"는 자기 책임을 지닌 성인들 사이에서 일어나는 모멸감과 관련된 대상으로, 심리 상태와 연계해 이해해야 한다. 예를 들어 사회적 차별이나 성적인 그리고 다른 위력에 의한 폭력으로 고통받는 사람들은 여기에 해당되지 않는다(이번 장의 마지막 부분에서 집단 괴롭힘인 "모빙Mobbing"을 주제로 다루는 여담 4도 참고하도록 하자). **이는 범주상의 차이다. 즉, 자주적인 한 인간이 사회적 역할 속에서 스스로 피해자 위치에 속한다고 간주하는지, 아니면 한 인간이 외부의 권력이나 폭력 행사로 인해 피해자 상황에 처해지도록 강제되는지 여부에 따라 범주가 갈린다.**

본문에서 취급하는 관계 속 당사자들은 대부분 모멸감이 발생했음을 양측의 관점에서 알고 있다. 비록 각자가 모멸감을 느끼는 시간대가 다르더라도 말이다. 누군가는 상대방에게 모멸감을 불러일으키기도 하고, 누군가는 타인을 통해 모멸감을 느끼기도 한다. 그리고 이들 둘의 위치는 종종 아주 빠르게 연거푸 뒤바뀐다.


## 사례 1: 말없이 버려진 여성

그는 저녁마다 집에 늦게 들어왔고 "너무 힘든 하루였다"는 식의 말을 중얼거리면서 잠자리에 들었다. 몇 달 전부터 두 사람은 각방을 썼는데, 최근 그가 계속해서 잠을 설쳤다는 이유를 들며 각방을 요구했기 때문이다. 그녀는 그를 방해하고 싶지 않았다.

그러던 어느 날, 그녀는 평소처럼 아침을 차려놓고 식탁에 앉아 그를 기다렸다. 이윽고 욕실에서 나온 그는 어딘가 모르게 낯선 모습을 풍기며 그녀를 당황스럽게 만들었다. 아니면 그저 잠이 덜 깬 걸까? 그녀는 무슨 일이 있는 건지 그에게 물었다. 그는 대충 둘러대며 자리에 서서 커피를 마셨다. 그러면서 "오늘은 빨리 가야 해!"라고 말하고는 서류 가방을 들고 나갔다.

이후 홀로 오전 시간을 보내던 그녀는 우편함을 열어보았고, 그 안에서 그가 보낸 편지 한 통을 발견했다. 그의 편지는

그녀에게 놀라움과 함께 커다란 충격을 안겼다. "사랑하는 X
에게. 정말 미안해. 하지만 이제 어쩔 수가 없어. 당신에게 차마
말할 수 없었어. 사실 나 누군가와 깊은 사랑에 빠졌어. 그 사
람과 계속 함께 있고 싶어. 난 돌아오지 않을 거야. 부디 모든
일이 다 잘 되길 바랄게. 당신의 Y가."

　　며칠 뒤 그녀는 나를 찾아와 첫 상담을 했다. 그녀는 여전히
당황한 기색이 역력했고 정신 나간 사람처럼 멍해 있었다. 그
녀는 그가 자신을 버리고 떠났다는 사실뿐 아니라 그가 그녀
와 헤어진 방식에 초점을 맞췄다. 엄밀히 말하면 후자에 비중
을 더 두었다. 어떻게 사적인 대화 한 번 없이, 싸움도 없이, 사
전 경고도 없이 떠날 수 있을까? 그녀는 버려진 느낌뿐 아니라
극도의 모멸감을 느꼈다.


## 사례 2: 반송된 알몸 사진

　　나의 내담자 중 하나는 어느 여성과 사귀는 동안 그녀의 알
몸 사진을 찍었다. 그녀와의 관계가 끝난 다음, 그는 자신이 그
은밀한 사진들을 소유하는 것이 부적절하다고 느꼈다. 지나간
연인에 대한 존중의 의미로 그리고 자신에게도 소중한 추억이

었기에 사진을 폐기하고 싶지 않았다. 그는 자신의 옛 연인에게 모든 사진을 보내기로 결심했다. 그리고 사진을 어떻게 하든 전적으로 그녀에게 맡기기로 했다. 그는 산난한 편지를 작성해 동봉했다.

그와 헤어진 이후 그녀가 도움을 요청하며 내담자로서 나를 찾아왔기 때문에, 나는 그뿐 아니라 그녀의 입장도 알게 되었다. 그녀는 사진을 돌려보낸 그의 행동을 두 사람이 함께했던 관계에 대한 존중이 결여된 표현으로 이해했다. 또한 그가 사진을 반송한 것을 "처분"이라 부르며 모멸감과 가치 절하의 감정을 느꼈다. 그녀는 그가 연인 관계였던 둘의 과거를 없었던 일로 만들어버리고, 또 그녀에 대한 기억에서 벗어나려 한다고 생각했다.

## 사례 3: 거절당한 키스

어느 날 아침, 그는 출근을 위해 집을 나서면서 아내에게 굿바이 키스를 부탁했다. 그의 아내는 그가 요구한 입맞춤을 장난스런 방식으로 거절했다. 일터로 가는 길에 그는 이 일을 잊었고, 사무실에 도착해 아내에게 걸려온 전화를 받았을 때는 이미 업무에 온전히 전념할 준비가 되어 있었다.

　아내는 그가 집을 떠날 무렵 입맞춤을 해주지 않은 자신이 너무 다정하지 못했다고 말하며 사과했다. 그는 사과를 너그러이 받아들였다. 두 사람이 주고받은 대화는 매우 짧았다. 잠시 뒤 그는 아내가 아침에 자신에게 그토록 못되게 대했다는 사실에 점점 더 우울해지고 크게 분노하고 있음을 깨달았다. 하루 종일 그는 꼬리에 꼬리를 무는 생각에서 도무지 헤어날 수 없었다.

　아내가 얼마나 무자비하고 차가운 사람인지, 그녀가 자신의 욕구를 얼마나 이해하지 못하는지 생각했다. 그리고 자신을 진지하게 대하지도 소중히 여기지도 않으며 깎아내리기만 하는 이런 여성과 남은 생을 보내고 싶지 않다는 생각에까지 이르렀다.

　온종일 그는 두 감정 사이를 오가며 흔들렸다. 자신이 이런 악의에 찬 목적을 품고 있다는 사실에 직면할 때면 스스로가 너무 불행하다는 생각에 우울한 감정이 들었다. 그러면서 한편으로, 더 이상 이를 견딜 수 없다고 생각하며 엄청난 분노를 느꼈다. 그는 저녁에 들어가 아내에게 하고 싶은 말을 여러 다양한 버전의 유려한 문장으로 구성하고는 머릿속에서 계속 되뇌었다.

그가 집에 돌아왔을 때 아내는 기분이 좋은 상태였다. 하지만 그는 오자마자 즉시 오랫동안 계획한 공격을 개시했다. 그는 아내에게, 이른 아침에 보인 그녀의 행동으로 자신이 그게 상처를 받았으며 이는 끝없는 상처로 엮인 사슬 가운데 하나의 고리에 불과하다고 말했다. 그리고 이 상처의 사슬은 그녀가 그동안 그에게 가한 냉혹함에서 비롯되었으며, 더 이상 이를 버틸 수 없다고 토로했다.[2]

## 사례 4: 거부된 소망

여러 해 동안 나에게 상담을 받은 한 내담자는 약 두 시간 동안 진행되는 우리의 상담 치료 이후 근처에서 다른 약속이 하나 더 있었다. 그날의 상담은 오후 1시 조금 전에 끝날 예정이었다. 상담 시작 전, 그녀는 진료를 마친 후 점심 휴식 시간에 자신이 상담실에서 시간을 보내도 되는지 물었다. 나는 몇 가지 이유를 들어 그녀의 요구를 거절했다. 먼저 점심시간에는 내가 상담실을 비우게 되고, 이곳에는 공개되어선 안 되는 비밀문서와 보호가 필요한 자료들이 있기에 내가 없는 동안 누구도 출입해서는 안 된다고 말했다. 그녀는 이를 받아들이는 것처럼 보였고, 우리는 평소와 다름없이 대화를 주고받으며 치료에 임했다. 별다른 방해 요소나 이상한 점은 눈에 띄지 않았다. 적어도 내 입장에서는 말이다.

상담 시간이 끝나고 다음 일정을 약속한 후 그녀는 처음에 했던 말을 반복했다. 이번에는 좀 더 힘주어 강력히 요구하는 말투로 내가 점심을 먹으며 쉬는 동안 상담실을 사용하고 싶다는 자신의 소망을 다시금 꺼냈다. 나는 그 부탁에 대한 답은 이미 했으며 내 마음은 달라지지 않을 거라고 간단히 대답했다. 그녀는 두드러지게 퉁명스런 태도로 인사조차 건네지 않은 채 빠르게 그 자리를 떠났다.

다음 상담에서 그녀는 주로 나에게 비난을 쏟아내며 시간을 보냈다. 그녀가 무엇을 필요로 하는지 제대로 파악하지 못할 정도로 내가 얼마나 감정이입 능력이 부족한 사람인지, 나의 말투가 얼마나 차가운지, 내가 그런 식으로 나올 줄은 전혀 예상하지 못했으며 상담실에 잠시 머물고 싶었던 자신의 바람을 기꺼이 들어줄 거라 생각했다고, 그 작은 소망을 내가 무참히 짓밟으며 자신을 마치 하찮은 인간처럼 취급했다고 말이다. 그러면서 그녀는 내가 돌팔이일지도 모르겠다고 말하며 나와의 상담과 치료를 그만둘 것을 진지하게 고민 중이라고도 했다. 그로 인해 수년 동안 이룬 진전이 다시 원위치로 돌아가더

라도 말이다. 내가 그녀에게 무슨 일을 저질렀는지 깨닫지 못
하고 확실하게 사과하지 않는다면 정말 상담 치료를 그만둘
생각이라고 했다. 일단 내가 깨닫고 사과하고 나면 다시는 그
녀를 그런 식으로 비참하게 다루지 않을 거라는 확신이 어느
정도 들 것 같다고, 그럼 아마도 언젠가 다시 나를 향한 신뢰가
생기는 좋은 날이 올지도 모른다고 말이다.


## 사례 5: 준비되지 않은 포르쉐


　　오마르 샤리프Omar Sharif는 주차장 관리원과 치고받는 싸움
을 벌인 끝에 집행유예 2년을 선고받았다. 베벌리힐스의 한 판
사는 이외에도 〈닥터 지바고〉의 주인공 샤리프에게 그가 분노
발작을 제어할 수 있도록 15시간의 심리 치료 이수 명령을 내
렸다. 주차장에서 벌어진 이 다툼은 샤리프가 레스토랑을 떠날
때 그의 포르쉐가 눈앞에 준비되지 않았다는 이유로 화를 내
면서 불이 붙었다.[3]

## 사례 6: 기만당한 아내

린다Linda는 나의 좋은 친구이자 누구보다 친밀한 친구이기도 하다. 수년 전에 처음 알게 된 우리는 당시 서로에게 '반해' 사랑에 빠졌다. 물론 지극히 정신적인 플라토닉 사랑이었다. 맨 처음 만났을 때 나는 린다를 몹시 매력적이라고 생각했는데, 그녀 또한 나를 그리 여겼다. 얼마 뒤 나는 그녀가 자신의 배우자와 깊이 있고 신뢰가 넘치는 관계를 유지하면서도 에로틱한 면이 전혀 없는 관계로 살고 있음을 알게 되었다. 그러다 언젠가 그녀는 자신이 청소년 시절에 겪은 성폭력에 관한 이야기를 나에게 털어놓았다. 트라우마로 남은 이 경험은 그녀의 육체에 지속적으로 영향을 끼쳤다. 그녀에게서 무성적인 분위기가 풍겨나는 이유가 여기에 있었다.

어느 날 나는 그녀에게서 소식을 하나 전해 들었다. 그녀의 남편이 몇 년 넘게 해외로 여행을 떠날 때마다 남몰래 바람을 피웠다는 것이다. 성적 무관심이라는 그녀 고유의 배경으로 인해, 그녀는 자신의 남편이 내연의 여성과 수차례 잠자리를 가졌다는 사실보다 자신을 기만하고 그가 충실한 남편인 듯 믿도록 만들었다는 점을 크게 문제 삼았다. 근본적으로 그녀가 받은 모욕은 무너진 신뢰에 있었다. 그녀는 이를 주된 문제로 여기며 나를 찾아와 이 문제를 극복할 수 있게 도와달라고 부탁했다.

　우리의 첫 상담은 주로 다음의 질문에 초점이 맞춰져 있었다. 신뢰가 이미 무너졌음에도 그녀가 다시 남편에게 마음을 열려면 어떻게 해야 하는지 말이다. 어느 정도 마음이 열려야 건설적인 의사소통이 가능하며, 이는 두 사람이 지금 처한 위기를 공동으로 풀어가는 전제 조건이기도 하다. 그녀와 남편이 이 첫 번째 단계를 충분히 해낸 다음, 그녀는 따로 나를 찾아와 같은 남성으로서 내가 자기 남편의 외도를 어떻게 해석하는지 물었다. 나는 추측을 바탕으로 개인적인 생각을 말했다. 그러면서 비록 남편이 그녀와 성적 접촉이 없는 관계를 아쉬워하지 않는다고 겉으로 드러냈다 하더라도, 자신의 남성성을 확인하고 싶은 마음이 있었을 거라는 추측을 내놓았다.

　린다는 내 말에 모욕적인 반응을 보였다. 나의 추측은 그녀에게, 자신의 배우자가 바랄지도 모를 남성으로서의 인정을 그녀가 해주지 않는다는 비판과 동일한 의미로 여겨졌다. 의도와 다르게 오인된 이 비판으로 그녀의 눈에 나는 남편과 같은 편에 속하는 사람이 되었고, 그가 무너트린 신뢰가 정낭화될 뿐 아니라 더 나아가 그녀에게도 일부 책임을 지우기에 이르렀다.

앞에서 묘사된 여섯 가지 사례는 사적 생활 환경 속 인간들 사이에서 맺어진 관계와 연관되어 있으며, 이들은 앞으로 내가 다루고 풀어갈 심리적 고찰의 중심이 될 것이다. 물론 이외에도 모멸감이 중요한 위치를 차지하는 다른 여러 상황들이 있다. 특히 직장 생활에서 발생하는 모욕의 사례가 적지 않은데, 이는 이 책의 주요 주제가 아니다. 일터에서 일어나는 모욕에 영향을 미치는 요소들은 사적 상호작용에서 벌어지는 모욕 현상과 철저히 구별된다.

예컨대 기업이나 공공 기관 같은 공간에서 직원들에게 가해지는 모멸은 특정 의도를 관철시키기 위해 조직적으로 야기되곤 한다. 여기에서 말하는 모멸은 집단 괴롭힘, 즉 **모빙**이라는 개념 아래서 이해해야 하며 이를 다루는 수많은 서적들이 시중에 나와 있다. 하지만 이 책에서는 논의되지 않을 것이다. 직장 내 괴롭힘과 관련해 상세히 들여다보고 싶은 독자들은 해당 주제에 알맞은 저서를 따로 찾아 읽어보기를 권한다(예를 들면 리츠케Litzcke, 슈Schuh & 플레트케Pletke가 공동 집필한 2013년 저서를 살펴보자).

· 여담 4
직업적인 맥락에서 발생하는 모멸감은 지난 수년 동안 점점 더 빈번하게 "모빙"이라는 단어와 결부되어 드러나고 있다. 이런 현상은 결코 문제가 없지 않다. 이 단어는 두 개의 극단적인 유형 사이에 놓인 폭넓은 사건들을 묘사하기 때문이다. 이 넓은 스펙트럼의 한쪽 끝에는 "모빙"이라는 단어의 원래 의미와 관련된 현상이 있다. 다시 말해 **누군가 일터에서 자주 오랜 시간 괴롭힘을 당하거나 차별 대우를 받거나 또는 소외되고 배제되는** 것이다. (······) 구체적으로 예를 든다면 모빙의 당사자가 방으로 들어올 때 대화를 멈추고, 코앞에서 문을 닫고, 업무 진행 과정을 충분히 설명하지 않아 문제가 벌어지거나 당사자가 업무에서 손을 떼도록 만드는 경우 등이 있다. 잘못된 정보, 공개적인 비난, 조롱, 성적 괴롭힘 또는 인신공격을 통해 인간은 집단에서 파내지고 밀려난다. 모빙은 무시하기, 위축시키기, 조롱하기, 모략하기처럼 이미 오랫동안 있어 온 행위들을 포괄하는 개념이다."[4]

이런 괴롭힘의 배후에는 여러 가지가 있는데, 회사에서 감원을 해야 하는 상황에서 종종 벌어지곤 한다. 상사를 비롯해 동료 직원들은 회사에서 나갔으면 하는 직원을 괴롭혀 스스로 그만두도록 만든다. 이 같은 방식으로 회사는 해고 보호제도를 거스르지 않고, 또 퇴직금처럼 지불해야 하는 비용을 줄일 수 있다. 노동자에게 일터는 생존을 좌우하는 공간이며 직장인은 확고한 일자리에 어느 정도 의존적이므로, 여기에선 객관적인 권력 관계가 중요한 역할을 한다 (이번 장의 초입에 언급한 여담 3을 참고하자).

이런 현상의 다른 끝은, 이를테면 승진 누락처럼 일터에서 벌어지는 모든 과정이 마음에 들지 않는 직장인들과 관계된다. 이들은 마음에 차지 않는 일련의 과정이 자신을 향한 괴롭힘이라 악의적으로 해석하면서, 스스로를 피해자로 정의 내리고 피해자 의식에 빠지는 식으로 모멸감을 만들어낸다. 그리고 상당수가 거의 편집증에 가까운 형식을 띤다. 이는 고유의 업무 능력이나 인격 문제, 사회 공포와 문제 행동을 자기 비판적으로 바라보지 못하게 한다.°

이들 둘 사이에는 여러 가지 혼합된 유형들이 자리한다. 소위 아웃사이더들은 이 안에서 벌어지는 모빙에서 어떤 요

---

° 특정 성격과 행동 양식은 차별적인 대우를 '유발'할 수 있다. 이는 모빙을 집중적으로 조명하는 한 전문 서적에서 "피해자학적Viktimologisch 자극으로 비롯되는 잠재적 피해자"라는 소제목과 함께 언급된다(추슐락, 《모빙》). 하지만 여기에서 말하는 "피해자"가 되게 만드는 "자극"은 문제가 될 수 있으며, 제도적 폭력을 감추는 위험을 불러내 차별을 당하는 당사자에게 책임을 지우고, 지원하는 대신 도리어 죄를 묻게 될 수 있다. 인종차별적인 사회 환경에선 아프리카 출신의 직원에게 그의 피부색이("검은 피부나 다른 체형, 얼굴 형태, 머리색은 명확히 외국인으로 식별하게 만든다" - 위와 같은 저서) "피해자로 만드는 피해자학적 자극 요소"라며 차별의 책임을 떠넘기기 쉽다. 인종차별적 맥락을 건드리지 않고 우선 피부색이 논쟁의 주제가 되는 것이다.

소가 어느 정도의 역할을 하는지 파악하기가 거의 불가능하다. 여기에서 다수는 해석의 문제로 넘어간다. 상사나 동료의 노골적인 괴롭힘이 아니더라도 단순히 무시하거나 경시하거나 또는 사과하는 행위로도 스스로 모빙을 당한다고 느낄 수 있다. 이런 경우에는 심리 치료의 도움을 받을 수 있다. 즉, 무시나 경시 같은 행위가 개인의 심리에 가하는 부담을 최소한으로 덜어주고, 이를 괴롭힘이라 여기며 개인적으로 받아들이지 않도록 그리고 자기 파괴적으로 처리하지 않도록 모욕 민감성을 변화시키는 과정이 필요하다. 다른 노동법적인 요소들과 관련된 모빙은 다양한 곳에서 도움을 받을 수 있다. 예컨대 노동조합이나 다른 여러 기관의 상담소를 통해 해결 방안을 모색할 수 있다.

# 3장

## 모멸감이 만드는 감정의 폭풍

앞서 소개한 사례들은 몇 가지 공통점이 있다. 무엇보다 모멸감의 당사자들이 스스로 관심이나 이해 또는 주의나 존중을 받지 못한 인상을 느낀다는 점이다. 다시 말해 타인이 집중과 애정 혹은 존중이나 이해를 바탕으로 자신을 대하지 않았다고 느끼는 것이다. 이들은 무시되고 간과되며 충분히 인정받지 못하고 부당하게 다루어지거나 등한시되는 경험을 통해, 스스로의 가치가 절하되고 과소평가되며 버려진 느낌을 받는다. 이들은 타인에게 특정 기대나 요구를 설정해두고 후에 바람이 이루어지지 않으면 모멸을 느낀다. 그러면서 이를 개인적으로 받아들인다. 즉, 다른 사람의 행동을 자신을 향한 부정적인 입장 표명으로 이해하는 것이다.

인간이 타인으로부터 중히 여겨지지 않아 모멸감을 느끼

게 되는 계기는 아주 다양하다. 겉보기에 악의적이지 않은 예의의 부재 또는 관습에서 벗어난 행위(생략된 악수, 사례 3 거절당한 키스, 사례 5 준비 되지 않은 포르쉐), 산만한 태도 또는 집중의 부재(텔레비전이 켜져 있는 레스토랑), 부주의(나오지 않은 음료), 시계나 휴대전화를 바라보는 일, 잊어버리거나 지나치는 일(제대로 된 축하 없이 넘어간 생일), 경멸적이거나 언짢은 시선이나 표정, 베풀어지지 않은 호의(사례 4 거부된 소망), 선 긋기(사례 2 반송된 알몸 사진), 비판적인 의견, 재미를 의도한 발언, 예의가 부족한 서툰 행동(당사자의 입장에서 넘어가는 편이 더 나은 지점을 지목하는 일), 경시나 거절(사례 1 말없이 버려진 여성), 임금 동결, 조롱(특히 공개적인 방식으로), 낙인찍기("너는 좀스러워!") 그리고 당연히 공공연한 공격이나 명백히 모욕적인 언행도 여기에 해당된다. 주의와 관심의 부재로 발생하는 모멸은 일일이 열거하면 끝도 없이 계속되며, 이와 같은 동인은 마치 악성 종양처럼 당사자를 에워싸면서 쉽게 벗어나지 못하게 만들기도 한다. "내가 그런 일로 이렇게나 모멸을 느끼고 상처를 받는다니, 너무 모욕적이다. 그것도 47년 동안. 정말 믿을 수 없이 놀라운 모멸이다!"[1]

　　이런 동인으로 모멸을 경험하면 온갖 부정적인 감정들이 생긴다. 보통 당사자는 두 가지 유형의 반응으로 답하며, 또

한 둘 사이를 이리저리 오가기도 한다. 일반적으로 둘 중 하나
는 "투쟁Fight"의 특징을 지니고 다른 하나는 "도피Flight"의 특징
을 지닌다. 굉장히 드물게 경직Freeze 반응도 있으니 이 글에서
는 주로 위의 두 가지를 논의할 생각이다. 도피든 투쟁이든 이
들 모두는 위협에 대한 반응이다. 이 사실을 이해하는 일은 중
요하다. 모멸의 당사자는 주관적으로 자신이 전적인 위급 상황
에 처해 있다고 여긴다. 외부의 동인이 사소해 보이더라도 말
이다. 내가 앞으로 계속 풀어갈, 여기에서 비롯된 행동 양식은
이 위급 상황에 대한 이해가 필요하다. 이걸 이해하지 못하면
당사자의 모멸감을 실감하고 따라가기가 어렵다. 모멸의 당사
자를 이해하려면 공감이 필요하다.

　도피 반응은 오로지 모멸을 유발한 대상만 관련되기도 하
지만, 경우에 따라 넓은 범위의 인간 집단에 적용된다. 또는 모
멸을 겪은 당사자가 아예 모든 문을 닫도록 이끌기도 한다. 도
피는 갈등을 피한다는 장점이 있지만 대부분 의기소침한 감정
과 결부되어 나타난다. 즉, 수동적이고 침울하며 슬픔에 젖은
사람이 되어 자기 회귀적으로 생각하고 행동하는 경향을 보이
며 스스로 비참하고 형편없고 무가치하다고 여긴다. 또는 어딘
가 다친 듯한 감정을 느끼기도 한다. 극단적인 경우에는 흡사
가죽이 벗겨지거나 고문을 당한 사람처럼 학대받은 감정을 느

끼기도 한다. 부정과 반항은 스스로와 타인에게 자신이 오래전에 잃어버린 자주성의 면모를 견지해보려 애쓰는 절망적인 수단이다.

도피 반응은 대화를 방해한다. 도피는 다음에 이어질지 모를 모멸에 대항해 방어적인 자기보호를 도우며, 동시에 모든 해명과 해결의 기회를 막아선다.

모욕적 도피는 인간관계 안에서 가장 치명적인 행동 양식 중 하나다. 문제가 지닌 모든 압력을 하나로 묶어 간단히 처리해버리기 때문이다. 우리는 모멸을 느끼고 머리를 절레절레 흔들며 결국 그냥 물러서고 만다. 어차피 타인은 우리와 동일한 감정을 느끼지 않는다고 여기기 때문이다. 사실 상대가 나의 감정을 그대로 느끼길 요구하는 건 내 고유의 감정이 타인에게도 기준이 되어야 한다는 암묵적 태도가 담긴 순전한 식민주의와 다르지 않다.[2]

모멸을 경험한 사람은 모멸감을 불러일으킨 상대와 직접 접촉하면 '정상적으로' 행동하기가 매우 어렵다. 모멸의 당사자는 접촉을 피하거나 상대방이 아무것도 알아차리지 못하게 하려는 경향과, 그가 자신에게 무엇을 '가했는지' 비난하며 깨닫게 하고 싶은 충동 사이에서 갈피를 잡지 못해 헤매기 때문이다. 그로 인해 여러 다양한 형식의 양가적인 혹은 억제되어 부자연스러운 표현들이 나타난다. 상대의 눈을 바라보지 못하며 말수가 줄거나 언짢은 모습을 보이는 사람도 있다. 혹은 다소 신경질적이 되거나 '악취'처럼 불쾌한 분위기를 널리 퍼트리기도 한다. 간단히 말해서 해당 인물은 툭하면 '발끈하는' 사람처럼 행동하게 된다.

그러면서 모멸의 당사자는 감정에서 벗어나지 못하며 원망을 품게 된다.° 그리고 내적으로 평온한 상태에 이르지 못한다. 자신에게 벌어진 일에 대한 생각에 **골똘히** 잠기고 또 그 생각 속에서 **스스로 괴롭히며 시달리기**를 반복한다.°° 이처럼 자기 자신을 갉아먹는 형식을 띠는 원망은 심리학 전문 서적에서 영어로 "반추Rumination"라는 개념으로 묘사된다. 심리학에서는 반추를 부정적인 경험에 대한 기억과 그로 인한 달갑지 않은 귀결과 결부되는 부담스런 감정들에 관심을 쏟는 건강하지 않은 집착으로 여긴다.

---

° 원망을 품은 상태는 보통 모멸감을 극복하기 어려운 상태와 크게 다르지 않다.
°° 이런 피학적 측면 외에 가학적인 면도 있는데, 원한은 모멸의 당사자뿐 아니라 그에게 모멸을 유발한 이에게도 비난이나 고통스런 표정으로 끊임없이 계속된다.

· **여담 5**

모욕적 도피가 극단적인 형태를 취하면 **우울증과 자학적 고심**을 넘어 때로는 병적인 울분에까지 이르기도 한다. 린덴Linden은 이른바 "적응장애"를 겪는 이들에게서 울분증 반응이 나타난다고 보고 "외상 후 울분장애"라는 개념을 확립했다. 흔히 울화병이라고도 부르는 울분장애는 "해고나 이혼처럼 그리 이례적이지 않은 생의 경험이 날카롭게 새겨진 뒤에 발생하기도 한다. 외상 후라는 말에서 알 수 있듯이 당사자는 과거의 경험과 비슷한 특징을 지닌 원인 유발자에 의해 모멸을 느끼며 울분 반응을 보인다."[3]

모멸감에 시달리는 사람들 중에는 자신의 삶을 끝내려고 생각하는 경우도 가끔 있다. 그리고 다수의 경우에는 자신에게 고통을 가한 장본인이라 간주되는 사람과 절대 다시 엮이지 않겠다며 분개와 원망을 가득 담아 굳게 결심한다. "나에게 그는 죽은 사람이나 다름없어." 이는 공격적인 측면을 지니며, 더 나아가 이 안에서 우리는 하나의 상징적인 파괴를 보게 된다. 그뿐만 아니라 많은 경우 모멸을 가한 상대가 그 '악행'의 대가로 관계 단절 내지는 관계 상실이라는 벌을 받아 마땅하다고 여긴다. 솔리만Soliman은 어머니와 관계를 단절한 어느 당사자의 문장을 다음과 같이 인용한다. "**나는 어머니가 나의 삶을 망가트린 것에 대한 벌로 우리의 연을 끊었다.**"[4]

이는 두 번째 유형의 반응으로 넘어가는 징표가 된다.

투쟁으로도 불리는 공격적인 반응 유형의 경우, 반복적인 사고를 계속하는 소극적인 도피 유형과 달리 주로 들끓는 감정과 연계된다. 이런 공격적 반응을 보이는 당사자는 감정이 요동치고 종종 극에 달해 불안한 상태가 이어지며, 자신에게 모욕을 가했다 여겨지는 상대에게 노골적으로 몰두한다. 자신이 어떤 태도를 취하면 그에게 모욕이 가해지고 굴욕감을 줄지 수많은 가능성들을 머릿속에 그린다. 그러면서 상대가 다른 곳에서 상처를 받거나 자신이 겪은 모멸과 비슷한 무언가를 당하리라는 생각에 조소 또는 타인의 불행을 기뻐하는, 즉 샤덴프로이데Schadenfreude에 휩싸인다.

이 같은 공격적인 행위에는 모멸을 겪은 당사자가 자신에게 모멸을 가한 대상을 (생각 혹은 직접적인 말로) 비난하고 질책하는 일도 속한다. 모멸의 당사자는 상대에게 자신이 활동적이며 무언가를 행할 수 있다는 느낌을 전달한다. 의기소침이나

---

○    잘허는 모멸감을 "지연식으로 폭발하는 시한폭탄"이라 칭한다(잘허, 《내가 아파보기 전에는 절대 몰랐던 것들》). 하지만 모멸감은 오랜 시간이 지나도 여전히 계속해서 폭발하는 '연쇄 폭탄'이기도 하다.

우울증과 비교하면 일시적으로나마 견디기 훨씬 수월하다. 몇몇 문학 작품 속에서도 등장인물이 이처럼 "활동성으로 도주"하는 공식을 이따금 찾아볼 수 있다. 모멸 당사자는 종종 '가해자'를 향해 가급적 강한 입장을 취하면서 자신의 위치를 피해자에서 가해자로 옮긴다. 그러면서 형세를 역전시켜 '악행의 가해자'가 수비 위치에 놓이기를 바란다. 다시 말해 상대방을 지금까지 자신이 있던 약한 '피해자' 입장으로 밀어내려는 것이다.

이는 적어도 두 가지 수手로 활용된다. 첫 번째는 자신이 받은 모멸감을 '정당화'하는 목적으로 사용되며, 그로 인해 '가해자'를 향한 공격성에 확신을 얻는다. 때로는 '가해자'의 비열함과 악함을 두고 거의 끝없는 독백이 이어지기도 한다(이 같은 독백은 특히 잠이 오지 않는 새벽 3시에서 5시 사이에 주로 집중되나, 그 외에 낮이나 밤 시간에도 이루어진다). 또한 매번 새로이 도덕적 논증을 펼치기도 한다. 여기에서 말하는 "도덕"은 자기비판이 없는 독선적인 태도에서 비롯된 것으로, 자기가 세운 도덕적 기준으로 타인의 악함을 비난하고 죄과를 판단하며 압박을 가하곤 한다. 하지만 질책하고 판단하며 압박을 가하는 과정은 본질적으로 도덕과는 거리가 멀다. "가치가 사람의 목적이 아니라 사람이 가치의 목적으로 이용되는 듯한 인상이 생겨나는 곳마다 도덕은 도덕화의 수단으로 역전된다."5

　자신이 세운 정당성이나 완전함의 기준에 맞추려 애쓰는 이런 사외 논증 수집은 결코 공정한 절차로 이루어지지 않는다. 여기에서 무고함을 입증하려는 반론은 거의 받아들여지지 않거나 진지하게 여겨지지 않는다. 그 대신 당사자는 본인의 감정 상태가 '정상'이라 단언하며, 이는 자칭 가해자의 죄과를 정당화하는 토대가 된다. 그러면 결론은 예측이 가능하다. 모든 당사자는 '가해자'가 자신에게 보인 어떤 행동을 모멸과 동일하게 느낀다. 다르게 말하면 이렇다. "나는 이 상황에서 모멸감을 느낄 수밖에 없어."

　이때 모멸의 당사자는 자신의 일반화를 증명하거나 납득시키는 데 거의 아무런 역할을 하지 못한다. 견고한 경험적 근거를 내세우지 못할 뿐 아니라 다들 겪는 일반적인 경험을 정반대로 억측해버린다. 주어진 상황을 있는 그대로와는 다르게 경험하고 평가하는 사람들은 늘 어느 정도 있다. 하지만 위에서 언급한 당사자의 머릿속에는 이런 상대화가 들어갈 공간이 거의 없다.

　피해자 역할은 늘 약한 감정과 결부되기 때문에 모멸을 느끼는 사람들은 상황을 일방적으로 바라보는 자신의 관점을 뒷받침할 무언가를 마련해야 한다. 이 목적을 위해 이들은 종종 제3의 역할인 구원자를 끌어들인다.[6] 그리고 두 번째 수를 놓는다. 자신의 환상 속에서 또는 실제로 제3의 인물과 관계를 맺으며 해당 사건에서 피해자가 자신이라는 (잘못 추정된) 정당함과 옳음을 강화하려 애쓴다. 그러면서 연민을 가지고 자신의 편을 들어줄 누군가를 찾는다. **'가해자'를 부정적으로 바라보는 자신의 염세적 시선**에 동의하고 모멸이라는 위급 상황에서 조력자나 구원자로서 도와줄 누군가를 말이다.

· 여담 6

"피해자 이야기는 (……) 무고하게 고통받는 누군가를 만들어낸다. 주제는 언제나 동일하다. 다른 사람들은 틀렸으며 다 악하다. 그리고 우리는 언제나 옳고 선하다. 다른 이들은 고약한 일을 저지르고 우리는 거기에 시달린다. (……) **만약 당신이 피해자에 관한 이야기를 전한다면 그 문제에서 당신이 맡은 역할은 무시하고 이야기하자.** 당신은 사실을 전달하는 과정에서 해당 문제에 기여했을지 모를 당신이 한 일(혹은 하지 않은 일)을 의도적으로 피해가며 이야기하게 된다."[7]

'가해자'와 맞선 전투에서 자신의 편을 '모집'할 때, 모멸감의 당사자는 유망해 보이는 후보자들을 선발해 전적이고 명백하게 자기 버전의 이야기를 그들에게 전한다. 보통 '가해자' 관점의 대회는 그의 뒤에서 이루어지거나 철저히 감춰진다. 사건을 향한 그의 시선이 타당할지 모른다는 이론적 가능성은 결코 고려되지 않는다.° 이 타당성은 '피해자'에게 너무도 불합리한데, 왜냐하면 모멸을 가한 사람은 '피해자'만큼 고통을 당하지 않기 때문이다. 한편 본인의 고통은 당사자의 관점, 주관적 생각, 전체적인 과정을 통해 볼 때, '피해자'와 타당성이라는 결정적인 판단 기준에 부합한다.

당사자가 겪은 모멸이라는 사건에 대한 동료나 친구의 판단은 보통 부정적인 잡담, 불쾌한 험담, 모략의 방식으로 이루어지며 경우에 따라 '가해자'를 비난하는 방향으로 나아가기도 한다. 여기에서 당사자는 내 편을 모으고 옳은지 그른지 확신을 얻는다. 그러면서 친구나 동료는 모멸이 벌어진 상황을 당사자와 똑같이 평가하며, '가해자'의 행동에 대한 모멸 당사자의 분노를 이해하고 공유한다.°° 당연히 당사자는 다른 사람들이 자신의 관점으로 사건을 보도록 설득하는 일을 마다하지

° 모멸의 당사자가 자신의 편이라 여기는 사람들의 사고 속에는 문화적으로 확고히 새겨진 가해자-피해자 틀이 자리한 까닭에 당사자가 이런 생각에 다다를 수도 있다. 하지만 보통은 당사자 스스로 가해자-피해자 사고에 사로잡히면서, 다른 관점이 접근하지 못하는 상태에 이르곤 한다.

않으며 그 과정에서 스스로를 고무한다. 이뿐만 아니라 당사자는 '가해자'와의 관계에서 잃어버린, 절박하게 바라는 연대라는 감정을 일종의 보상처럼 다시금 얻으려 한다.

'가해자'와의 구분 짓기는 구원자들의 도움으로 더욱 철저하게 이루어진다. 즉, 구원자와 더불어 당사자는 모멸 유발자의 가치를 깎아내리기도 하고, 미묘하게 혹은 숨김없이 그에게 사회적 매장과 관련된 위협을 가하기도 한다. 그리고 다음과 같은 무언의 또는 또렷한 메시지가 '가해자'에게 전달된다. "온 세상이 네가 잘못했다고 보고 있어!" 여기에는 이런 뜻도 담겨 있다. "만약 너의 잘못을 깨닫지 않는다면 너는 인간 공동체에서 쫓겨나게 될 거야."

모욕당한 인물은 그렇게 자신의 분노와 구원자의 격려와 위로를 통해 강해지면서 스스로 가해자가 된다. 그러나 대부분은 이를 자각하지 못한다. 여전히 자신을 피해자로 정의하고 이 자아상 속에서 정당성과 에너지를 얻기 때문이다. 그리고 이를 바탕으로 처음의 '가해자'를 집요하게 추적한다.

이는 죄책감을 불러일으키는 시도 외에 가해자를 향한 압

---

∘∘   이는 피의자도 동일하게 자신의 편을 찾는 원인이 되기도 한다. 즉, 그를 혐의에서 벗어나게 해줄 사람들을 모으는 것이다. 실제로 나는 한 무리의 친구들이 두 갈래의 적대적인 조력자 진영으로 와해되는 모습을 본 적이 있다.

박이나 처벌 또는 다소 노골적인 위협으로 나타나며, 앞으로
가해자에게서 그런 행동이 일어나는 걸 최소한 막아내는 추가
적인 수단으로 작용한다. 간단한 문장으로 풀면 다음과 같다.
"네가 한 번 더 그런 식으로 행동하면 아무도 네 편에 서지 않
을 거야. 그리고 더 이상 누구도 너와 함께하려 하지 않을 거
야!"("너를 구원할 사람은 아무도 없을 거야!") 이런 유형은 극단적인
경우 "정서적 협박"의 특성을 띤다.

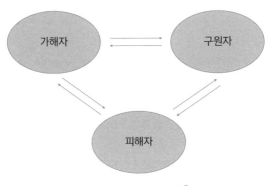

도식 1: "비극의 삼각형"[8]○○

○　정서적 협박 안에는 이런 메시지가 담겨 있다. "네가 내가 바라는 대로 행동하지 않
으면 고통당할 거야."(포워드 & 프레이저, 《정서적 협박》) 특히 자주 사용되는 협박으로 사
회적 고립, 관계 난설 그리고 극단적인 경우 자살이 있다. "자살은 가장 확고하고 일관
된 관계 단절이다."(솔리만, 《침묵》) 하지만 "네가 계속 그런 식으로 하면, 어떻게 되는지
곧 보게 될 거야" 같은 모호한 암시로 압박을 가하기도 한다.
○○　카르프만과 번은 가해자를 "추적자"라고도 부른다. 이들의 문헌에서 구원자 역은
이따금 "조력자"라는 개념으로 소개된다.

모멸의 당사자는 대부분 자신이 지극히 옳다고 느끼며, '가해자'에게 배려와 존중 없이 분노로 가득한 비난과 욕설을 해도 된다고 여긴다. 이처럼 자신이 옳다는 생각은 가해자에게 분노를 "털어버려도" 되는 근거가 되는 것이다.

이런 독선적인 분노 표출은 신체적으로 표현되든 말로 드러나든 상관없이, 보통 사회적 허용 한계를 넘어선다. 여기에 중요한 특징이 하나 있다. 분노를 몸이나 말로 행하는 사람은 독선적 분노가 표출되는 동안 자신이 경계를 넘었음에도 타인에게 상처를 입히는 것을 완전히 정당하다고 느낀다.[9]

놀랍게도 때로는 이 과정에서 배우자나 가까운 친인척 또는 다른 주요 인물에게 지켜야 할 예의와 규칙을 망각하기도 한다.[○○] 분노를 "털어버리고" 싶은 충동이 무례한 언행을 정당화하는 것이다.

여기에 적용된 정서적 충전과 방전이라는 사고 모델은 가

---

[○]   뒤에서 이 행동 양식을 나르시시즘적 관점으로 다시 들여다볼 것이다.
[○○]   오늘날 "예의"는 구시대적 범주에 속할지 모른다. 그러나 이 개념은 한 문화권 안의 상호 인간적 관계에서 널리 행해지는 관습으로서 가치를 지니며, 고유의 존엄과 타인을 향한 존중을 나타내는 직관적 통찰이다. 관습의 가치에 대해서는 이어지는 글에서 더욱 자세히 다룰 예정이다.

3장 모멸감이 만드는 감정의 폭풍

해자-피해자 모델처럼 우리 사회에 널리 퍼져 있으나 마찬가지로 그릇된 방향으로 이끄는 경향이 있다. 정서는 인간과 상황을 감지한 견해로, 털어버려야 하는 쓰레기가 아니기 때문이다. 정서는 맨 처음 즉흥적으로, 하지만 반드시 최선은 아닌 방향을 제시하며 상황에 따라 달라진다.° 인간의 정서는 주어진 사건이 지금까지 지닌 의미를 가리키는 첫 번째 암시다.°° 정서는 주의를 끌어 속한 맥락을 정리하고 파악하게 만든다. 정서가 어떻게 행동으로 옮겨지는가 하는 질문은 나중 단계에서 생각해볼 문제다(뒤에 이어지는 9장을 참고하자).

모멸에서 생겨난 감정들의 충동적 표출은 대개 당사자의 장기적인 이해관계에도, 단기적인 스트레스 해소에도 도움이 되지 않는다. 자신의 감정을 그저 털어버리려는 사람은 고유의 기분이나 감정 표출 대상의 기분도 존중하지 않는다. 보통 감정을 털어버리는 행위는 상대를 존중받아야 하는 인간으로 여기기보다 울분을 발산하는 대상으로 취급한다. 상대는 고유의 권리를 지닌 인간이라기보다 펀칭볼 그 이상도 이하도 아니게 된다. 다른 말로 하면 그는 인간으로서 거의 존중받지 못하며,

---

° 이를 통해 우리는 정서가 노이로제와 결부될 수도 있음을 알 수 있다. 스스로를 피해자로 여기지 않는 사람의 정서는 겉보기에 '가해자'인 상대가 저지른 어떤 악행으로 인해 분노로 발전할 가능성이 매우 낮다.

°° 정서는 "의미의 지진계"로 이해되기도 한다(암만,《정서》).

이는 아주 쉽게 새로운 모멸로 이어지게 된다. 일종의 의도적인 보복이 이루어지는 것이다(2장에서 언급한 모멸의 규칙에 살을 덧붙이자면, 최초의 모멸은 대부분 의도적이지 않게 발생한다).

　　화와 분노의 '**방출**'은 고유의 소망을 강력히 요구하는 과정에서 나타나는 자기주장과는 본질적으로 구별된다.[10] 한편 상대와의 접촉 없이 공격적 태도를 '진정'시키려는 시도는 다수의 경우 당사자들 사이의 긴장된 분위기를 완화시키기는커녕 더욱 고조시킨다.

　　· **여담 7**

"즉흥적인 표현은 종종 파괴적이다. 그래서 나는 누군가에게 비판적인 발언을 하고 싶을 때면 사전에 충분히 생각해본다. '내 말에 이 사람이 어떻게 반응할까?' 하고 말이다. 지금까지 살펴보았듯이, **상대가 언짢은 반응을 보이는 상황을 피하고 싶다면 당신의 말 한마디에 주의를 기울이며 신중하고 분별 있는 태도로 다가가야 한다.** 기본적으로 인간은 자신의 평소 철학에 따라 주어진 상황에 반응을 보인다. 예를 들어 누군가 표현 치료를 굳게 신뢰한다면, 자신의 적대감을 특정 대상에게 즉시 표현하기를 망설이지 않을 것이다. 그는 이런 신조를 따를 것이다. 있는 그대로 자연스럽게 행동해라! 감정을 드러내라! 당신 안의 모든 것을 밖으로 내보내라! 즉흥적 감정은 우리가 수년 넘게 스스로 습득하여 제 것으로 만든 철학이 산물이다"[11] 그러므로 즉흥이라는 개념은 신중하게 다룰 필요가 있다. 특히 타인과의 부주의한 관계를 정당화하는 데 동원되기 쉬우므로 유의해야 한다.

감정 표출은 두 가지 심리적 과정과 관련되어 있다. 많은 사람이 이에 대해 잘 모르지만, 이미 두 과정의 작용을 빈번히 경험했을 것이다. 첫 번째 과정은 진화적 관점에서 쉽게 이해할 수 있다. 이 과정은 인간의 생존을 도왔다. 즉, 우리가 맞닥뜨린 위험에 신호를 보내 살아남을 수 있게 했다(그리고 오늘날에도 종종 그런 신호를 보낸다). 쉽게 말해 다른 사람의 얼굴에 표출된 분노는 무엇보다 전면에서 관찰자의 주의를 끌어, 이에 마땅한 행동으로 빠르게 이어진다. 이를 소위 "팝업Pop-up 효과"라 부른다.[12]

역으로 보면 표정을 통해 공격적인 신호를 드러내지 않아 오랫동안 타인의 주의를 많이 끌지 않는 누군가는 고유의 행동이 가진 영향력이 훨씬 적다. 그러면 이어서 두 번째 과정이 일어난다. 자신이 드러내는 행동보다 타인의 행동에 담긴 공격성이 원칙적으로 더욱 명백하다는 입장을 견지하는 것이다. "심지어 당사자가 상대를 먼저 도발해 공격적인 반응을 이끌어놓고 상대를 도발한 자신의 행동을 타당하다고 생각한다."[13] 이는 갈등의 **고조**로 전개된다. 양측의 관계자들은 상대가 부적절한 반응을 보인다고 여기면서, 정작 자신의 행동은 타당하다고 생각하기 때문이다. 나는 이미 다른 저서에서 이 지점을 짚고 넘어갔다.

갈등을 완화시키려는 시각에서 보면 이 분석은 다음과 같이 맺을 수 있다. 즉, 상대가 나에게 한 공격이 내가 표출한 공격의 강도보다 확실히 약하다고 답하면, 나의 직감으로 적절하다 느껴지는 수준보다 더 약하다고 답한다면, 아마도 상대방은 나의 대답을 타당하다 여길 것이다![14]

· 여담 8

"서로 상대의 행동을 부적절하다 느끼며 생겨나는 이견은 마치 달리는 썰매처럼 속도나 에너지가 붙으면서 (……) 갈등의 급격한 고조를 야기한다. 즉, 규범과 기대에 맞는 적절한 행동을 염두에 둔 수신인은 상대의 행동을 규범에 어긋나는 부적절한 행동으로 판단하게 된다. 그러면 그는 **도발당한 느낌을 받으며** 상대에게 동일한 수준으로 **보복**

**해도 정당하다**는 생각을 하게 된다. 이어서 새로운 피해자는 자신이 공격을 당하고 부당하게 취급되었다고 느끼게 되며 (……) 이는 꼬리에 꼬리를 물고 계속 이어진다."[15]

당사자들 사이의 관계 상황이 달라지면 분노도 달라질 수 있다. 이와 관련된 자세한 내용은 뒤에서 언급할 예정이다. 물론 악화된 관계를 변화시키려는 좋은 의도가 분노 안에 숨어 있을 수도 있지만, 아무리 좋은 의도라도 분노로 표출되면 변화에 큰 도움이 되지 않는다. 그래서 '가해자'가 자기 죄를 시인하게 하려고 분노에 찬 비난으로 강요하면 종종 모멸을 굴욕으로 갚는 선에서 끝나곤 한다.

가끔은 분노 안에, '가해자'가 모멸 당사자의 기준과 가치에 동의하고 그로 인해 '가해자'의 행위가 도덕적으로 혹은 다른 곳에서 받아들여지지 않음을 스스로 깨닫길 바라는 마음이 숨겨져 있기도 하다. 그러면 관계 유지를 가능케 하는 공동의 토대가 형성될 수도 있으며, 다시금 같은 모멸이 반복되지 않는 미래를 확보할 수도 있다. 하지만 정서적 압박으로 강제된 동의는 동의라는 이름을 무색하게 만들며 관계를 위한 확고한 토대도 세우기 어렵다. 그럼에도 이를 간과하고 분노로 관계를 변화시키려는 시도가 드물지 않게 일어난다.

극단적인 경우에는 모멸 당사자가 가학적 환상 속으로 들어가거나 보복 행위를 위한 구체적인 계획을 철저히 짜기도 한다. 이따금 이런 상상은 계획이나 공상 단계를 넘어 촘촘한 모략 또는 폭력 행사나 살인 음모의 형태로 전환된다. 예컨대 자신의 선지자와 신념이 신문의 풍자로 모멸을 당했다고 보며, 사람들을 향해 테러 행위를 벌인 최근의 사건처럼 말이다. 다수의 폭력범, 살인자와 오랜 시간 대화를 나눈 제임스 길리건James Gilligan은 자신이 받은 인상을 다음과 같이 요약했다.

나는 폭력 행위가 무시와 조롱으로 유발된 수치와 굴욕의 감정을 통해 일어나지 않은 경우를 경험한 적이 없다. 폭력 행사는 이른바 '체면 손상'을 피하거나 없던 일로 하기 위한 시도로 설명되지 않는 경우가 없다. 폭력을 행사하는 이들은 자신의 목숨이 희생되거나 스스로에게 닥칠 처벌의 무게 따위는 개의치 않는다.[16]

**보복 행위**는 빈번히 일어나지는 않으나, 보통 '정당방위'나

○ 이에 관한 전형적인 예는 구약에 있다. 창세기 39장에서 보디발Potiphar의 아내는 그가 아끼는 시종 요셉Josef을 유혹하지만, 요셉은 자기 주인에 대한 신의를 지키고자 이를 거절한다. 그로 인해 보디발의 아내는 모멸을 느끼고 사실을 왜곡하여 자신의 남편에게 요셉이 본인을 유혹했으며 이를 자기가 거부했다고 주장한다. 아내의 말을 믿은 보디발은 요셉이 자신을 기만했다 여기며 모멸감을 느껴 그를 감옥으로 보낸다.

'방어'의 형식으로 정당화된다. 그러면서 모멸의 당사자는 자신의 공격이 도덕적으로 합당하다며 스스로와 타인을 거짓으로 속이려 한다.

### · 여담 9

2015년 파리에서 벌어진 테러에서 살인범들은 모하메드 Mohammed가 신문 풍자로 모멸당했다 여겼고, 그를 자신들과 동일시하면서 이에 대한 보복으로 테러를 저질렀다 주장했다. 모멸감과 공격의 상관관계에 대해 나는 다른 저서에서 여러 차례 들여다본 바가 있다.[17] 공격적이고 잔혹한 행위를 범하는 사람들은 거의 대부분, 행위 이전에 자신이 피해자였다는 근거를 대며 정당화하는 경향을 보인다. 이런 식으로 자신을 정의 내리면 도덕적으로 비난받는 다른 모든 영역에 자유로이 들어가는 입장권이 주어지게 되며 공감과 양심은 무효가 된다. "공격을 행하는 이의 주관적인 시각에서 공격은 선행된 도발 없이 일어나지 않는다. 하인츠 코헛Heinz Kohut은 공격에 대해 최초의 자극이 아닌 나르시시즘적 모멸 반응으로 이해해야 한다고 말한다."[18]

보복 환상과 보복 행위에선 두 가지 동기가 중요한 역할을 담당한다. 하나는 자기 고통의 장본인이라 여기는 사람에게 자신이 느낀 동일한 고통을 가해야 한다는 바람에 있다. 이 바람은 "눈에는 눈, 이에는 이"라는 말로 전해 내려오는, 보복에 대한 고대 사상에서 왔다. 보복을 행하는 이들은 종종 "정의라는 이름으로 보복을 신성시하려 시도한다. 마치 정의가 근본적으로 상처받은 감정이 발전한 것에 불과한 것처럼" 말이다.[19]

　　두 번째 동기는 복수하는 당사자가 자신이 경험한 고통을 상대방에게 가하여, 자신이 느낀 경험이 얼마나 끔찍한지 알기를 바라는 마음에 있다. 여기에서는 이른바 경험한 고난을 강제하려는 감정이입과 공감의 시도가 이루어진다. 처음엔 보복처럼 보이지만 이 안에는 의식되지 않은 소망이 감추어져 있곤 한다. 악한 '가해자'라 오인된 인물로 인해 겪은 고통이 이해되길 바라는 소망이나, 이 이해가 고통으로 결속되는 토대가 되어 관계가 복구될지 모른다는 희망에 근간을 두기도 한다. 그리고 때로는 '가해자'가 유감을 느끼고 후회할 수도 있다는 기대 속에서 보복 시도가 이루어진다.

　　모멸감은 극단의 고통이며 모멸의 당사자는 공격(투쟁)과 도피 유형에 번갈아가며 빠진다. 이따금 '감정의 폭풍'이라는 강렬한 정서를 경험하기도 하는데, 이 폭풍은 당사자를 스치고 지나가면서 이리저리 뒤흔든다. 그럼 모멸을 불러일으킨 누군가를 향한 당사자의 감정과 관점은 다른 관찰자의 시선에선 완전히 **균형을 잃은** 극단적인 형태로 보이게 된다. 이런 상황에서 모욕당한 인물은 고유의 경험을 더 이상 자기 비판적 관찰자 시각으로 접근하기가 어렵다. 또한 균형을 되찾으라는 관찰자의 지적을, 모멸감을 준 상대의 편을 드는 행위이자 자신의 고통을 이해하지 못하는 행위로 여기며 격렬한 거부 반응을 보이기도 (그리고 새로이 모멸을 느끼기도) 한다. 이때 이 같은 원칙이 빠르게 적용된다. "나에게 동의하지 않는 사람은 나의 적이다."

· 여담 10

자기심리학의 창시자인 하인츠 코헛은 〈나르시시즘과 나르시시즘적 분노에 대한 고찰〉이라는 제목의 유명한 논문에서 여러 형태의 공격적 대처 유형을 자세히 적은 바 있다. 본문에서 그는 이런 나르시시즘적 분노의 만성적 형태 또한 구체적으로 묘사하는데, 즉 자기애적 성향이 강한 사람이 모멸을 경험하면 "신중한 성찰 같은 조언을 완전히 무시하고 모멸을 가한 인물을 향해 경계가 없는 과도한 보복을 소망한다. 그러다가 날카로운 통찰력으로 사실을 직시하게 되면 보복 시도의 불합리함은 점점 두려움을 불러일으킨다. 사고 기능이 온전히 통제되고 과도한 충동이 작동하더라도 말이다."[20]

상당수의 정신분석학자들은 이 같은 정서의 교체를 경험된 모멸에 대한 두 가지 종류의 반응으로 여길 뿐 아니라, 동시에 과거 애착 관계 구도의 반복으로 본다. 즉, "괴롭히고 욕하며 얕보는 대상과 거절하고 억누르는 무능한 자신 사이"를 오간다는 것이다.[21] 여기에 더해 나는 이런 정서의 교체를 겪는 두 가지 입장 사이에 '독백'이 있다고 본다. 다시 말해 이전 관계에서 생겨난 인물이 차지하는 위치와 자신이 있는 위치를 오가며 혼자만의 싸움을 벌이는 것이다.[22] 한 번은 가해자의 위치에서 스스로를 깎아내리고, 또 한 번은 피해자의 위치에서 자기 비하로 고통스러워하면서 도피나 공격으로 스스로를 보호하려 시도한다.

모멸의 당사자들이 상호적 인간관계 안에서 공격과 도피를 바꾸어가며 행사하는 것은(이는 해당 관계자의 공감을 불러일으키기가 어려운데, 오히려 그럴수록 더 많은 공감이 요구된다) 수신인에게는 종종 견디기 힘든 일이며 많은 경우 관계를 극심한 위기로

○  여기서 대상은 과거의 애착 대상을 뜻한다.

이끌기도 한다. 모욕당한 이가 운이 좋다면 경험이 풍부한 심리 치료사나 아니면 다른 호의적이고 자기 확신을 지닌 사람을 만나게 될 수 있다. 이들은 모멸 당사자의 감정 폭풍을 충분히 버텨낼 수 있으며, 혹여 공격과 도피 반응의 수신인이라 하더라도 당사자가 모멸감을 가급적 잘 처리하도록 도와 추후에 모멸을 덜 느끼는 방향으로 이끌 수도 있다.

격한 모멸감에 시달리는 사람들을 지원하려면, 모멸 현상이 일어나는 문화적이고 심리적인 배경에 대한 이해가 있어야 한다. 또한 이 같은 이해와 통찰은 현재 스스로 모멸감을 느끼고 있는 누군가에게도 유익할 것이다. 이를 통해 자신을 더욱 잘 이해하게 되어, 나중에 후회할 행동 양식에 쉽게 사로잡히지 않을 테니 말이다.

개인적으로 내가 가장 중요하게 꼽는, 모멸감의 배경적 이해는 다음에 이어지는 4장, 5장, 6장 그리고 8장에 담겨 있다.

# 4장

## 세상을 해석하는 메타포

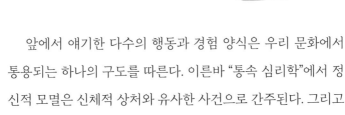

앞에서 얘기한 다수의 행동과 경험 양식은 우리 문화에서 통용되는 하나의 구도를 따른다. 이른바 "통속 심리학"에서 정신적 모멸은 신체적 상처와 유사한 사건으로 간주된다. 그리고 신체 영역은 정신 영역을 이해하는 사고 모델을 제공한다. 그런 까닭에 "상처"라는 단어는 정신 영역에서도 빈번히 적용되며 "모멸"과 동등한 의미로 사용된다. 하지만 엄밀히 말해서 이 같은 언어 표현은 **메타포**, 즉 은유의 문제로 접근해야 한다. 또한 이런 표현은 중요한 귀결을 안고 있다.

· **여담 11**

언어철학자 조지 레이코프George Lakoff와 마크 존슨Mark Johnson은 읽을 가치가 충분한 그들의 저서《삶으로서의 은

유》에서 우리의 말과 사고가 얼마나 광범위하게 메타포로 점철되어 있는지 상세히 설명한다. 두 학자의 분석에서 하나의 중요한 지점은 우리 인간이 굉장히 자주 "비신체적인 것을 신체적인 개념으로 개념화한다"는 사실을 짚었다는 데 있다. 다시 말해 우리가 "윤곽이 덜 날카로운 것을 좀 더 날카로운 윤곽을 지닌 개념으로 개념화한다"는 것이다.[1] 하지만 이 같은 개념화는 각각의 상황에 알맞지 않은 경우가 빈번하며, 그로 인해 여러 다양한 심리적 문제를 비롯해 소통에 심각한 분규를 일으키기도 한다.

그럴 경우 "비판적 질문을 통해 자신의 사고 습관에서 한 발짝 내적 거리를 두고 스스로 점검하는 과정을 통해 자기 사고의 주도권을 직접 떠맡으면" 도움이 된다. 그리고 "이는 자신이 지녀온 언어 습관과 비판적 거리를 두는 일이기도 하다. 우리가 사고하고 또 안다고 자신하는 것의 다수는 우리가 모국어를 그대로 따라하고 되풀이하면서 생겨난 것이기 때문이다. 즉, 흔히들 그렇게 부르니까 나도 그냥 그렇게 부르는 것이다. 사고에 있어 자주적이고 성숙해진다는 것은 우리가 무언가를 생각한다고 믿게끔 속이는 맹목적인 언어 습관에 대해 더욱 깨어 있음을 뜻하기도 한다."[2]

따라서 명료한 이해를 위해 각각의 단어를 각 문맥에 따라 사용하려 한다. 다음과 같이 말이다. 신체적 영역에서는 "통증"을 야기하는 "상처"가 일어날 수 있다. 그리고 정신적 영역에서는 "고통"을 유발하는 "모멸", 또는 다른 불쾌한 경험들이 일어날 수 있다.

하지만 이런 식의 개념적 구별은 널리 행해지지 않는다. 그 대신 한 사람이 다른 사람에게 물리적인 작용을 통해 통증을 가한, 가령 다른 사람의 발을 밟으며 가한 신체적 상처는 심리적 모멸을 이해하는 모델로 자주 이용된다. 그러면서 이에 상응하는(엄밀히 말하면 비유적인 의미를 지닌!) 말로 이어진다. 즉, 심리적 모멸을 누군가 다른 이의 "발을 (짓)밟았다" 또는 아주 극적으로 "등에 칼을 꽂았다"로 표현하는 것이다. 최근에 나는 이런 표현도 들었다. "내가 이미 바닥에 떨어져 있을 때, 그는 나를 이리저리 밟고 다녔어요."

이렇게 표현하는 이들 중 적어도 나중에 가서 스스로에게 질문을 하며 점검해보는 경우에는, 이런 문장이 메타포와 관련되어 있음을 깨닫는다. 왜냐하면 말로 표현된 신체적 통증과 실제 정신적 고통은 다르게 느껴지기 때문이다. 그럼에도 이와 같은 비유적 언어 표현은 숨겨진 가정과 함께 발화자에게 깊이 새겨진다. 즉, 타인이 그런 경험을 나에게 가했다는 의미

로 남을 뿐 아니라(이는 내가 위에서 언급한 신체적, 정신적 경험 사이
의 구별과 반대되어 보인다)° 직접적으로 경험한 듯한 효과를 낸
다. 인간이 정서적으로 경험한 것은 언제나 육체적 감각과 결
부되기 때문이다.°°° 심지어 이 감각은 성글게나마 지도로 그
려진다.[3] 이를테면 (우리 문화권 안에서) 누군가 이별할 때 느껴
지는 '심장통'이 대표적인 예라 할 수 있다. 하지만 이때의 통증
은 칼로 장기에 가해진 상처 같은 신체적 통증과는 본질적으
로 구별된다. 물론 이외에 모멸감 같은 정신적 경험이 신체적
증상(혹은 질병)을 수반하는 현상도 있다. 이를 다루려면 정신
신체 의학으로 들어가야 한다.

　　그러나 이 책의 주제를 위해서는 다음이 가장 중요하다. 즉,

---

°　　최근 인기가 높아진 뇌과학의 한 연구에 의하면, "기능적 자기공명영상fMRI의 도움
으로 인간의 두뇌를 들여다본 결과, 우리가 거절을 경험할 때 활성화되는 감정 담당 두
뇌 영역이 신체적 통증이 가해질 때에도 동일하게 활성화되며 (……) 정서적 반응이 신
체적 통증으로도 나타난다는 사실이 확인되었다."(카시오포 & 패트릭, 《외로움》; 아이젠버
거, 〈사회적 고통의 신경학적 기제: 공유된 표현이 신체적 고통을 동반한다는 증거〉; 아이젠버거, 리
버만 & 윌리엄스, 〈거절은 아픈가? 사회적 배제에 관한 fMRI 연구〉) 이 연구 결과는 두 경험을 처
리하는 전 신경 과정이 동일하다는 의미가 아니다. 신체적 통증은 정서 처리를 주관하
는 두뇌 영역 외에도 신체적 통증 경험과 관련이 있는 다른 영역도 활성화시킨다. 그러
므로 직접적인 경험의 경우 둘 다 고통스럽다는 표현을 쓸 수 있으나, 신체적 통증에서
만 정확히 어디가 아픈지 표현할 수 있다.
°°　　이는 이원론적 의미 구별이 아니라 하나가 다른 하나와 아무 관련이 없다는 뜻이다.
°°°　　신체와 육체 사이의 차이는 여기에서 논할 문제가 아니다. 이와 관련된 논의는
다른 곳에 담았다(슈템러, 《타인의 비밀》, 《대화하는 자아》).

심리적 모멸을 마치 신체적 상처를 다루듯이 이해하면, 경험된
고통이 일반적으로 더 강화된다는 것이다. 당사자가 자신의 경
험을 표현하는 데 사용하는 개념들은 그가 겪은 고통이 정도에
강한 영향력을 미칠 뿐 아니라, 무엇보다 관계적 층위에서 일
어난 모멸의 결과에도 영향을 가한다(이어지는 5장을 참고하자).

　우리가 일상 속에서 사고하고 경험하는 상당수는 메타포를
사용해 이해한 산물이다. 메타포는 이해의 부담을 덜어준다.
우리가 하나의 생활 영역에서 이미 얻은 지식을 아직 이해되
지 않은 다른 두 번째 영역에 옮기면서 새로운 맥락을 만들어
낼 수도 있기 때문이다. 하지만 이 지식의 일부가 두 번째 영역
에 전혀 들어맞지 않을 위험이 있다. 이럴 경우 오해가 생겨 문
제가 발생할 수도 있다.

　특히 신체적 영역에 근원이 있는 메타포를 정신적 영역에
적용할 때 비극이 벌어지곤 한다. 예를 들어 글을 읽고 사고하
는 정신적 과정을 신체적 메타포로 묘사하면 실질적인 이해가
이루어지지 않는다. 범죄 소설을 "먹어 치우다" 또는 철학 에세
이를 "소화하다"라고 말했다고 해보자. 어딘가 명쾌하지 않은
글을 이해하지(소화하지) 못한 누군가에게 위와 장의 활농을 지
원해주는 약을 건네면 도움이 되지 않을뿐더러, 그는 너무도
타당한 이유를 들면서 도움을 절대 진지하게 받아들이지 않을

것이다.

두 번째 메타포는 통속 심리학에서 이따금 모멸을 이해하는 데 동원되며 상처 메타포처럼 비슷한 오해를 만들곤 한다. 두 번째 메타포는 첫 번째처럼 아주 조악하지는 않으나 마찬가지로 우리를 그릇된 방향으로 끌고 간다. 내가 지금 지적하려는 두 번째 메타포는 의사소통과 관련이 있다. 보통 우리는 발신인의 메시지가 수신인에게 전달되는 것이 의사소통이라고 생각한다. 발신인, 메시지, 수신인 이 세 가지 요소로 이루어진 의사소통의 메타포는 여전히 우리 문화에 널리 퍼져 있다. 심리학과 언어학, 해석학에서는 수십 년 전부터 이를 지극히 단순하다 여기며 진부한 것으로 취급했음에도 말이다.

이 같은 의사소통 이론이 잘못되었음을 지적하는 저술들은 무척 많다. 그러나 여기에서는 이 책의 목적에 들어맞는 지극히 일부만을 다루려 한다. 의사소통에 발신자가 수신자에게 보내는 소식이 담겨 있다는 생각은 기계적 유추 해석에 기인한다. 예를 들면 이렇다. 누군가 편지 한 통을 노란 우체통에 꽂아 넣는다. 그 편지가 수취인에게 전송되는 과정에서 찢어지게 된다면 마치 처음부터 찢어서 보낸 것처럼 보이게 된다. 이럴 경우 인간적 의사소통은 제대로 작동하지 않게 된다.

다른 한편으로 이 메타포는 의사소통 과정을 물질적 관점

에서 바라볼 때에만 말이 된다. 예컨대 편지를 받아 읽는 사람
은 편지를 보낸 사람이 뜻한 바와 전혀 다르게 내용을 이해할
수도 있다. 이는 전승 중에 편지의 내용이 달라져서기 때니디.
편지를 받은 사람이 글의 의미를 어떻게 이해해야 하는지 확
정되어 있지 않기 때문이다.

　편지의 수신인은 글을 읽을 때 수동적이지 않다. 편지의 내
용을 이해하기 위해 그는 텍스트를 하나하나 펼쳐서 해석해야
한다.

　"해석은 결코 주어져 있는 것의 전제 없는 파악이 아니다. (……) 우선
'있는 그대로'라는 것은 해석자의 자명하고 논의되지 않은 선입견에 지나
지 않는다."[4]

　읽는 사람은 **능동적이고 창의적으로** 임하면서 읽은 것을
자신의 생각에 따라 해석하려 한다. 독자는 행과 행 사이에 자
신이 해석한 의미를 부여한다.

　· **여담 12**
해석학의 권위자인 철학자 한스-게오르크 가다머<sub>Hans-Georg</sub>
<sub>Gadamer</sub>는 이해에 대해 이렇게 쓴다. "이해는 표현에 대한

이해다. 표현 속에는 작용의 원인으로서 다른 식으로 표현되어 있는 내용이 담겨 있다."[5] "그러므로 이해는 **단지 재생산적인 것이 아니라 언제나 생산적인 행위다.** (……) 만일 우리가 무언가를 전적으로 이해한다고 한다면, 이는 우리가 다르게 이해하고 있는 것이라 말하기에 충분하다."[6] 이해는 절대적인 것도 객관적인 것도 아니다.

편지를 쓴 사람이 전하려고 의도한 '메시지'는 수취인이 그 의도에 얼마나 가깝게 의미를 부여하느냐에 따라 이해도가 달라진다. 그가 아무리 이해하고 싶어도 발신자의 메시지를 온전히 이해할 길은 없다. 수신인이 이해하는 것은 항상 발신인이 뜻한 것과 다소 차이가 날 수밖에 없다.°

심리적 모멸을 신체적 상처라는 틀로 이해하거나 극복하려 하든, 의사소통에 관한 발신인-수신인 모델로 이해나 극복을 시도하든 둘 다 큰 차이는 없다. 두 메타포는 비슷한 수준의 부적절한 문제를 지닌다. 둘은 기계적이며 상호 인간적이고 정신적인 문제를 푸는 데 도움이 되지 않는다는 일련의 함의를 품고 있다. 두 메타포는 타인의 표현이 모멸감을 불러일으키는

---

°  이는 다음의 예를 통해서도 알 수 있다. 훌륭하다고 여긴 책을 반복해서 읽을 경우, 읽을 때마다 각기 다르게 이해한 경험이 있을 것이다.

직항로를 제공해 망상과 착각이라는 심각한 결과로 이끌기 때문이다.

개인의 정신도 사회적 관계도 기계의 법칙을 따르지 않으므로, 이런 메타포는 유용하기보다 오히려 해를 가하게 된다. 이들은 문제적인 사고에 크게 기여한다. 다시 말해 가해자와 피해자 역할의 범주에 들어맞는 사고를 만들어내는데, 이런 사고를 통해서는 당사자들도 그들의 관계도 정당하게 평가되지 못한다.

# 5장

## 가해자-피해자 구도의 역학

앞에서 설명한 메타포를 심리적 영역에 적용하면 그릇된 가정이 생겨난다. 이때 모멸감은 원인과 결과의 법칙에 따라 직선적이고 직접적으로 진행된다. 이를테면 한 사람의 행위는 겉보기에 원인이 되는 무언가가 되고 이는 두 번째 사람에게 피할 수 없는 고통스런 결과로 이어진다. 고통을 느끼는 사람은 (종종 두 당사자에게 모두 통용되는) 메타포를 근거로 자신을 아프게 한 상대방을 쉽사리 비난하게 된다. 그러니까 상대는 잘못을 저지른 것이다. 다시 말해 그는 가해자다. 그러면서 고통을 받는 사람은 아무런 잘못 없는 피해자로 보게 된다.

우리 언어에서 보녈의 과정을 묘사하는 방식에도 이런 가해자-피해자 구도가 암시되어 있다. "그녀가 나에게 상처를 줬어!" 같은 말에는 누가 주어의 역할(능동적으로 행위를 가하는 사람)을, 누가 목적어의 역할(수동적으로 당하는 사람)을 취하는지가 이미 문법적으로 확정되어 있다. 또한 우리를 오도하는 이런 개념적 틀 안에서 '원인'(고통을 유발한 첫 번째 사람의 행위)은 아무 매개도 영향도 없이 바로 '결과'(두 번째 사람이 겪은 고통)와 연결되므로, 피해자라 잘못 추정된 측은 자신이 스스로의 불행에 어느 정도 기여했다는 것에 대해선 생각하지 않는다. 가해자-피해자 구도 안에서 그들에게 이런 생각은 아무 의미가 없다.

그로 인해 나중에 가서 선행된 행위들을 들여다볼 때, 모멸의 당사자가 자신의 행동은 타인이 모멸을 줬기 때문이라고 단정 짓는 일이 벌어진다. 물론 실제로 그럴 수도 있으나 내가 짚으려는 지점은 그 부분이 아니다. 나는 **모욕당한 사람**이 자신의 심리적 고통에 직접적으로 **기여**한 바가 있다고 생각한다. 대부분 이를 자각하지 못하는데, 이는 당사자가 문화적 해석의 틀을 무심코 따르기 때문이다. 모멸의 당사자는 문화적으로 미리 정해진 지극히 개인적인 해석이 관계하고 있음을 전혀 알아차리지 못하며, 더불어 "피해자 신분이 결국 마지막에 가선 무력해지고 고유의 자원으로 접근하는 길을 방해한다"는 사실도 깨닫지 못한다.[1]

· **여담 13**

"**수동적 피해자는** (……) **책임을 떠맡지 않을 수 있다.**
(……) 변화를 향한 소망과 갈망은 (        ) 피해자를 언제나
피해자 이상이 되게 하며, 피해자 위치가 지닌 비참한 속수
무책 상태 또는 장엄한 장식 안에서 (……) 점점 사라진다.
엄청난 보복에 대한 환상만 있어도 우리는 스스로를 피해
자 위치에 놓을 수 있다."[2]

스스로를 기계적 행위의 피해자로 바라보는 당사자와 이
지점을 이야기하는 것은 상당히 까다롭다. 모욕당한 사람은 이
런 불쾌한 경험에 자신이 어느 정도 기여했을 수 있다는 생각
을 누군가 제기하면, 종종 독선적인 분노를 나타낸다. 그가 어
리석거나 피학적인 사람이라서가 아니다. 모멸의 당사자는 일
반적으로 타인의 이런 제안을 부당하고 불공평한 것으로 오해
한다. 즉, 속수무책인 '피해자'를 '범행'의 '공범'으로 간주한다
고 이해하는 것이다.   이런 식의 저항은 가해자-피해자 틀이
라는 기본 체계를 의무적으로 고수하고 계속해서 견지하도록

○   보충을 하자면, 도식 1에서 언급한 모든 세 가지 역할은 단기간 혹은 장기간에 걸쳐
성격의 빈곤화Impoverishment로 이어진다. 왜냐하면 각 역할은 다른 행동과 경험 양식에
대한 다양한 가능성을 배제하기 때문이다.

만든다.

　이와 반대로 가해자-피해자 역학 안에서 '가해자'라는 편견을 받는 사람에게는 양심의 가책과 죄책감 그리고 과중한 기대를 요구하는 사고 구도가 널리 통용된다. 마치 죄를 자백한 범법자처럼 발생한 피해를 어떤 식으로든 갚고 용서를 구하며 보상을 제공해야 하는 대상으로 여기는 것이다. 스스로를 잘못이 있는 가해자로 보는 경우, 자신이 느끼는 죄책의 부담에서 벗어나기 위해 보상이 필요하다는 방향으로 생각이 전개되며 이에 상응하는 요구를 준비한다. 하지만 때로는 가해자로 여겨지는 사람이 이 부담을 견디기 힘들어, 아예 처음부터 자신에게 부과된 죄책에 극단적으로 저항하고 참회자다운 태도로 반응하기를 거부하면서, 동시에 모멸 발생에 연루되었다는 사실을 반박하기도 한다. 하지만 이런 전략은 당사자를 이미 세워진 역학의 틀 밖으로 이끌어내지 못한다.

　이뿐만 아니라 가해자는 (역시나 원인과 결과의 법칙에 따라) 자신의 행위를 피해자의 선행된 행위로 인한 불가피한 결과로 설명하면서 정당화를 시도한다. 이런 방식으로 형세를 뒤집어

○○　공개적인 토론에서는 보통 다음과 같은 견해가 지배적이다. "가해자에게만 죄를 묻는 것에 만족하지 못하는 이는 피해자를 그 고통의 피의자로 설명하려는 사람으로 즉각 의심을 사게 된다."(추르, 〈피해자가 되면 무엇을 얻는가〉)

피해자를 가해자로 그리고 자기 자신을 피해자로 설명하려 한
다. 즉, 피해자로 여겨지는 쪽에서 먼저 모멸당할 만한 행동을
했기 때문에(미친가지로 인과율적 이미리!) 자신이 그렇게 행동한
것뿐이라고 말이다. 가끔은 기이해 보이기까지 하는, **피해자
역할을 두고 벌이는 이 경쟁**과 비참한 운명을 '훈장'으로 여기
는 상황을 경험해보지 않은 사람은 거의 없을 것이다.

> · 여담 14
>
> "**가해자-피해자 논쟁이 많이 벌어지는 인간관계는 비생
> 산적인 관계다.** 이런 논쟁은 부부나 연인으로서 함께 건
> 설적으로 보낼 수 있는 시간을 단축시키는 길로 이끌 뿐이
> 다."3

또한 이 경쟁은 조작된 권력 투쟁이기도 하다. 모욕당한
사람은 스스로를 납득시켜 지속적으로 자신을 피해자로 만든
다. 그리고 자신의 아픔을 아주 인상적으로 전달해 '가해자'로
동일시된 사람이 죄책감을 느끼고 도덕적으로 불리한 입장에

---

○   비에리는 자신의 탁월한 저서에서 인간의 존엄에 대해 말하면서, 특히 이런 조작은
존엄을 떨어트리는 결과에 이르며 더욱이 모든 당사자들에게 해당된다고 지적한다(비
에리, 《삶의 격》).

처하게 되면, 가해자에게 지배적 권력을 행사하거나 보복을 행하기도 한다. 혹은 언젠가 자신이 그에게 관대하게 면죄를 베풀기 위한 충족 조건으로 억지 사과나 보상 등을 지시하기도 한다. 그러면서 피해자는 우세한 위치로 가고, 이전에 능동적이고 권력을 지닌 사람으로 보였던 가해자는 **피해자**에게 모멸감을 준 행위로 인해 열세한 위치에 놓이게 된다. 이를테면 자신의 잘못을 고백하고 용서를 청해야 하는 가여운 죄인이 되어버린 것이다. 이에 저항하며 스스로를 방어하든 아니면 참회자의 삼베옷을 입든 그는 주어진 위치에 전적으로 몰두한다.

· 여담 15

"스스로를 피해자 신분으로 관철시킨 누군가는 모든 죄과에서 자유로워지며 **도덕적 유익을 얻게 된다.** 죄과는 언제나 그리고 오직 타인의 것이다. 피해자는 해명의 의무를 지지 않는다. 피해자는 연민을 요구할 권리가 있다."[4]

무죄 판결을 내리거나 처벌을 선언할 수 있는 심판자 역할의 피해자는 외관상 우세해 보이는 위치에 있음에도 상당한 대가를 치르게 된다. 자기 주관으로 피해자 역할에 머무는 것은 무력, 무방비, 속수무책 등의 감정들 또는 가치 저하의 감정과 결부되기 때문이다. 이뿐 아니라 피해자 역은 거의 항상 유머가 철저히 결여된 상태로 스스로를 이끌며 자기 연민을 동반하는 경우가 굉장히 많다.

자기 연민은 자신이 당한 것을 우선적으로 주목하면서 유독 두드러져 보이게 한다. 이런 자기중심적 관찰을 통해 당사자의 경험은 극적으로 과장된다. 마치 자신이 운명에 의해 특별히 벌을 받는 것처럼 말이다. 베레나 카스트Verena Kast는 이를 "피해자 위치의 이상화"라고 칭하며 스스로를 수동성과 존엄의 상실로 이끈다고 본다.

> "자기 연민 속에서 우리는 스스로를 불쌍히 여기며 누군가 끝내 우리를 도와줄 거라고 (……) 바깥에서 무언가가 달라질 거라고 기대한다."[5]

이런 자세는 스스로를 다른 사람들과 다르다고 여기며 그들에게서 분리되거나 고립되는 경험에 이바지한다. 또한 이는

○ 자기 연민은 자기 자비와 엄격하게 구별된다. 자기 자비는 뒤에서 자세히 다룰 예정이다. '피해자'의 자기 연민은 누군가가 자신의 조력자 역을 맡지 않을 때 생겨날 수 있으며, 더불어 모멸의 감정을 불러일으키기 쉽다. 독일어권 청소년들의 은어 가운데 어리석고 지루하고 멋없다는 뜻의 부정적인 표현으로 "이 피해자 같은 놈아!"라는 말이 있는 것은 우연이 아니다. 일상에서 우리가 얼마나 쉽게 모멸을 경험하게 되는지 그리고 이로 인해 계속해서 모멸이 생겨날 수 있으며 비극적이게도 '피해자'가 이 모멸을 스스로 지원하게 된다는 사실을 굳이 추가로 지적할 필요는 없으리라 본다.

"고유의 문제들을 끌어모아 독차지하고, 세상의 다른 사람들이 자신과 비슷하거나 심지어 더 클지 모를 어려움에 직면해 있다는 사실을 망각하게" 한다.[6]

  그리고 여기에서 얻게 되는 진부한 유익, 즉 모든 잘못과 책임에서 자유로우며 도덕적으로 더 우월하고 흠이 없는 인간으로 그려지는 일은, 좀 더 자세히 들여다보면 결국 착각임이 드러난다. 다른 이로부터 나쁜 대우를 받았다는 것은 도덕적 능력의 문제가 아니라 그저 안타깝고 유감스런 운명의 문제이기 때문이다. 도덕적 능력은 운명을 대하는 자세에서 나타난다. 스스로를 피해자로 바라보는 사람은 도덕적 무결함을 항상 내세울 수는 없다. 이는 위에서 나온 "비극의 삼각형"과 관련이 있다. 예컨대 피해자를 자처하는 측은 상대를 계속해서 주시하는 행위와 결부된 공격성 또는 앞서 언급한 보복 행위로 인해 도덕적으로 늘 무결하지 않다는 사실이 이미 명백해졌다. 그래서 베레나 카스트는 다음과 같이 강조한다.

  우리가 자신의 공격자 위치 또한 제대로 바라볼 수 있을 때 비로소 (……) 우리의 굉장한 도덕적 능력이 인정된다. 비록 피해자 위치가 매력적이지 않더라도, 우리 대부분은 공격자 위치보다는 피해자 위치를 더욱 쉽게 받아들이기 때문이다.[7]

마지막으로 중요한 한 가지가 있다. 오인된 피해자 또는 지목된 가해자 역할에 사로잡힌 각 당사자는 자신의 본질을 단편적으로 축소해 피해자나 가해자 같은 단순한 역할로 치환해버린다. 이들의 관계가 지닌 본질은 더 이상 눈에 들어오지 않는다. 그러면 상황을 풀어낼 해결책이 있을 때에도 진부하고 공허한 감정만 남게 된다.

# 6장

## 더 큰 고통을 만드는 네 가지 오류

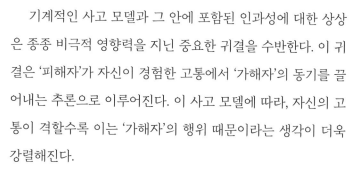

　기계적인 사고 모델과 그 안에 포함된 인과성에 대한 상상은 종종 비극적 영향력을 지닌 중요한 귀결을 수반한다. 이 귀결은 '피해자'가 자신이 경험한 고통에서 '가해자'의 동기를 끌어내는 추론으로 이루어진다. 이 사고 모델에 따라, 자신의 고통이 격할수록 이는 '가해자'의 행위 때문이라는 생각이 더욱 강렬해진다.

　기계적 사고에 따르면 이는 논리적이며, 망치게임인 하우덴 루카스Hau den Lukas처럼 작동한다. 전통 대목장에서 인기 있는 이 망치게임은 망치로 목표 지점을 내리쳐 도관 안에 있는 금속 공을 수식으로 높이 올리는 게임이다. 내리치는 힘이 클수록 금속 공은 도관을 타고 수직으로 높이 올라간다. 여기에 (물리적인) 반론이 뒤따른다. 금속 공이 높이 올라가면 올라갈

수록 (망치가 내리친) 타격의 힘은 더더욱 커질 수밖에 없다. 이를 심리적 층위로 옮길 수 있다. 느껴지는 모멸이 고통스러울수록 '가해자'는 더욱더 강하게 때린 것이 된다. 이런 상상은 적절하지 않은 신체적 표현을 만들어내기도 한다. 이 문제에 오랫동안 매진한 작가들조차 예외는 아니다. 드라이덴과 고든의 책 제목인 《영혼의 바늘땀》처럼 말이다. 그리고 배르벨 바르데츠키Bärbel Wardetzki는 이렇게도 쓴다.

  "모멸은 영혼의 따귀와 같다. 이는 얼굴 위로 가해지는 주먹질과 같은 것이다."[1]

그래도 바늘땀이나 얼굴에 가해진 주먹질 같은 말은 인간이 자신의 모멸을 언어적으로 묘사하는 비교적 위험하지 않은 기계적 메타포에 속한다. 일상에서 우리는 정말 잔인한 표현들도 듣게 된다. 예를 들면 이런 식으로 말이다. "그 사람은 내 등에 칼을 꽂을 뿐 아니라 상처를 후벼 파기까지 했어."

○   드라이덴과 고든의 서적은 독일어 번역판에서만 이런 제목이 붙는다. 원서의 제목은 《상황이 어려워질 때 극복하는 방법》이다. 아마도 독일어 제목에 대한 책임은 두 저자보단 스위스 출판사 쪽이 더 클 것이다.
○○   《따귀 맞은 영혼》은 추천할 만한데, 모멸과 상처에 대한 저자의 섬세한 사고가 다른 곳에서 이야기한 내용과 이따금 어긋나 조금 아쉽기도 하다.

잔인한 언어 표현과 이와 결부된 상상은 일어난 사건을 극적으로 과장한다. 이는 당사자들 간의 관계 발전에 해로운 효과를 미칠 하나의 추가적인 차원을 가리키게 된다. 즉, 모욕당한 사람이 오인된 가해자의 동기를 추정하면서 또 하나의 차원이 환기되는 것이다.

한편 유추 해석은 발을 밟는 것처럼 실수로 벌어진 행위도 따귀 내지는 칼로 찌른 자상 같은 격한 언어 표현으로 이끌어, 즉시 악의로 추정하는 것을 가능하게 만든다. 누군가 타인에게 실수로 그리고 부정적인 의도 없이, 따귀를 때리거나 심지어 칼을 등에(= 음험하게) 꽂고(= 힘껏) 나서 이미 생긴 상처를 후비는(= 이미 생긴 피해를 추가적이고 악의적으로 더 심화시키려고) 일은 실제로 거의 상상하기 어렵다. 극적으로 과장된 메타포의 사용과 악의의 추정이, 상호 인간적 문제를 중재하고 해결하기보다 점점 악화시킨다는 사실은 더 이상 설명할 필요가 없으리라 본다.

물리적·기계적 메타포를 수반하며 그릇된 방향으로 이끄는, 지금까지 언급한 이런 관점을 심리적 모멸에 적용하면 다음과 같이 요약할 수 있다.

√ 첫 번째 오류: 내가 모멸로 고통을 느끼면, 이를 유발한 누군가의

행동은 내 고통의 유일한 원인으로 간주된다.

√ 두 번째 오류: 그 사람은 분명한 저의를 갖고 내 불행을 야기한 것

이다.

√ 세 번째 오류: 내가 고난을 강렬하게 느끼는 이유는 상대의 의도가

틀림없이 그만큼 나빴기 때문이다.

여기에 더해 악의 추정과 관련해 빈번히 나타나는 오류가
하나 더 있다. "나는 내게 모욕을 준 상대방이 의심스런 상황
속에서만 악의를 지닌 것이 아니라 그가 근본적으로 악한 인
간이라는 추정을 계속 이어갈 것이다." 드라이덴과 고든은 "비
합리적 신념"에 그 뿌리가 있다고 본다. 이를테면 다음과 같은
신념에서 비롯된다는 것이다.

"내가 다른 사람들에게 공정하고 공손하게 대우받고 싶으므로 그들
은 이를 행해야 한다. 내가 원하는 대로 하지 않는다면 그들은 나쁜 사람
이며 경멸을 받아 마땅하다."[2]

이런 일반화는 이미 발생한 관계의 위기를 고도로 악화시
킨다. 그럼에도 일반화는 어떤 의미에선 인간적이고 또 수긍이
가는 면이 있다. 우리 대부분은 타인의 행동을 자신의 생각에

따라 이해하며 이를 일반적인 견해 또는 특성이라 여기는 경향이 있다. 그리고 이는 인간의 통제 욕구와 부합한다. 일반화로 타인의 행동을 예측 가능하게 만들면 규칙에 따라 동일한 태도나 동일한 개인적 특성을 끌어내고 예견할 수 있기 때문이다.

하지만 심리학 연구에서 보여주듯이, 이처럼 원인을 일반화로 돌리는 일은 대부분 하나의 오류와 맞물린다. "**기본적 귀인 오류**"라 불리는 이 오류는 타인을 결코 제대로 예측할 수 없게 만든다. 보통 사람들에게 왜 그렇게 행동했는지 물으면 대다수의 경우 성격 같은 고유의 특징이 아닌 상황적 조건들을 행동 유발의 이유로 든다. 그래서 타인의 입장이 되어 느끼거나 감정 이입을 하려고 노력하는 사람은 다른 이의 행동을 각 상황과 연계해 이해하려 시도한다.[3]

· 여담 16

귀인 오류는 "주어진 상황으로 온전히 설명될 수 있는 행동 양식에서 **개인의 오래된 특성과 관련된 결론을 끌어내는 경향이 있다**."[4] 일반적으로 행위의 당사자는 이와 전혀

---

◦ 쉽게 말해 타인의 행동을 근본적으로 잘못된 원인으로 돌린다는(귀인) 뜻이다.

다르게, 즉 상황적인 이유를 자기 행동의 근거로 든다.[5]
여기에서 우리는 다음과 같은 결론에 이르게 된다. "그러
므로 개인적 특성은 허용되지 않는 일반화라 할 수 있다.
이는 특히 다투는 상황에서 잘못이 있는 사람이 즉시 반박
할 때 두드러진다. (……) 우리는 개별 행동을 구체적인 형
태로 바라보아야 한다. 다시 말해 명료하게 묘사된 상황들
과 연계해 들여다보고 판단해야 한다."[6]

예를 하나 들어보자. 당신이 누군가에게 왜 약속 시간에 늦
게 왔는지 물으면 대개 이런 대답을 듣게 될 것이다. "고속도로
가 막혔어.", "꼼짝도 못하고 잡혀 있었어." 이런 대답이 돌아올
경우는 극히 드물다. "내가 원래 시간 배분에 약해.", "정해진 약
속을 지키는 건 사실 나에게 전혀 중요하지 않아."[7] 상황과 연
계된 대답을 내놓는 경향은 질문 받은 사람이 상황을 넘어서
는 본인의 '나쁜' 특성을 시인하기 어렵기 때문이라는 의미로
해석할 수 있다. 하지만 이처럼 원인을 상황으로 돌리면 관찰
자의 관점에서 다시 하나의 일반화가 자리하게 되고, 답하는
사람은 자기 행동의 명확한 이유를 상대에게 이해시키지 못하
게 된다.
　위에서 언급한 세 가지 오류 외에 하나를 더 추가할 수도 있다.

√ 네 번째 오류: 내가 누군가로 인해 모멸을 느낀다면 나는 근본적으로 나쁜 인간과 상대하고 있는 것이다(아마도 그의 행동에는 아무런 이유도 없었을 것이며, 그에게 주어진 상황에 특별한 이유가 있었을 것이다).

# 7장

## 우연이 일치

문화적 해석의 틀, 그중에서도 특히 앞서 소개된 인과관계를 바탕으로 한 가정과 해석이 강력하게 작용한다는 사실은 다음에 이어지는 매우 '원시적인' 요인에 의해 뒷받침된다. 원시적이라는 표현 대신 "유기체적인" 또는 "생물학적인" 요인이라 칭할 수도 있는데, 내가 이를 '원시적'이라 부르는 이유는 가장 단순한 심리적 메커니즘에 속한다고 생각하기 때문이다. 이는 진화에서 비롯된 것으로, 인간뿐 아니라 동물에게도 중요한 메커니즘이다.

나는 두 개의 사건이 발생했을 때 두 사건 사이의 시간적 근접을 통해 굉장한 결과가 생겨난다고 본다. 즉, 두 사건이 짧은 간격으로 차례로 이어지면, 대다수의 경우 서로 어떤 관련이 있을 뿐 아니라 인과적인 관계가 있다고 해석된다. 이 시간적 연계(심리학적 용어로 우연성)는 때로 인과적 관계를 동반하지만 항상 그런 것은 아니다. 두 개의 사건은 실질적으로 아무런 관계없이 우연히 짧은 간격으로 잇달아 발생할 수도 있다. 이를 **우연의 일치**라 한다.

> **· 여담 17**
>
> "우리 인간은 다양함을 지닌 (……) 낡은 프로그램을 물려받았다 할 수 있다. 우연의 일치가 우연한 현상이 아닐지 모른다는 인간의 기대는 심지어 이런 일반화를 세우기도 한다. 즉, 우리는 **거의 모든 우연의 일치 속에서 하나의 직접적인 상관관계를 추측해**낸다."[1]

반대로 긴 시간을 두고 일어난 사건들이 인과적 관계를 이뤄 결과를 가져오기도 한다. 이에 관한 예로 기후변화가 있다. 그럼에도 우연성의 힘은 대단하다. 다음의 연구에서 보여 주듯

---

◦   프로이트Freud는 인간이 동물과 마찬가지로 진화에서 비롯되었다는 다윈Darwin의 진화론을 두고 "인간의 나르시시즘에 대한 생물학적 모멸"이라 평했다. "인간은 문화가 발전함에 따라 자신과 같은 동물적 피조물들 위에서 주인 행세를 했다. (……) 인간은 동물들의 이성을 부인했고 스스로에게 불멸의 영혼을 부여했다. 신과 같은 높은 출신이라 스스로를 내세우며 동물 세계와 결속된 끈을 끊어지게 했다. (……) 우리는 다윈과 그의 동료, 전임자들의 연구가 (……) 인간의 이런 오만함에 종지부를 찍었다는 사실을 모두 알고 있다."(프로이트, 〈정신분석 치료의 난점〉, 《프로이트 전집》)

이 말이다.

　　스키너Skinner는 오늘날 그의 이름을 따라 붙여진 "스키너 상자"에 비둘기를 한 마리씩 넣었다. 스키너 상자는 안을 들여다볼 수 있는 실험 상자로, 안에 갇힌 동물은 실험자가 의도적으로 보낸 메시지만 받을 수 있다. 스키너는 이런 상자 여러 개에 비둘기를 넣고 동일한 시간 간격으로 각 상자에 먹이를 주었다. 그러나 지금 비둘기들은 (······) 반응이 자동으로 나오는 자판기가 아니다. 이들은 먹이를 바라며 (······) 계속해서 나름의 행동을 취하기 시작한다. 걸어 다니고 이리저리 돌아보고 몸을 단장한다. 즉, 먹이 제공이라는 사건이 어떤 행동과 우연히 동시에 일어났던 것이다. 이제 문제는 시간이다. 비둘기는 먹이가 떨어질 때까지 동일한 행동을 여러 차례 반복한다. 바로 이 순간부터 놀라운 학습 과정이 시작된다. 해당 행동이(왼쪽으로 한 발짝 나아가는 행동이라고 하자) 먹이 제공과 연상되면서 이 행동은 더욱 자주 일어난다. 우연의 일치가 빈번해지는 것이다. 먹이와 이 행동 사이의 상관관계에 대한 비둘기의 "기대"가 점점 더 강화되면서, 마침내 빈틈없는 확증을 얻게 된다. 계속해서 행한 그 특별한 행동이 먹이라는 결과를 초래하며 왼쪽으로 몸을 돌릴 때에만 항상 먹이가 보상으로 주어진다는 사실이 확실해지는 깃이다. 그 결과 상당수의 미친 비둘기들이 생겨났다. 하나는 왼쪽으로만 반복적으로 돌고, 다른 하나는 계속해서 오른쪽 날개를 펼치며, 또 다른 비둘기는 쉬지 않고 머리

를 흔들었다.[2]

　　물론 나는 우리 독자 여러분들이 모멸을 느끼지 않기를, 미신을 믿는 날짐승과 동등한 수준에 머물지 않기를 바란다. 인간은 단순히 조건화된 자극-반응 자판기와 다른 그 이상의 존재이기 때문이다. 또한 나는 스스로에 대한 깊은 고찰은 분명 우리에게 유익할 거라 전제한다. 내가 이 책을 쓰는 이유도 여기에 있다.

　　"자신의 정서를 이해하려는 노력은 정서 하나하나에 집중적으로 몰두한다는 의미이며, 이런 강렬한 노력 속에서 실현 가능한 결과는 달라진다."[3]

　　그럼에도 불구하고 늘 반복적으로 관찰되는 모습이 있다. 우리 인간들은 아주 빈번히 (섬세한 인지 능력이 부족한 생물과 별다른 차이 없이) 우연의 암시적 영향력을 이겨내지 못하고, 짧게 잇달아 일어나는 사건들 사이에 (자세히 들여다보면 이유로 들 수 없는) 인과관계를 형성해버린다. 이런 경우 경험된 모멸은 일련의 인과적 사건들로 묶인다. 그러면 모욕을 준 사람의 행위는 모멸을 느낀 사람에게 잘못 전도된 결론으로 이어진다. 모멸을 느낀 사람이 자기 모멸의 원인을 인과적으로 상대의 행위로 돌려버리는 결과에 이르는 것이다. 결국 모욕당한 인물이 겪은 모멸은 바로 이전에 상대방이 행한 행위 다음에 즉시 직접적으로 뒤따른다. 그로 인해 상대의 행위가 모멸의 '원인'처럼 보이게 된다. 그러면서 다음과 같은 인과의 문장이 생긴다. "우리가 정한 약속에 네가 오지 않았기 때문에 나는 지금 모멸을 느껴." 하지만 우연성은 인과성과 같지 않다.

이는 굉장히 극단적인 뜻을 담고 있다. "다른 사람이 한 행위는 절대 우리가 느끼는 것의 원인이 아니다."[4] 여기에서 강조한 "원인"이라는 단어는 매우 진지하게 취급해야 한다. 모멸이라는 감정에는 인과적인 관계뿐만 아니라 다른 상관관계도 있기 때문이다. 이들 상관관계가 모멸감에서 어떤 식으로 만들어지는지는 다음 장에서 살펴보자.

# 8장

## 부정적인 나선 운동 끊기

모멸감을 이해하고 예방하고 극복하는 것은 앞서 언급한 여러 이유에서 유익하고 권할 만한 일이다. 원인과 결과 내지는 가해자와 피해자 같은 범주의 기계적 사고를 멀리하는 것 또한 '선호'되어야 한다. 나의 주관적인 시선에서는 그렇다. 어쩌면 이런 사고 모델들에 동의하고 가담하려는 사람들이 그리 많지 않을 수도 있다. 조용히 홀로 이에 대해 깊이 생각할 여유가 있다면 말이다.

하지만 보통 실생활에서 그런 시간은 주어지지 않는다. 그럼 미리 형성된 사고의 틀로 다시 쉽게 돌아오게 된다. 그렇게 사람들은 종종 자신이 모멸을 경험했다는 즉각적인 인상에 사로잡혀 가해자-피해자 구도의 기계적 사고 안에서 행동한다. 또 이런 입장을 취하거나 드러내면 (다소간 철저한 기계적 논리에 따라) 이 모멸 경험에 대한 상당한 사적 의견 또는 오인된 가해자를 향한 많은 비난이 뒤따르게 된다.

이는 무척 비생산적이다. 가해자-피해자 역학에 기대어 비난과 정당화와 변명을 하면, 또 이를 반박하는 비난과 정당화, 변명만 이끌어내기 때문에 모멸을 받은 사람의 고통은 오히려 강화된다. 이뿐만 아니라 '피해자'가 '가해자'가 되어 가해자를 (최초의 '가해자' 시선에서) 피해자로 만드는 경우도 빈번하다. 그렇게 양측에서 서로 모멸을 경험하는 부정적인 나선 운동이 작동하기 시작한다. 이 나선은 여러 차례 회전하기도 하며, 그 과정에서 다른 더한 심리적 고통을 계속 유발한다. 결국 양측의 당사자들은 좌절하거나 지쳐버리거나 서로에게 씁쓸하고 불쾌한 감정을 남기게 된다. 이 같은 악순환은 부부와 연인뿐만 아니라 다른 관계들을 망치고 만다.

모멸감에 대한 기계적 이해는 본질적으로도 적절하지 않다. 이런 이해는 파괴적인 결과를 부른다. 그렇다면 모멸이라는 감정을 심리(학)적으로 적절하고 생산적인 결과를 가져오는 방식으로 이해하려면 무엇을 어떻게 해야 할까?

이어지는 글에서 나는 이에 관한 몇 가지 고찰을 소개하려 한다. 이들 중 몇몇은 개별적인 관점에 초점이 맞춰져 있고, 다른 몇몇은 상호 인간관계와 관련된 시점에 무게를 둔다. 나는 이 고찰들을 상호 배타적이 아닌 상호 보완적인 방식으로 이해하려 한다.

인간이 경험한 무 멸은 정서이 문제다 다음 장에서는 정서가 본래 무엇인지 상세히 들여다보며 분석하는 작업부터 시작할까 한다.

# 9장

## 모멸감은 정서의 문제다

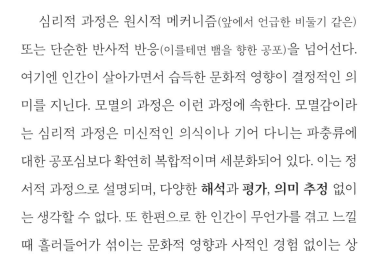

심리적 과정은 원시적 메커니즘(앞에서 언급한 비둘기 같은) 또는 단순한 반사적 반응(이를테면 뱀을 향한 공포)을 넘어선다. 여기엔 인간이 살아가면서 습득한 문화적 영향이 결정적인 의미를 지닌다. 모멸의 과정은 이런 과정에 속한다. 모멸감이라는 심리적 과정은 미신적인 의식이나 기어 다니는 파충류에 대한 공포심보다 확연히 복합적이며 세분화되어 있다. 이는 정서적 과정으로 설명되며, 다양한 **해석**과 **평가**, **의미 추정** 없이는 생각할 수 없다. 또 한편으로 한 인간이 무언가를 겪고 느낄 때 흘러들어가 섞이는 문화적 영향과 사적인 경험 없이는 상상할 수 없는 과정이기도 하다.

## · 여담 18

"대부분의 정서는 발생한 사건에 대한 해석에 근거를 둔다. 야생동물과 마주칠 때의 두려움이나 사랑하는 사람을 볼 때의 기쁨은 예외다. **해석은 인간이 어떤 정서를 느끼는지, 그 정서가 얼마나 강렬한지를 정한다.**[1]

여기에는 상당한 문제가 하나 있다. 의미 추정과 평가는 일반적으로 아주 빠르고 자동적으로 이루어져 스스로의 자각도 없이 흘러간다는 것이다. 이는 주어지는 모든 사고마다 의미를 만들 필요가 없다는 실용적인 장점을 지니며, 따라서 빠르게 반응할 수 있게 된다. 그런 까닭에 사람들은 대부분 정서가 마치 자신에게 닥치는 듯한 경험을 한다.

하나의 정서를 가진다는 것은 두려워지거나 또는 화가 나기로 결심하는 일이 아니다. 부지불식중에 화가 난다. 그리고 나중에 가서 타인의 어떤 행위가 그 정서를 불러일으켰는지 생각한다. 하지만 타인이 이 분노를 자극하기 위해 무엇을 했는지 (……) 평가하는 과정에서 우리는 아무것도 알아차리지 못한다.[2]

동물들과 다르게 인간은 이런 일시적인 정신적 합선을 추후에 자각하고 타인의 행동을 자신이 어떤 의미로 간주하는지, 자신의 모멸감이 성립되는 데 스스로 어떤 기여를 하는지 면밀히 들여다보며 탐구할 수 있다. 이러한 인간적 특성의 가치는 특히 앞으로의 삶에서 모멸이라는 감정을 바꾸고 싶은 사람들에게 빛을 발한다. 이것이 얼마나 가치 있는 일인지 더 이상 덧붙이지는 않을 것이다. 7장에서 살펴보았듯이, 한 인간이 겪는 모멸이 다른 이의 행위를 통해 인과적으로 유발되지 않는다는 입장을 고수하는 것만으로 출발점은 충분히 마련되었다. 대신 이를 좀 더 적당한 문장으로 간단히 표현한다면 다음과 같다. 한 인간의 모욕적 경험은 다른 사람의 행위를 통해 불러일으켜진다고 말이다.

따라서 두 가지 사건(동인과 모멸) 사이에는 상호작용적 상관관계가 있기는 하나, 인과적 관계가 있는 것은 아니다.

"상호작용은 (······) 결과를 규정하지 않기 때문이다. 상호작용은 결과를 한정하지 않는다. (······) 그래서 우리가 상호작용에 대해 결과가 '불러일으켜진다'고 말하는 것이다."[3]

어떤 명령이 내려졌을 때, 명령을 받은 사람의 생각과 그 의도가 같다고 하더라도 그는 이를 거절할 수 있다. 다른 말로 하면 명령을 따르는 사람은 단지 명령을 받았기 때문만이 아니라, 이를 따르기로 결정했기 때문에 그 행위를 하는 것이다. 그는 명령을 자기 결정의 동인으로 삼아 행동을 이행한다. 명령은 수신자의 입장을 불러일으키지만, 이 입장이 어떤 결과를 내는지는 명령을 내리는 사람이 아니라 수신하는 사람이 정한다.

이는 명령의 준수와 거절을 결정하는 심리적 동인이라는 중간 단계가 있기 때문에 가능한 것이다. 마찬가지로 모멸의 외적 동인과 모멸의 경험 사이에도 정신적 처리 과정이 진행된다. 말하자면 그 동인을 모멸감으로 '번역'하거나 또는 그렇게 하지 않는 과정이 이루어진다. 이 과정은 매우 빠르게 진행되며, 대부분 의식하지 못하거나 그저 부분적으로만 의식한다. 하지만 천천히 내면에 주의를 기울이고 집중하면 이를 분명히 의식하게 만들 수 있다. 바로 여기에 커다란 기회가 있다.

이 과정에는 첫 번째로 인지, 두 번째로 기대, 세 번째로 평가와 판단이 속한다. 정서심리학에서 마지막은 주로 "Appraisal"이라는 영어를 사용한다(평가 또는 감정이라는 뜻으로, 이어지는 도식 2를 참고하자).

이 도식은 대략 다음과 같다. 특정 맥락에 있는 한 동인이 인간에게 인지된다(예를 들어, 마을 축제에 방문한 사람이 소시지 노점을 본다). 사람이 동인을 인지하는 방식은 동기, 목표, 태도 그

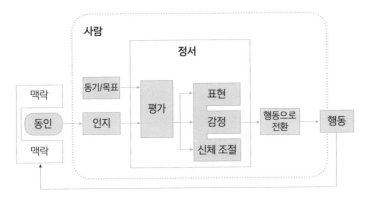

도식 2: 정서[4]

리고 기대의 영향을 받는다(배가 고픈 사람은 이를 먹을거리로 인지
한다. 배가 부른 사람은 아마도 자신의 주의를 뽑기게임 같은 다른 쪽으
로 기울일 것이다. 채식주의자는 배가 고프더라도 소시지 가게에 적은 관
심을 가질 것이다).

　자신의 욕구에 영향을 받아 인지된 동인은 이어서 평가 과
정을 거친다.　유쾌하거나 불쾌한 이 평가는 이미 인지된 동인
에 대한 반응으로 생겨난 정서의 일부다. 정서의 추가적 측면
들로는 구체적인 감정(예컨대 소시지 애호가에게는 즐거움, 채식주
의자에게는 혐오감), 이에 속하는 표현(얼굴 표정, 자세, 몸짓 등등),

○　여기에서 말하는 평가는 영어로 appraisal을 뜻한다.

적절한 신체 조절 작용(맥박수가 달라지거나, 입안에 군침이 돌거나, 구역질 반사가 활성화되는 등)이 있다. 다음 단계에서 사람은 자신의 인지와 정서를 어떻게 행동으로 전환할지 계획을 전개한다(노점으로 가서 소시지 하나를 사거나, 멀리 피해 가거나). 그리고 마침내 그는 이 계획에 알맞게 행동한다.

　　예시가 지극히 평범하기는 하나, 이는 동인(소시지 노점)은 실제로 그저 동인일 뿐이며, 인간이 어떤 정신적 과정으로 그렇게 반응하게 되는 원인이 아니라는 점을 분명히 보여준다. 인과관계라는 인상은 하나의 착각이다. 위에서 언급한 시간적 근접 때문에 동인과 감정이 밀접하게 잇따라 일어나면서, 동인과 감정 사이에 흘러 지나가는 요소들이 의식되지 않아 생기는 착각인 것이다.

　　그러나 소시지 가게가 누군가에게는 식욕을 불러일으키고, 다른 누군가에게는 혐오감을 일으키는 것은 우연이 아니다. 소시지 애호가는 자신이 선호하는 메뉴를 마을 축제에서 거듭 마주치는 것을 기쁘게 여긴다. 채식주의자는 소시지의 불쾌한 냄새가 축제 곳곳에 퍼져 있는 것에 신경이 곤두서며, 고기가 들어가지 않은 채식 메뉴가 부족한 현실에 화가 난다.

　　동인은 늘 동일하지만, 이에 대한 인간의 개인적인 반응은 대체로 그의 동기, 목표, 기대, 평가에 의해 정해진다. 아니면 이렇게 표현할 수도 있다. 즉, 어떤 인간이 동인을 마주치느냐에 따라 그 동인은 여러 다양한 감정을 불러일으킨다. 하지만 이는 너무 일반적인 표현이다. **동기**, **목표**, **기대**, **평가**, 그 사람과 관련된 **의미**는 상황과 상황에 따라 바뀔 수 있기 때문이다.

· **여담 19**

"인간에게 나타나는 명백한 현상이 있는데, 즉 우리 안에서 발생된 정서 형태의 근원은 개인의 생물학적 유산에 있지 않으며 (······) **문화적 유산, 의미 체계**에 있다. 이를 바탕으로 어린아이는 처음 주변 인간들과 상호작용을 하며, 뭔가 사적이고 정신 내적인 것으로 변화시켜간다."[5]

위의 관측 결과를 깊이 생각해보면 이렇게 단정할 수 있다. 사람이 어떤 주관적 상황의 동인과 마주치느냐에 따라, 그 동인은 각기 다른 감정을 불러일으킨다. 여기서 또 주목할 만한 부분은 음식을 가능한 한 많이 팔려는 소시지 가게 주인의 분명한 의도다. 그가 제공하는 식품이 각각의 잠재적 소비자에게 어떤 반응을 불러일으킬지는 그에게 사소한 문제이다. 단지 그들의 기호와 기대, 평가 때문에 그의 제품을 좋아하고 또 현재 그걸 먹고 싶은 식욕이 있어, 그의 계산이 단순히 맞아떨어진 것뿐이다.

소시지가 모멸로 되돌아오려면 이런 식이 된다. 특정 맥락에 자리한 동인이, 고유의 기대나 동기의 전조 하에 놓인 사람에게 인지되고 정해진 방식에 따라 평가된다. 이런 연쇄적 정신 과정의 장본인은 동인을 인지하고 평가하는 당사자이지 동인 제공자가 아니다. 이어서 이 과정은 당사자를 모멸감으로 이끈다. 이것은 일부 자동화로 이루어지며 자각 없이 진행되지만 모멸의 감정을 일으킨 장본인이 당사자 스스로라는 사실은 달라지지 않는다. 하지만 자각 없이 일부 자동화로 이루어지는 탓에 모멸감을 불러일으킨 것이 자기 자신이라는 걸 알기 어렵다. 그래서 앞서 언급한 동인이 모멸의 원인이라는 **착각**이 쉽게 생겨나게 된다. 이는 가해자와 피해자를 연결시키고 일련의 작용을 일으키게 만드는 문화적 고정 관념의 전제가 된다.

· 여담 20

"고유의 운명에 대한 **무책임함이라는 착각으로부터** (……) **해방**되는 것은 자유로 나아가는 결정적인 발걸음이다. 하지만 많은 사람이 이를 두려워하는데, 이 자유는 책임 없이 존재하지 않기 때문이다."[6]

때로 사람들은 인지된 동인을 고유의 선택에 따라 해석하고 또 직접적으로 자각하는 가능성을 실현시키기도 한다. 그러나 해석과 평가가, 자신의 각 정서적 반응의 특성에 영향을 미친다는 점을 분명히 하지 않으면 잘 해내기는 쉽지 않다. 되도록 주관적 편견 없이 고유의 감정적 경험에 열중할 준비가 되어 있는 사람은 여러 많은 상황에서 자기 정신 과정에 반드시 필요한 주의 집중을 기울일 수 있다. 또한 경우에 따라선 다정하고 우호적인 대화 상대의 도움을 받아, 주어진 상황에서 현재 느껴지는 감정에 자신이 어떤 기여를 하는지 그리고 모종의 다른 것이 생겨나지 않도록 스스로 어떤 기여를 하고 있는지 발견할 수도 있다.

"비폭력 대화"의 창시자로 유명한 마셜 B. 로젠버그(Marshall B. Rosenberg, 아래에선 "MBR"로 칭한다)가 감옥에서 만난, 화가 가득한 존John이라는 죄수와 나눈 대화를 예로 들어 소개한다.

존: 3주 전에 저는 교도 당국에 신청서를 하나 제출했어요. 그리고 지금까지도 그들은 아무런 답을 내놓지 않았어요.

MBR: 그 일이 일어날 때, 당신은 무엇 때문에 화가 났나요?

존: 방금 말했잖아요. 그들이 내 신청서에 반응하지 않았다고요!

MBR: 잠시만요. '나는 화가 났다, 왜냐하면 그들이 (……) 때문에' 이

렇게 말하는 대신, 잠깐 숨을 돌리고 쉬면서 자기 자신을 의식해

보세요. 그들이 당신을 그렇게 화나게 만든 일에 대해 당신이 스

스로에게 무슨 말을 하는지 들여다보세요.

존: 나 자신에게는 아무 말도 하지 않는데요.

MBR: 잠시 멈추고 천천히 해보세요. 당신 안에서 무슨 일이 일어나

는지 그저 들어보세요.

존: (조용히 생각에 잠긴 다음) 제 자신에게 이렇게 말하네요. 그들은 인

간에 대한 존중이 전혀 없다고. 얼굴도 영혼도 없는 차가운 관료

집단이라고. 자기 말고 다른 누구도 신경 쓰지 않는 공무원 무리

라고요! 그들은 정말 뭐 같은……

MBR: 고마워요, 그 정도면 충분해요. 이제 알겠죠, 당신이 왜 화가

났는지.[7]

이 예를 통해 우리는 존이 교도 당국과 자신 사이에 일어난
일들을 전하는 것이 그의 감정에 어떻게 영향을 미치는지 살
펴볼 수 있다. 종종 "내러티브Narrative"라 지칭되는 이런 이야기
는 인간이 자신의 평가를 편입시키기 수월한 형태를 띤다. 이
같은 방식은 상대에게 더욱 잘 전달되며, 좀 더 실감나게 이해
시킬 수 있기 때문이다. 하지만 이런 내러티브는 당사자의 감
정과 평가가 담겨 있어 듣는 사람이 '객관적'으로 받아들이지

못하게 한다. 사람들은 객관적 진실을 서술하기보다 주관적인 생각에 따라 자기 경험을 설명하는 식으로 이야기를 그려낸다. 이뿐만 아니라 인간은 당시지 지 신과 각 상황마다 자신에게 의미 있는 타인이 어떤 그림으로 그려지는지를 눈에 보이듯 구체적으로 묘사한다.

존의 내러티브를 상세히 들여다보면, 맨 먼저 그의 이야기에 어떤 틈을 채우려는 목적이 있음을 분명히 알 수 있다. 그는 왜 자신이 교도 당국으로부터 아무런 답을 받지 못했는지 알지 못한다. 그리고 그 틈을 다른 누구도 신경 쓰지 않는 차가운 관료 집단이라는 상상으로 메운다(16장의 두 번째 꼭지를 참고하자). 그러면서 그는 앞선 장에서 설명한 귀인 오류에 사로잡히나, 동시에 자신의 내적 경험에 적어도 의미를 부여할 수 있게 된다. 그의 입장에서 불쾌한 상황이 어떻게 일어나게 되었는지 이제 그는 이해할 수 있을 것이다.

그러나 그는 자신의 **내러티브**로 피해자와 가해자라는 진부한 클리셰로 되돌아가며, 이런 식으로 자기 운명에 (본인에게 결코 유리하지만은 않은) 의미를 부여한다. 이해의 틈을 메우는 그의 방식은 그의 신청서가 교도 당국에 도착하기는 했는지 여부를 조사하는 것을 어렵게 만든다. 내러티브를 통해 그가 이룬 의미 부여로 그는 분노뿐 아니라 무력감과 결부되며, 이로

인해 감옥살이에서 주어진 불가피한 권력 관계보다 더한 무력
함을 느낄지 모른다.

· 여담 21

"우리가 스스로에게 다가가며 우리 일상의 사건들을 기억
속에서 회고하든 또는 우리의 사회적 특성을 타인 쪽으로
돌리며 다가가든 (……) 우리가 자신의 이야기를 전하고
또 새로이 이야기하는 동안, 우리는 이 사건들에 대한 우리
의 기억을 실제로 형성하며 이것들은 점점 더 우리 자신의
일부가 된다."8

어쨌든 이 같은 내러티브는 "지어낸 이야기의 기본 요소들
을 지니며, 모든 자아상은 착오와 자기 확신 그리고 자기기만
이 가득 들어차 있는, 사실 여부가 의심되는 진실성의 구조물
이다."9 여기에서 좋은 점은 인간이 스스로 작가가 되어 타인과
자기 자신에게 매번 다르고 또 새로운 이야기를 전할 수 있다
는 것이다.

이야기를 이야기하는 일은 내용적 측면을 넘어 관계적 측
면도 가진다. 이야기되어지는 이야기는 또한 누군가에게 경청
되는 이야기이기 때문이다. 이야기와 경청은 인간을 서로 이

어준다.

우리가 연대를 느낄 수 있는 상황 속으로 누차 들어가는 것은 중요하다. 그러면서 우리는 다른 사람들과 접촉하고 집단 안에서 결합하며, 우리의 개인적 능력을 집단 안에 들이고 협력하며, 우리 자신을 보완하고 우리가 홀로 풀 수 없어 보이는 문제들을 공동으로 풀어내며, 더불어 새로운 맥락을 만들어내는 이야기들을 이야기하게 된다.[10]

# 10장

## '너'를 통해 '나'가 되는 인간

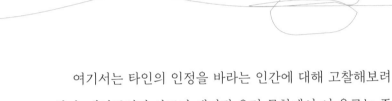

여기서는 타인의 인정을 바라는 인간에 대해 고찰해보려 한다. 개인주의적 사고가 새겨진 우리 문화에서 이 욕구는 주로, 인간이 자기 가치감을 견고하게 또는 더 나아가 가급적 높은 수준으로 유지하려고 애쓰는 형태로 나타난다. 이 동기는 소위 **"기본 욕구"**로 간주된다. 즉, "모든 인간에게 있으면서, 지속적으로 충족되지 않거나 침해되면 정신 건강과 안정에 해가 가해지는 심리적 욕구들"에 속한다.[1] 사회적 인정 욕구 외에 여기에 속하는 다른 욕구들은 뒤에 가서 언급할 예정이다.

· 여담 22

자기 가치감을 높이기 위해 애쓰는 일은 "기본 욕구"로 이해해야 한다. 이는 개인에게 특별한 의미를 부여하는 서구

문화의 산물이다. "한 사회가 더 개인주의적인 방향으로
나아갈수록 인정을 향한 개별 인간의 각고는 더욱더 커지
며, 또한 개인적 내지는 실존적이 되면서 모멸을 쉽게 경험
한다."[2] 다른 가치들을 자기 가치 위에 놓는 사람은 모멸을
통해 위험에 처하는 일이 좀 더 적다. 그래서 상당수의 사
회심리학자들은 높은 자기 가치감을 향한 노력이 주저 없
고 제한 없는 긍정성을 만든다고 경고한다.

"높은 자기 가치라는 문화적 가치에 대한 무비판적 지지
는 역효과를 낳을 수 있으며 심지어 위험할 수도 있다. 원
칙적으로는 모든 인간의 자기 가치가 높아지는 것이 가능
할지 모른다. 하지만 모든 인간이 자기 자아를 위협으로부
터 보호하는 것은 거의 불가능하다고 할 수 있다. 실제로
자아는 크면 클수록 그리고 특히 더욱 부풀어 오를수록 위
협에 더 민감하다. 이런 관점에서 볼 때, **높은 자기 가치감
을 향한 사회적 매진은 결국 모두에게 심각한 해를 가할 수
있다.**"[3]


한 인간이 자신의 욕구를 충족시키기 위해서는 보통 다른
인간이 필요하다. 그중에서도 인정을 향한 욕구는 특별한 방
식으로 이루어진다. 그러므로 자기 가치감은 많든 적든 간에

어느 정도 다른 사람들을 통해 영향을 받기 쉽다. 친구나 동료, 지인들의 인정과 확인이 전혀 없이 살아가기는 어려우며, 스스로 매우 자주적이라 느끼는 사람이라도 크게 다르지 않다. 반대로 타인을 통한 비난이나 비하 혹은 경시는 고유의 가치감에 부정적인 효과를 미치며, 여기서 벗어나기란 매우 힘들다. 이런 이유로 다소간 차이는 있으나 모든 인간은 대개 모멸에 취약하다. 심지어 상당수는 비판을 두려워하면서 다른 이의 오인된 기대를 굴종적으로 맞추며 생겨나는 감정들을 경험한다.

하버마스Habermas는 인간의 "구조적 위해"에 대해 말하며, 이로 인해 "누구도 (······) 자신의 무결함을 홀로 주장할 수 없다"는 결론에 이른다.[4] 이는 발달심리학적으로 인간에게 주어진 기초적 여건에 기인한다. 신학자이자 대화철학자인 마르틴 부버Martin Buber는 이를 아주 간명한 문장으로 표현했다.

"인간은 '너'를 통해 '나'가 된다."[5]

여기에서 중요한 것은 누군가가 구체적으로 어떤 식으로 발달되어가는가의 문제만이 아니다. 훨씬 더 근본적으로 인간이 다른 사람에게 '그것'이 아닌 '너'로 보이고 또 말해질 때 비로소, 고유의 자아에 대한 직감을 가진 '나'라는 하나의 존재가

되어갈 수 있다는 사실에 있다. 고유의 자아는 아이일 때 처음
으로 그를 이미 인간으로 인지하는 어른들의 관점을 통해 발
달된다. 그리고 아이는 이를 받아들이며 이 관점으로 자신과
세상을 바라보기 시작한다.[6]

철학자의 언어로 하면 다음과 같다.

개인은 동의하거나 고무하는 타인의 관점을 통해 존재로서 자기 자
신과 관계하는 것을 배우고, 특정한 능력과 특성이 긍정적으로 여겨지면
서 비로소 하나의 인격체로 확립된다. 이러한 특성의 범위와 이로 인한
긍정적 자기 관계의 정도는 새로운 형태의 인정과 함께 자라나며, 이는
개별 인간이 주체로서 자신과 관계를 형성할 수 있게 한다.[7]

다른 사람을 통해 경험하는 인정은 자기 가치감뿐 아니라
**소속감**, 연대감과도 결부된다(이는 다음 장을 참고하자).

· 여담 23
"우리 인간이 사회적 동기에 매우 강하게 통제된다는 점
도 한번 깊이 생각해봐야 한다. 즉, 우리는 인정받고 존중
받고 싶으며, 사랑받고 환영받기를 원한다. 다른 한편으로
우리는 비판이나 수치를 당하거나 거절되거나 망각되기를

기피한다. **우리 대부분의 자기 가치감은 사회적 동기와 욕구들이 좌우하며** (······) 이 동기와 욕구에 따라 떠밀려 움직이곤 한다."[8]

이런 상관관계는 전 생애 내내 존재한다. 나이가 들어 노년에 접어든다 하더라도 말이다. 나이를 먹으면 일반적으로 특정 타인에게 점점 덜 의존적이 되면서 커다란 선택의 자유를 얻는다. 즉, 자신이 가치 있고 인정받으며 연결된 느낌을 받게 하는 어떤 다른 사람에게 크거나 혹은 작은 영향력을 허락하고 싶은지 스스로에게 물을 수 있는 여지가 커진다.

여기에서는 자연히 각 인물과 내가 어떤 관계에 있느냐가 중요한 역할을 한다. 우리는 나와 더욱 친밀하고 좀 더 중요한 관계를 맺은 사람의 표현에 의미를 두지, 피상적으로 알고 지내는 사람의 표현에는 큰 의미를 두지 않는다. 그리고 내가 사소하게 여기거나 평균적으로 어리석다고 간주하는 누군가의 입장보다 훌륭하다고 여기는 사람의 평에 더 주목하는 경향이 있다. 이렇게 타인들과 그들의 입장에 따라 매우 다른 무게감을 가진다.

○   경우에 따라 노령에서 발생하는 돌봄과 간호 문제는 여기서 논외로 한다.

우리는 그들에게 각기 다른 힘을 주게 된다. 우리를 낮거나 높이 평가할 수 있고 모멸을 줄 수 있는, 각각 다른 무게감의 힘을 말이다. 더불어 이 요소는 왜 하필 부부나 연인 그리고 다른 가까운 관계들 속에서 모멸의 위험이 특히 높은지를 설명해준다. 도스토옙스키Dostojewski의 《미성년》에는 이를 명료하게 표현한 문장이 있다.

"가장 사랑하는 사람에게 가장 쉽게 모멸을 가한다."⁹

모멸은 공동 작업에 의한 사건이기 때문에 당연히 이를 뒤집어도 말이 된다. 다시 말해 자신이 사랑하는 사람을 통해 인간은 쉽게 모욕당한다.

우리가 모멸을 당하기 쉽도록 만드는 주요 요소는 이뿐만이 아니다. 타인에게 각기 다른 힘을 부여하며 각각 다르게 돌아오는 의미뿐 아니라 나의 중요성, 즉 논쟁의 중심에 나의 특성이나 행동 또는 성과를 올려두고 이를 중요시 **여기는** 태도 또한 빼놓을 수 없는 요소다. "모멸을 당하기 쉬운, 이른바 모

○    누군가 나로 인해 모멸을 느꼈다고 표현한다면, 내가 그에게 어떤 형태로든 중요한 존재가 되었다는 것이다. 설령 그가 이를 그 순간 전혀 인정하려 들지 않거나 또는 아예 없던 일로 되돌리려 하더라도 말이다.

멸감의 후보자들은 모두 어떤 식으로든 스스로에 대한 자부심을 가진다는 특성이 있다."[10] 예컨대 내 직업이 나에게 특히 중요하다면, 이에 대한 다른 사람의 비판적인 빌언은 모멸로 해석될 가능성이 높다. 따라서 내 직업의 명예를 "돌팔이"라는 단어로 도발하는 행위는 결코 나쁜 수가 아니다. 앞서 네 번째 사례에서 소개한 내담자가 혹여 자신이 겪은 모멸을 앙갚음할 의도가 없었다 하더라도 말이다.

특정 사회적 역할(부모 역할이나 직장에서 맡은 역할 등)과 자신을 강하게 동일시하고 여기서 자기 가치감의 양분을 다량으로 얻는 사람은 이 역할과 한데 묶여 종종 특별한 존중 욕구를 지닌다. 그러므로 이런 맥락에선 모멸을 느낄 가능성이 더욱 높다. 참고로 코리나 카두프Corina Caduff는 인간의 예술적 성과를 매우 훌륭히 분석하며, 왜 창의적인 영역의 사람들이 특히 모든 종류의 도전에(이를테면 비판과 평론에) 예민한지 물음을 던지고 이를 상세히 풀어낸다.[11]

○ 그 밖에도 이 사례는 모멸에 대항해 맞서고 방어할 때 존중 욕구가 오히려 종종 손상되는 이유를 보여준다. 이처럼 모멸의 당사자는 상대의 가치를 떨어트리는 표현을 통해 암묵적으로 상대의 권위를 인정하게 되기 때문에, 자신이 건넨 가치 저하의 표현으로 상대의 가치를 높이면서(고유의 이해관계와 정반대로!) 자신을 향한 잠재적 모멸의 효과는 강화된다. 스스로 방어하지 않았더라면 주권의 표현과 모욕적인 도피를 혼동하지 않았을 것이다.

좀 더 근본적으로 접근하면 이렇게 말할 수 있다. 즉, 나의 욕구와 기대 그리고 요구들이 다른 사람이 나에게 표해야만 하는 존중의 자리에 놓이면서, 이것들이 좌절되면 내가 그 사람의 행동을 모멸로 여긴다. 다시 말해 나의 인정 욕구를 불충족시킨 행동으로 여기거나 또는 그렇지 않다고 판단하는 기준이 된다. 모멸은 존중 요구의 좌절로도 이해할 수 있다.

어떤 행위가 한 사람에게 가해질 때, 그 행위로 인해 자신이 중요하게 여기며 의미 있게 여겨져야 마땅하다 보는 가치에 의미가 부여되지 않는다는 것이 분명해지면 이는 모멸이 된다. (……) 따라서 행위는 타인의 존중 요구를 직접적으로 거슬러서는 안 된다. 예를 들어 욕설을 하는 경우처럼 말이다. 이는 자기 평가와 관련된 관점에서 모욕당하는 사람이, 상대가 자신의 요구보다 자신을 낮게 평가한다고 추론하기에 충분한 행위이다.[12]

그러면 이제 타인의 표현으로 아주 다양한 결론이 도출될 수 있다. 다시 말해 다른 사람들의 표현은 각기 다른 방식으로 **해석**된다(도식 2에서 말했던 "appraisal"에 해당된다).

· **여담 24**

"일어난 사건들과 관련해 나에게는 다량의 자극을 통제하거나 정하는 능력을 소유할 선택권이 없다. 내 삶의 모든 임의의 순간에 영향을 미치는 자극들에 대한 통제나 결정은 나의 선택 밖에 있다. 하지만 내가 이들 자극에 주는 의의와 의미, 내가 모든 주어진 순간에 이행하는 해석, 내가 이들 자극에 취하는 입장, 내가 이들에게 부여하는 가치, 내가 이들에게 부과해 내 삶에 가해진 영향 그리고 마지막으로 **내가 사건들과 관계하는 방식**은 분명 내 선택의 문제이다."13

예를 들어 내가 우울하다면 동료의 동일한 표현은 내가 밝고 활기찬 감정을 느낄 때와는 다른 영향을 미칠 것이다. 내가 어떤 이야기를 서툴고 세련되지 못한 표현으로 이해하며 심사숙고가 담긴 논평으로 여기지 않는다면 나는 이에 큰 의미를 두지 않게 된다. 또한 누군가 나에게 노골적으로 욕설을 하더라도 나는 이를 그날 그의 컨디션이 나쁘거나 교육이 부족하거나 또는 자기 충동을 통제하는 능력이 제대로 발달되지 않았다고 이해하면서 연민을 느낄 가능성도 있다. 혹은 그가 한 행동의 동기가 결국 무엇인지 전혀 모른다고 단정하고 나의 불확실함을 빠른 설명으로 얼버무리고 넘어가는 대신 불분명한 상태로 놔둘 수도 있다. 아니면 그의 행동을 내 자아상이나 자기 가치감에 구속력이 있는 결정적인 입장으로 간주해 모멸감을 느낄 수도 있다.

따라서 자기 가치에 중심을 둔 사고 모델은 모멸을 상호 인간적 사건들의 결과로서 이해한다. 즉, 인간들 사이에서 일어난 (의문스러운) 사건을 당사자가 자기 가치감의 손상으로 파악하고, 그로 인해 사건에 부정적으로 반응하면서 빚어진 결과인 것이다(이따금 이는 관찰자에게는 보이지 않는 동인으로 일어나는데, 2장의 사례 5를 참고하면 된다). 한 인간이 다른 사람의 행동을 특정 기대라는 토대 위에서 해석하면, 이 해석은 자기 가치와 관련해 부정적인 효과를 내며 다음과 같은 결과로 이어진다. 즉, 모멸이라는 불쾌한 감정이 생겨나고 이 감정은 자기 가치감을 다시 회복하거나 또는 긍정적인 방향으로 바로잡으려는 반응을 불러일으킨다(도식 3을 참고하자).[14]

그러나 인간은 고유의 기대와 그에 따른 해석에 가해지는 영향력을 종종 자각하지 못한다. 그런 까닭에 그의 기피 혹은 혐오 반응은 자신의 기대나 평가가 아닌, 불러일으켜진 외부의 동인과 이와 관련된 인물(들)과 연관되곤 한다. 경험된 자기 가치감의 손상을 원상태로 돌리거나 바로잡으려는 목표는 외부의 상황이나 다른 인물(들)에게 영향력을 행사하려 애쓰는 결과로 이어진다. 그러면 우선 약화된 자기 가치감이 어느 정도 안정되거나 올라갈 수 있기 때문이다(이는 도식 2에서 안쪽 영역, 사람의 영역으로 표시된 점선 바깥에 있다).

인간이 고유의 자기 가치가 위협에 처했다고 보는 전제 하에, 여기에서 그가 선택할 수 있는 가능성은 원칙적으로 두 가지뿐이다. 앞에서 이미 공격과 도피라는 반응 유형을 자세히 다루었다. 즉, 이미 모멸감을 느낀 사람이 축소된 자기 가치의 책임을 누군가에게 돌리며 그와 맞서 공격적으로 싸우거나 그의 가치를 깎아내리려 시도할 수 있다. 이런 모토를 따르면서 말이다. "너를 망가트린 걸 망가트려버려!"(도식 3의 왼쪽 면을 참고하자) 아니면 부정적인 영향을 모면하거나 이 상황에서 회복되기 위해 처음에는 일단 굴복하면서 (모욕적으로 의기소침하게) 물러설 수도 있다(도식 3의 오른쪽 면을 보자).

자기 가치 모델이라는 개념은 원인-결과 모델보다 모멸감을 더욱 복합적으로 만드는 몇몇 요소를 포함하고 있다. 이 요소들을 통해 이해의 가능성이 열리며 (가해자-피해자 구도를 만들지 않으면서) 모멸 상황을 다르게 처리할 수 있는 가능성 또

---

∘  이런 관점에서 보면 공격과 모욕적 도피는 그릇된 대안에 불과하다. 진정한 대안은 주어진 상황을 모멸감이 아닌 다른 것으로 처리하는 데 있다.

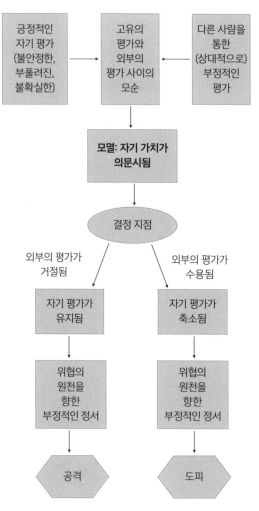

도식 3: 공격과 도피[15]

한 열린다. 새로운 선택권을 열어주는 첫 번째 요소는 원인-결과 모델처럼 원시적인 자극-반응의 전형을 기반으로 하지 않는 대신, 모멸을 느낀 사람이 유발된 사건을 자기 가치에 대한 공격으로 해석한다는 데 있다. 또한 사건(타인의 행동) 하나만 중요한 것이 아니라 추가적으로 당사자가 이 사건을 해석하고 평가하는 방식, 다르게 말해서 그가 어떤 준거 틀을 세우는가도 중요하다(이는 12장에서도 다룬다).

　모멸감은 타인의 행동을 모멸로 여길 때 생겨난다. 그리고 모멸감을 주고받은 당사자들은 모멸감을 느낀 사람의 자기 가치감이 압박에 놓이도록 상황을 이끈다.

　　"그러면서 하나의 표현은 모멸이 되며 모욕당한 사람은 이를 모멸이라 이해하고 또 실제로 모멸을 느낀다. 우선 처음에는 (……) 이를 발언자가 의도했는지 여부에 좌우되지 않는다."[16]

　이는 사회 공동체적(법적 판결을 포함하는) 관습에 따라 명백히 모멸에 해당되는 표현에도 적용된다. 예컨대 누군가 타인을 "재수 없는 놈"이라고 칭하거나 그에게 '가운데 손가락'을 보일

---

　°　"모멸"이란 단어는 타인의 행동에도 고유의 경험에도 사용이 가능하다. 여기에서 말하는 둘은 앞 문장에 나온 두 모멸이다.

때처럼 말이다.

　물론 사회에서 통용되는 관습에 따라, 모멸에 해당되는 행동을 드러내는 모든 사람은 비교적 높은 확률로 자신의 행동이 모멸로 파악되리라는 전제에서 출발할 것이다. 아마 이들은 무례한 말을 들은 사람이 모욕적인 반응을 보이는 것에 대해 크게 놀라워하지 않을 것이다. 관습은 특정 문화 안에 있는 인간이 성공적인 의사소통을 이끌어내도록 확실한 발판을 제공한다. 이를 위반하는 사람은 그 행동에 뭔가 의도가 있다는 타인의 합리적 의심을 받게 되리라는 사실을 분명히 알아야 한다. 그럼에도 불구하고 관습에서 벗어난 발언을 듣게 된 사람은 모멸을 느낄 필요가 없다. 그 말을 마음에 두지도 불쾌하게 느끼지도 말고, 예의 없는 표현이나 과녁을 빗나간 헛소리라 여기면 된다.

　그 밖에도 이 예는 위에서 내가 이미 시사한, 나를 "돌팔이"라 칭한 내담자와 관련된 사례와 분명히 구별되는 지점이 있다(2장의 사례 4를 참고하자). 타당한 이유가 있다 하더라도, 타인의 표현이 무례함과 가치 저하로 해석된다 하더라도, 이를 꼭 개인적으로 받아들이고 자기 가치감의 손상으로 취급해야 한

---

○　여기에서 난점은 관습이 인간을 모멸로부터 어느 정도 보호하기는 하나, 동시에 관습의 위반을 통해 곧바로 모욕당했다는 인상을 받게 된다는 것이다.

다는 뜻은 아니라는 것이다. 타인의 표현을 개인적으로 받아들이지 않으면 부정적인 작용을 줄이고 이에 공격적으로 반응하는 위험을 예방할 수 있다. 그럼 타인을 향해 난는 것은, 아마도 연대와 이해 결여에 대한 유감이나 슬픔 정도일 것이다.

수신인의 긍정적인 자기 평가가 이미 불안정하거나 약하게 형성되어 있다면, 혹은 그가 불확실한 자기 평가를 모종의 방식으로 '부풀려서' 감추려 한다면, 다시 말해 자신이 실제로 느끼는 것보다 (스스로에게 또는 타인에게) 더 자기 확신이 있고 더욱 인상적으로 보이려 시도한다면 타인의 가치 절하 표현이 모멸로 해석될 가능성은 당연히 아주 높다. 그럼 지극히 사소한 동인으로도 타인의 행동이나 평은 고유의 자기 가치(다소 구시대적인 개념인 자존심과 명예도 가끔 여기에 속한다)에 대한 도전으로 해석되기 충분하며 모멸의 현상에 발을 들이는 위기에 다시금 직면하게 된다. 모멸은 그가 자기 비하 경향을 보이며 바닥으로 떨어질 때, 이미 경험했던 가치 절하에 또다시 상처가 생기면서 격렬한 고통을 일으킬 수 있다.

인간의 모욕 민감성을 고조시키는 또 하나의 요소는 지속적인 견해나 입장보다는 상황적인 조건들과 더 관세가 있다.

○  이 같은 '상처 지점'은 16장에서 다시 살펴볼 것이다.

즉, 누군가의 눈앞에 (타인이 직접 관여할 수 없는) 다루기 어려운 무언가가 나타나면, 그가 주관적으로 확고한 기반에서 다루는 다른 상황에서보다 자연히 더욱 민감하게 반응하게 되며 이를 부정적으로 받아들이기 쉽다. 이 요소는 내가 소개한 두 번째 사례의 여성에게서 중요한 역할을 했다. 예전 연인이 그녀에게 돌려보낸 사진 속에는 옷을 입지 않은 그녀의 모습이 있었다.

어떤 상황에 관여할 때 친밀한 인물 하나만이 아니라, 여러 다른 사람들이 있으면 모멸의 잠재 가능성은 계속 올라간다. 모든 형태의 공공성은 비하나 수치의 효력을 특별한 방식으로 강화하는데, 즉 모멸의 당사자가 동시에 온 집단 앞에서 가치 절하되고 웃음거리가 되며 타인으로부터 고립되는 느낌을 받기 때문이다. 극단적인 경우에는 심지어 인간 공동체에서 배제되고 세상에 홀로 남겨진 듯 고독한 감정을 느끼게 된다.

이 모두는 확인과 존중에 대한 고유의 요구가 강할수록 모멸을 경험할 가능성이 올라간다는 뜻이 된다. 특정 상황에서 타인의 인정이나 더 나아가 찬탄에 유독 소속된 느낌을 받는 사람은, 이를 통해 특히 더 쉽게 모멸을 느낀다. 이 요구는 배경을 형성한다. 즉, 당사자의 전체 경험을 하나로 물들여 문제 제기 또는 해석의 틀을 규정하는 배경을 만들고 이 배경 아래서 타인의 행동 양식을 관찰하게 한다. 이를테면 '그 사람의 행동이 인정과 존중의 표현인가 아니면 경시와 무관심의 표현인가?' 같은 질문의 틀 안에서 타인을 바라보게 된다.

고유의 자아를 확인하고 싶은 요구가 강하게 새겨질수록, 다시 말해 확인을 강력히 요구하는 **까다로운** 자아일수록 타인의 행동이 이 요구에 상응하지 않거나 아니면 빠르기나 범위가 충분히 들어맞지 않는 일이 더욱더 빈번해진다.

· **여담 25**

많은 사람은 "자신이 우월하므로 **특별한 대우를 받아 마땅하다** 믿으며 자신의 (오인된) 권리를 얻어내고 또 요구하려 노력한다. 그러면서 이들은 타인이 이 권리를 충족시킬 의무가 있다고 생각한다. (⋯⋯) 이처럼 인간은 타인에게 특별대우를 기대한다."[17] 하지만 당연히 이런 특별대접은 항상 주어지지 않으므로 모멸의 가능성은 높아진다.

흥미롭게도 이런 이유로 자기 가치감이 매우 낮은 사람들이 모멸을 반드시 쉽게 느낀다고는 할 수 없다. 이들에게 비판적 경향을 띠는 타인의 입장 표명은 고유의 자기 평가와 대개 일치한다. 이 때문에 타인의 표현을 모순과 도전으로 여기지 않는 경우가 많으며(도식 3의 맨 윗줄 중간 상자 참고) 무조건 모멸로 간주하지도 않는다.
　이와 달리,

"비현실적으로 긍정적이거나 부풀려진 (……) 불확실하고 불안정한 자기 평가를 지니며 외부의 확인에 강하게 의존하는 사람들은 위협을 경험하는 것에 특히 민감하다."[18]

　고유의 가치를 높이 평가하고 스스로를 특별하다고 생각하는 사람은 이런 비평에 견고하지 않은 편이라, 상당히 빠르게 자기 궤도에서 벗어난다. 그의 자아는 쉽사리 흔들리며, 부정적으로 느껴진 타인의 입장 표명은 자기 평가로부터 크게 벗어나 둘 사이의 격차는 벌어지게 된다. 이에 따라 모멸은 강렬해진다. 여기에 더해 지나치게 긍정적이거나 불안하게 흔들리는 자기 평가는 보통의 경우보다 빈번하게 자기 가치에 대한 도전을 경험하는 전제 조건을 만든다. 그래서 외부의 평가가 부정적인 방향으로 향하거나 부정적인 영향력을 행사할 가능성은 순전히 통계적으로만 보아도 더 높다.
　요약하면, 한 인간이 고유의 자기 가치감을 어떻게 조절하고 타인들에게 어떤 역할을 할당하는지에 따라 그가 모멸을 더 쉽게 혹은 덜 쉽게 느끼게 되는 중요한 전제 조건이 형성된다. 또한 그가 모멸감을 얼마나 강렬하게 느끼는지 좌우한다.

타인을 통해 자기 가치를 빈번하고 확실히 인정받는 것에 중독된 사람은 빈번하고 확실하게 모멸에 시달리게 된다. 이 중독이 의존이나 굴종의 형태를 취하면, 가치 저하의 감정에서 유래된 모멸뿐 아니라 입맞춤을 거절당한 세 번째 사례의 남성에게서 추측할 수 있듯 굴욕에서 비롯된 모멸의 위험도 발생한다.

이런 관점에 있어선 배르벨 바르데츠키의 생각에 동의한다. 그녀는 책에서 이렇게 쓴다.

"우리가 모멸을 느낀다는 것은 모멸 행위 그 자체보다 우리 자신과 더욱 관련된 문제이다."[19]

어떤 사람들은 이 메시지를 귀담아 들으려 하지 않는다. 그 이유는 아마도 이를 자신이 느낀 모멸이 본인의 책임이라거나 또는 그런 식으로 행동하지 말아야 한다는 냉정한 메시지로 이해해 다시금 모멸의 감정을 느끼기 때문이다. 또 다른 사람들은 이 메시지를 해방으로 느낄지 모른다. 왜냐히면 이로 인해 자신이 모멸을 느끼는 빈도와 강도에 스스로 더 많은 영향을 미칠 기회가 주어지기 때문이다.

당신이 이 인용문을 어떻게 해석하고 평가하며, 이로부터 무엇을 이루어내는지는 저자의 발언에 인과적으로 좌우되지 않는다. 당신이 이 문장을 읽는 목적, 즉 당신의 본질에 있다. 부디 당신이 이 문장을 바츨라빅Watzlawick의 뜻에 따라 이해할 수 있기를 바란다. 그는 이렇게 쓴다.

나는 우리가 통찰력이 가득하고 문제를 완전히 돌파해낼 수 있는 고유의 현실성을 짓는 건축가라고 생각한다. 이 건축가는 세 가지 중요한 특징이 두드러진다. 첫 번째는 자유다. 내 현실성의 설계자가 나라는 사실을 내가 알기 때문에, 나에게는 이 현실을 마음대로 다르게 형성할 자유가 있다. 좀 더 생산적으로, 더욱 유용하게. 즉, 나의 자유를 자각하는 것이다. 두 번째 특징은 깊은 도덕적 의미의 책임이다. 건축가는 타인이나 존재의 본질이 처한 상황에 책임을 돌리며 편안히 회피할 수도 있다. 통찰과 돌파 능력을 지닌 건축가는 자기 자신에게 책임이 있음을 안다. 세 번째는 관용이다. 그는 자신의 현실을 구성할 권리만큼 다른 사람을 인정할 권리도 지닌다.[20]

# 11장

## 이해받지 못한다는 괴로움

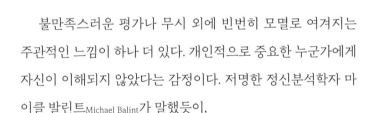

　　불만족스러운 평가나 무시 외에 빈번히 모멸로 여겨지는 주관적인 느낌이 하나 더 있다. 개인적으로 중요한 누군가에게 자신이 이해되지 않았다는 감정이다. 저명한 정신분석학자 마이클 발린트Michael Balint가 말했듯이,

　"(우리는) 모든 인간의 가장 큰 소망이 (······) 이해받는 것이라는 사실을 분명히 해야 한다."[1]

　　여기에서 다시 인간의 기본 욕구와, 이 욕구가 불만족스런 상태일 때 어떤 정서적 결과로 이어지는지 이야기할 것이다.

　　이해받지 못한다는 느낌은 누구나 견디기 힘들어한다. 이는 자신에게 그리 의미 있지 않은 사람들과의 관계보다 중요

하고 밀접한 인물들과 관련된 경우에 훨씬 크게 다가온다. 중요한 관계에서 이해에 대한 욕구는 종종 커다란 의의를 얻으며, 사람들은 이를 두고 아주 끈질기게 분투를 벌이기도 한다. 이 투쟁은 관계가 중요할수록, 실패로 인해 닥칠 고통이 클수록 더욱더 격렬해진다.

하지만 상당수의 사람들은 자신이 타인에게 어떻게 이해받고 싶은지 전혀 모른다. 그래서 이들은 상대의 이해를 불러일으키기에 적합하지 않은 방식을 종종 시도한다. 수많은 말을 동원해 자신이 어떤 감정이며 무엇을 바라는지 설명한다. 때론 눈물과 함께 감정을 숨김없이 터트리며 자신의 감정이 상대에게 어떻게든 닿아서 자신이 절실히 바라는 이해가 생겨나기를 희망한다. 또 가끔은 절망 속에서 가능한 모든 압박 수단을 사용해 상대방이 끝내 자신을 이해하도록 강제하기도 한다.

이 방법들은 모두 모멸의 고통을 감소시켜준다. 나의 모든 노력에도 불구하고, 나에게 중요한 문제에 있어서 의미가 많은 사람에게 이해받지 못했다는 감정이 발생하지 않도록 막아준다. 이런 정서적 경험과 결부된 실망은 견디기가 힘들다. 왜냐하면 이 실망감은 나와 타인 사이의 틈에서 생겨난 것이기 때문이다. 이 틈은 연대가 갈라진 자국이다. 안 그래도 내가 맺은 모든 연대는, 그 밖에도 너무나 많은 것들을 나에게 주지 않던가.

그러면 다음과 같은 생각이 떠오른다.

"어떻게 그럴 수 있지? 그는 왜 나를 이해하지 못하는 거지? 나와 이렇게 가까운 사이인데? 내가 외로움과 상실감을 느끼지 않기 위해 이리도 절실히 필요로 하는 것을 그는 왜 내어주지 않지? 내가 무엇을 말하는지, 나에게 무엇이 중요한지는 결코 이해하기 어려운 것이 아닌데."

모멸은 혼자 남겨진 느낌, 타인에게 닿을 수 없다는 느낌과 함께 오곤 한다(이따금 사고의 흐름은 여기에서 다시 자기 가치라는 주제로 연장되기도 한다. 그럼 이런 생각을 하게 된다. "어떻게 그가 나에게 그럴 수 있지? 나를 더 이상 사랑하지 않는 걸까? 그에게 나는 이해하려고 노력을 들일 만큼 가치 있는 사람이 아닌 건가?").

이해받는다는 느낌은 두 가지 원천, 즉 정서적 원천과 이성적 원천에서 공급된다(이성적인 부분은 다음 장에서 다룰 예정이다). 정서적 원천에 있어 중요한 점은, 내가 어떤 상황에 머물고 있는지 타인이 이를 이성적이고 지성적으로 파악하는 데 있지 않다. 수많은 말은 정서적 층위에선 보통 도움이 되지 않는다. 내가 이해받는 감정을 느끼는지 여부는 타인이 나의 정서적 상태를 파악하고 이로 인해 내가 그의 마음이 움직인다는 인상을 받는지에 따라 결정적으로 좌우된다.

설득력 있게 느껴지는, 믿을 만하게 느껴지는 이해는 내가 타인의 **정서적 공명**을 알아차릴 때 가장 먼저 나에게 전달된다. 다시 말해 나의 심리적 상태와 일치하는 동감이 그에게 생겨난 것을 내가 느낄 때, 나의 경험이 상대에게 작용을 가해 그에게서 공감 형태의 감정이 발견될 때, 즉 (그 강도가 약하더라도) 내가 겪은 것과 뭔가 비슷한 경험을 그가 할 때, 실제로 이해받았다는 감정으로 다가온다.[2]

· **여담 26**

"공명하는 상태에서 우리는 편안함을 느낀다. 그 이유는 **우리가 다른 사람에게 '느껴졌다'는 느낌을 받기 때문**이다. 즉, 더 이상 혼자가 아니며 연결되어 있는 것이다. 이는 감정이입적인 관계라 할 수 있다. 우리의 경험적 세계가 하나의 선명한 그림으로 타인의 경험적 세계에 존재한다고 느껴지기 때문이다."[3]

이런 형태의 이해는 연대감이라는 감정을 낳으며, 이를 향한 소속 욕구는 관계적으로 어려운 상황에선 "거의 식욕만큼 간절해질" 수 있다.[4] 따라서 연대를 향한 갈망은 인간의 "기본 욕구들"에 속한다.

린다는 바로 이것을 그리워했던 것이다(2장의 사례 6을 참고

하자). 남편이 그녀를 기만한 동기가 무엇일 것 같냐고 묻는 그
녀에게 내가 답을 건넬 때 말이다. 나는 그녀의 질문을 이성적
으로 이해했고 역시나 이성적인 대답을 내놓았다. 하지만 그
녀는 (적어도 일단 처음에는) 질문과 동반해 나타난 그녀의 당혹
스러움을 내가 알아주고, 이에 내가 정서적 공명을 해주길 소
망했다. 이후 우리가 다른 방식이나 좀 더 적은 말수로 그녀의
충격이 나에게 어떻게 와닿았는지 확실히 드러냈더라면 아마
도 그녀에게 훨씬 이로웠을 것이다. 나와 연결되어 있으며 그
로 인해 이해받았다 느꼈다면 그녀에게 더 도움이 되었을 것이
다. 그러나 유감스럽게도 나의 부족함으로 인해, 내가 질문
내용에 초점을 맞추며 실질적인 대답으로 도움을 주려고 하는
바람에 그녀는 홀로 남겨진 고립된 느낌을 받았다.

　　이는 실패한 공감적 일치로 인해 모멸이 일어날 수 있음을
보여주는 사례다. 다시 말해 전적으로 선의에서 비롯된 의사소
통이 어떻게 모멸로 다다르는지 보여줬다. 상대방의 이해에 특
별히 소속감을 느끼는 누군가에게 이 선의의 의사소통은 제한
된 공명이라는 인상을 일깨우면서 연결이 끊어진 느낌, 즉 단
절감을 불러일으킨 것이다.

○　　대답의 타이밍 또한 상대가 느끼는 이해받는 감정에 영향을 미칠 수 있다.

일상에서 선의를 가진 당사자들이라도 이런 상황을 항상 피할 수는 없다. "실패한 의사소통은 정상적인 일이다. 배우자나 연인 사이에서 하나가 상대방의 정서적 표현을 부적절하다고 평가하면, 이어서 적절하지 않은 반응을 하게 되면서 의사소통은 실패한다."[5]  일반적으로 이 실패는 성공한 의사소통과 마찬가지로 쌍방이자 공동의 일이다. 실패한 경우 대부분은 양측 당사자 모두 이해되지 않은 느낌을 받는다. 이들이 연대를 회복하려면 (이미 경험된 좌절에도 불구하고) 상호 간 다시 이해받는 느낌을 얻기 위해 서로 함께 길을 모색해야 한다.

더불어 린다의 이야기는 수많은 모멸의 상황 속에 담긴, 내가 책의 초반에 비극이라 표현한 것을 읽어낼 수 있는 사례이기도 하다. 나의 선한 의도는 린다의 모멸 현상을 저지할 수 없었다. 그뿐만 아니라 이 예는 단순히 동인뿐 아니라 그 동인이 당사자에게 자리한 맥락 또한 중요한 역할을 한다는 사실을 선명하게 보여준다(도식 2를 참고하자). 다시 말해 만일 린다가 자신의 남편에게 이해받으며 고립된 감정을 느끼지 않았더라면, 나의 행동은 그녀에게 전혀 다르게 가닿았을 것이다.

이해받지 못한 느낌은 자신의 **소망**이 **거절**된 느낌과 맞먹

---

○    이 문장은 보완이 필요하다. 즉, "자기 관점에서 부적절하다 평가하면, 자기 관점에서 적절하지 않은 반응을 하게 되면서……"

는다(사례 5 점심시간 동안 내 상담실에서 머물길 원했던 내담자를 떠올려보자). 이 소망을 상대가 충분히 실감하며 거절의 대답을 호의석인 낟도 진하디리도 당사자가 받는 느낌에는 크게 차이가 없다.

· **여담 27**

나의 친구이자 동료인 미국인 린 제이콥스Lynne Jacobs는 자신의 한 내담자에 대해 다음과 같이 전한다. "누군가의 경계와 부딪힐 때마다 그는 깊은 모멸을 느끼며 자기 방어적인 도피 반응을 보였다. (……) 이 문제를 계속해서 들여다보고 탐색하는 과정에서, 그가 타인의 경계를 강렬한 수치로 경험한다는 사실이 분명해졌다. 그는 타인의 경계를 개인적인 거절로 이해했는데, 그 이유는 경계를 마주할 때마다 자기 자신이 진지한 관계를 맺을 만한 가치가 없다고 생각했기 때문이다."[6] 여기에서 우리는 **소망들이 충족되지 않으면 자기 가치의 손상을 경험할 수도 있음**을 확실히 알 수 있다(10장을 참고하자).

상당수의 사람들은 (적어도 특별히 필요를 느끼는 정신적으로 곤궁한 상황에선) 타인의 감정이입을 산정해둔다. 이때 상대방이 자신의 욕구를 이해하는지 여부에서 끝나지 않고, 상대가 자신의 욕구를 충족시키는지 여부 또한 이들에게는 결정적인 역할을 한다. 그리고 상대방이 고유의 욕구를 지니며 주어진 상황에서 이 욕구에 좀 더 높은 가치를 매기면, 이들은 그로부터 냉담함을 느끼거나 악의를 느끼기도 하고 혹은 혼자 남겨진 느낌을 받기도 한다.

이뿐만 아니라 분리에서 오는 모멸은 관계가 갈라질 때, 특히 한쪽의 주도로 관계 단절이 일어날 때 항상 문제가 된다(사례 1 말없이 자신의 아내를 떠나버린 남편을 생각해보자). 이런 이별의 고통은 버려진 사람이 경험하는 가치 저하에만 뿌리가 있다고 볼 수는 없다. 즉, 이별을 당한 이가 상대방의 행동을 자신의 어떤 (어쩌면 오인된) 열등함에 대한 물러섬의 반응이라 해석할 때 느껴지는 자기 가치 저하만이 고통의 원인은 아니라는 뜻이다. 다수의 당사자들은 갑작스럽게, 자신이 포함되지 않은 상태로 상대방에 의해 이미 내려진 결정 앞에 자신이 놓이게 되었다는 사실에 모멸을 느끼기도 한다.

여기에서 우리는 자연스레 자기 가치라는 주제를 건드릴 수밖에 없다. "그에게 나는 사전에 대화를 나눌 만한 가치도 없는 사람인 걸까?" 하고 물으면서 말이다. 하지만 이게 이야기의 전부는 아니다. 상대방이 단독으로 결정을 내린 것은 당사자들의 연대가 이미 이른 시점에 깨졌음을 의미한다. 다시 말해 이제 막 이별을 직면한 사람은 지금까지도 여전히 그와의 연대를 확실히 느꼈다는 것이다. 이 연대가 깨지기 쉽다는 걸 벌써 이전에 어느 정도 알고 있었다 하더라도 말이다. 따라서 모멸은 연대감이라는 거짓 감정이 진작 얼마간의 시간 동안 흔들렸다는 충격적인 발견을 통해 나타나기도 한다. 이때 모멸은 착각의 끝, 즉 환멸이 되며 상대방이 행하는 모든 것은 이 환멸의 바닥으로 떨어진다. 그러면서 자기 인지의 신빙성이 의심되고 이로부터 자라난 전반적인 불확실성이 추가로 뒤따르기도 한다.

첫 번째 사례 속 여성처럼, 별안간 이런 현실에 직면하게 된 사람은 일반적으로 사건의 경과를 빠르게 소화하지 못한다. 먼저 현재 눈앞에 벌어진 일이 전면에 부각된다. '어떻게' 말도 없이 접촉도 없이 그런 식으로 떠날 수 있는지 남편이 이별을 실행한 방식에 초점이 맞춰진다. 그로 인해 무례하게 다뤄진 느낌을 받은 이 여성이 이에 분노하는 것은 전적으로 수긍이 간다. 하지만 이와 동시에 그녀는 (적어도 처음에는) 더욱 견디기 어려운 사실 하나를 지나치며 넘어간다. 엄밀히 말해서 이 '어떻게'는 그 어떤 말과 접촉 없이 감행된 남편의 행위가 아니라, 오래전부터 남편과 그녀 사이에 존재했으나 미리 알아차리거나 진지하게 받아들이지 않은, 이제야 비로소 그녀가 당황스럽게 깨달아야만 하는 둘 사이의 모든 무언과 **무접촉**이다. 여기에서 모멸의 고통은 수치의 괴로움으로 옮겨가기 쉽다.

> · **여담 28**
>
> 이 사례는 관계 손상과 모멸 사이의 관계를 다르게 이해할 수도 있음을 보여준다. 보통은 모멸이 먼저 나타나고 그다음 관계 손상으로 이어진다고 생각하는데, 정확히 반대로 일어나는 경우도 많다. 즉, **관계 속에 이미 존재하는 문제가 모멸과 관련된 상호작용을 이끌면서 드러나기도** 한다. 따라서 이때의 관계 손상은 모멸을 통해서가 아니라 관계 안의 문제로 인해 생겨난 것이라 할 수 있다.

이와 유사한 감정들은 꽤나 빈번히 발생한다. 자신이 기꺼이 속하고 싶은 집단에서 환영받지 못하고 거부당한다는 느낌을 받을 때 분리의 고통과 비슷한 감정들이 생성된다. 집단으로 인해 유발되는 이런 종류의 모멸 동인들은 "단순히 인사를 하지 않는 행위부터 애정 철회, 더 나아가 낙인찍기에까지 이른다."[7] 포함되지 않았다는, **속하지 않았다**는 혹은 아예 적극적으로 제외되었다는 인상은 다수의 경우 연결되지 않은 느낌과 가치 절하의 감정으로 이끈다.

· **여담 29**

"우리가 아주 기꺼이 무언가를 공동으로 하며, 단지 '나'로
머물려 하지 않고 **우리가 흔쾌히 '우리'가 되고자** 한다면
(……) 어떨지 한번 생각해보자. (……) 집단을 형성하고
동일한 가치와 이해관계를 공유하는 집단의 일부라는 감
정은 우리의 안정감과 정체감에 매우 중요할 수 있다. 무언
가를 함께하면서 우리는 또한 즐거움을 얻을 수도 있다."[8]

이 같은 인상은 집단이 지닌 중대성과 익명성 때문에 개인
을 통해 거절당할 때보다 무력함과 더욱 결부되기 쉽다. 집단
에 속하지 않은 느낌은 훨씬 광범위하게 작용하며 모멸의 유
발자를 구체적으로 파악하기가 한층 어렵기 때문이다. 난민과
이주자들은 이에 대해 털어놓을 이야기가 많을 것이다. "운명
을 같이하는 집단에 대한 소속, 수용, 연대의 욕구는 인간의 사
회적 기본 욕구"이기 때문이다.[9]

# 12장

## 절대 일치할 수 없는 지평선

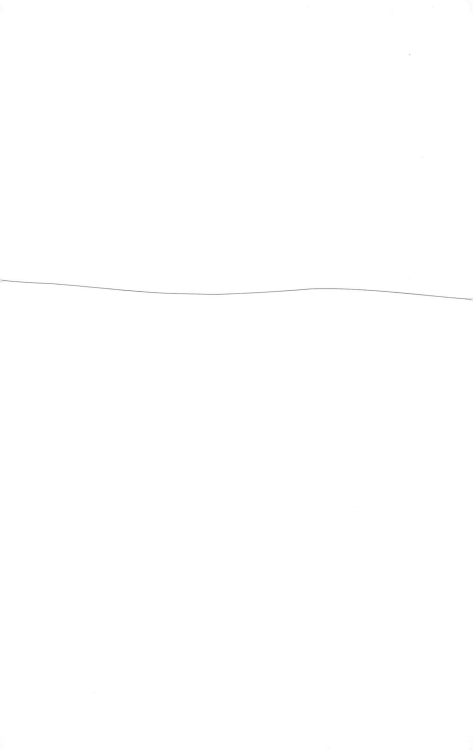

이번 장에서는 두 사람 사이에서 일어나는 모멸 현상을 조금 떨어져서 보도록 하자. 2장에서 소개한 사례들 가운데 두 가지를 참고해 시도해볼까 한다.

두 번째 사례를 보면 자신의 옛 연인에게 은밀한 사진들을 보낸 남성이, 그 우편물을 받고 모멸을 느낀 여성이 있었다.

우리는 그가 그녀에게 모멸을 가할 의도가 없었다는 걸 알고 있다. 그 사진들을 간직하지 않는 것이 그에게는 배려와 존중의 문제이기까지 했다. 관계가 끝난 지금, 즉 이별이라는 주어진 현실에서 그 사진들을 본다는 건 일종의 경계를 넘는 경솔한 행위이기 때문이다. 사신을 파기하는 선택지도 있었으나 그는 이를 접었다. 사진은 두 사람이 한때 함께 관여한 것이기에, 이런 의미에서 일방적인 파기는 적합해 보이지 않기 때문이다. 그는 심사숙고 끝에 그 사진들을 예전 연인에게 보내기로 결심했고 그녀가 그것들로 무엇을 하든 전적으로 그녀에게 맡기기로 했다.

우리는 그녀가 그 사진들을 받았을 때 충격과 모멸을 느꼈다는 사실을 알고 있다. 그녀는 이 반송을 일종의 능욕으로 이해했다. 그녀가 그를 버린 것처럼, 두 사람에게 한때 중요했던 것을 뒤늦게 그가 그녀에게 던져버렸다고 말이다. 그녀는 이를 과거의 내밀한 관계에 대한 가치 절하이자 자신의 인간적 존엄에 대한 공격이라 느꼈다. 그는 사진들이 그녀에 의해 "처리"되기를 원했는데, 그녀는 그가 그 사진들을 보존할 가치가 없는 쓰레기처럼 취급한다고 여겼다. 그의 반송으로 그녀는 두 사람이 한때 함께 나누었던, 사진으로 상징되는 과거의 내밀한 관계와 연대가 그에 의해 파괴되었다는 인상을 받았다. 추가로 그녀는 자신의 육체성이 무가치해지는 감정을 느꼈다. 말하자면 자신이 육체적으로 매력적이지 않다는 뜻으로 해석했다.

네 번째 사례에서는 나의 점심 휴식 시간 동안 내 상담실에서 머물고 싶었던 내담자와 이 소망이 충족되기를 거부한 내가 있었다.

내가 거절한 이유는 자명했다. 비밀 유지의 의무와 상담 센터에 보관된 (내 개인적인 그리고 내 내담자들의) 데이터 보호 때문이었다. 나에게는 다른 대안들이 있었다. 내가 직접 상담실에 머물거나 민감한 자료가 보관된 공간이나 캐비닛만 따로 잠그는 것이다. 그러기에는 불필요한 소모가 너무 큰 데다, 시간과 에너지를 소모할 만큼 그리 의미 있는 상황으로 보이지 않았다. 나의 내담자는 점심시간을 근처 카페에서 보낼 수도 있었다.

　긴 시간 동안 이어진 힘겨운 대화에서 드러나듯이, 그녀의 바람을 거절한 나의 행위는 내 내담자에게 매우 통렬하고 쓰라린 경험이었다. 그러면서 이를 유발한 최초의 동인, 즉 본인이 점심시간을 다른 어딘가에서 보내야 한다는 사실은 실질적으로 더 이상 아무 역할을 하지 않았다. 그녀는 내가 데이터와 서류들을 그녀로부터 보호해야 한다는 생각을 가질 수도 있다는 것을 받아들이기 어려워했다. 그녀는 이를 개인적으로 받아들였고 자신을 향한 공개적인 불신의 표현으로 이해했다(엄밀히 말하면 추정했다고 볼 수 있다). 그녀가 나의 물건을 건드릴 계획이 있을지도 모른다는 불신의 표현이라고 말이다.

　그녀가 우리의 상황을 바라볼 때 속한 맥락은 그녀의 해석에 영향을 미쳤다. 우리는 함께 노력하며 수차례 상담 치료를 했다. 그녀는 그녀에게 그 누구도 필요하지 않다는 기존의 틀을 극복했다. 드디어 다른 사람들에게 과감히 무언가를 털어놓게 된 그녀에게 내 입장은 내가 그녀를 전혀 신뢰하지 않는다는 태도로 비춰졌다. 내 태도는 그녀에게 충격적인 일이었다. 이런 맥락에서 되돌아보니, 나와 다른 사람들에게 신뢰를 주라고 독려해온 내가 이제 그녀의 눈에 냉소적으로 보이게 되었다. 그녀가 끝내 자기 소망을 나에게 과감히 털어놓은 순간, 그녀의 눈에 나는 이를 거부할 뿐만 아니라 타인에 대한 불신이 가득한 신뢰할 수 없는 사람으로 보였다. 그녀가 기대하는 위험 감수를 받아들일 준비가 아직 되지 않았다고 해서, 어떻게 나는 그토록 믿을 수 없는 사람이 될 수 있었을까?

이 두 사례는 멀리 떨어진 관찰자의 시선으로 해석할 필요가 없다. 자신의 행동으로 가까운 인물에게 모멸을 불러일으킨 사람에게는 단연 정당한 근거들이 있으며 아무런 악의가 없었을 것이다(1장을 참고하자). 또한 모멸을 느낀 사람은 자신의 경험에 단연 납득이 가는 근거들을 댈 수 있을 것이다. 그러나 당사자들은 모멸 현상이라는 이 주어진 상황을 각기 몹시 다른 관점으로 바라본다(나는 바로 여기에 본질적이고도 대단히 중요한 지점이 있다고 본다).

여러 철학자들이 **"지평선"**이라고도 칭하는 각자의 준거 틀이 있다. 모멸의 당사자들은 어딘가 분명치 않은 주어진 상황들을 세워놓고 그로부터 얻어진 의미들을 규정한다. 이 과정에서 정해지는 상황에 대한 의미가 서로 굉장히 상이하다.

· **여담 30**

모든 이해는 특정 맥락 내지는 특정 배경이라는 테두리 안에서만 가능하다. 그리고 모든 백락은 자기 한계, 즉기 "지평선"이 있다. 이 지평선은 많은 것을 포괄하지만 많은 것을 늘 제외시킨다. **나의 지평선과 타인의 지평선이 "융화" 되어 교집합이 형성되는 곳에서 진정한 소통이 일어날 수 있다.**[1] 이 교집합에는 무엇보다 구두의 의사소통을 가능하게 하는 공통의 언어가 속한다. 이런 공통점에도 불구하고 인간은 언제나 자기 "개별 세계이론"을 가지기 때문에 소통은 매번 실패할 수도 있다.[2]

하지만 이것이 전부는 아니다. 이들은 타인의 각 준거 틀이 낯설며, 주어진 상황에서 각기 다른 '의미 맥락'이 영향을 미친다는 사실조차 자각하지 못한다.

물론 인간이 타인의 메시지를 고유의 준거 틀 안에서 이해한다는 사실을 완전히 자각하는 것만으로는 충분하지 않다. 너무나도 많은 문화적이고 개인적인 영향들이 소리 없이 은밀히 고유의 지평에 작용하기 때문이다. 경우에 따라서는 타인의 표현으로 유발된 모욕적 결과에 스스로 놀라면서 이를 알아차리기도 한다. 그러면 일단 그 표현이 어떻게 모욕적인 결과를 낳게 되었는지 이해하기 위해 노력을 들인다. 그리고 때로는 상당한 노력에도 불구하고 알아내지 못하기도 한다.

타인의 표현에 대한 내 이해를 어떤 지평선이 규정하는지 상대방은 알지 못하고 또 그에게 선의가 있어도 늘 제한적으로만 알 수 있다는 사실은 결코 이례적이지 않다. 대다수의 일상에서 이는 그리 두드러지지 않는다. 각기 다른 우리의 지평이 서로 충돌해야만 우리가 서로를 완벽히 이해할 수 없음을 알게 된다. 다시 말해 우리가 서로 '이해한다'는 것은 검증되지 않은, 흡사 착각 같은 것인지도 모른다. 일단 **오해**가 생겨나면 당사자들이 각기 다른 의미 맥락을 동원했음을 알 수 있다. 모멸이 종종 모든 당사들에게 예기치 않게 생겨나는 이유 중 하나가 여기에 있다.

· **여담 31**

인간 사이에 일어나는 사건들, 여기에 속하는 언어적 메시지들은 확정된 의미를 지니지 않는다. "하나의 사건은 발신인과 수신인 사이의 약속에 (······) 귀속되어 있는 징표와 의미들을 통해 신호로서의 의미를 얻는다. 대부분의 인간적 의사소통에서 **이런 약속은 존재하지 않거나 혹은 구속력이 없다.** 어떤 사건이 지니는 신호로서의 의미는 오로지 수신인에 달려 있으며, 수신인에게 이 신호가 도달할 시점에 그를 지배하는 조건들에 의해 좌우된다"[3] 그러므로 9장에서 다루었듯이 의사소통은 저기 결과를 확정하지 않는다.

이는 인간 사이의 상호작용을 부분적으로 통제하기 어렵게 만든다. "내가 하나의 문장을 말하면, 이 문장이 듣는 사람에게 불러일으킬 하나하나의 과정들을 미리 예견할 가능성은 없다."[4] 여기에서 좋은 점은, 이로 인해 발생할 수 있는 일종의 긍정적인 놀라움이다. 즉, 대화의 상대가 어떤 대답을 할지 매번 미리 내다볼 수 있다면 모든 의사소통이 얼마나 지루하겠는가! 타인의 행동을 명백히 일의적으로 예측할 수 없는 까닭에 마치 도로에서처럼 '사고'가 날 수 있는 것이다. 원칙적으로는 다음과 같이 말할 수 있다.

타인과 관계를 맺고 있는 인간은 이 관계에서 일어나는 것에 대해 지극히 제한적으로만 통제할 수 있다. 이는 두 인간이 이루는 일치 중 일부

---

◦    다른 곳에서 저자는 이를 좀 더 예리한 문장으로 표현하며 핵심을 짚는다. "신호의 의미는 결코 신호의 본질에 달려 있지 않으며, 신호를 받아들일 때 수신인이 처한 조건들에 좌우된다. 의미를 확립하는 것은 수신인이다."(로스, G.,《두뇌와 그 실제》)

이며, 모종의 부분이 모종의 전체를 통제하는 것은 엄격히 제한적이다.[5]

상호작용과 관계에 대한 이런 근본적인 통제 결여는 상황을 경악스럽게 끌고 갈 수도 있다. 이는 현재의 의사소통 문제를 수반할 뿐 아니라, 동시에 지금까지 이루어진 소통의 일치가 결코 견고하지 않았음을 보여주기 때문이다. 즉, 지금 드러나듯이 그동안의 소통은 잘못된 가정에 기인했다는 뜻이 된다. 더불어 상당수의 사람들이 이런 현실에 맞서며 흔히 시도하는, 예컨대 "당신이 나를 정말 사랑한다면 ……를 알았어야지" 같은 모토를 따르면서 꾀하는 일방적인 책임 분담은 그저 충족되지 않은 요구만 담겨 있는 것이 아니라 문제 해결에 아무런 기여도 하지 않는다.

이런 달갑지 않은 뜻밖의 발견은 (적어도 단기적으로는) 당사자들 사이의 연대감에 부정적인 영향을 미친다. 연대는 (앞선 장에서 언급한 정서적 공명 외에) "인간들이 그들의 공간과 세계에 덧붙이는 (……) 의미의 공동 조정과 창조"라는 중요한 부분으로 이루어지기 때문이다.[6]

의미 지평의 복잡성, 나 자신에게 선명히 보이지 않는 부분적인 불투명성, 타인에게 보이지 않는 불가시성은 내가 타인의 행동을 어떻게 파악할지 그가 확실히 예견하기 어렵게 만들거나 더 나아가 불가능하게 만들기도 한다. 여담 31에서 로스가 칭한 "약속", 다시 말해 우리가 공동으로 가지는 우리의 지평이라는 넝쿨은, 우리가 같은 언어로 말하고 동일한 문화에서 자란 까닭에 가지는 관점 그리고 내가 접근하고 자각할 수 있는 나의 지평에 대한 관점을 타인이 공유하거나 그가 이를 여전히 기억하거나 또는 어떤 식으로든 그가 이를 제대로 알아맞히면, 어느 정도 확실한 개연성을 지닌 예측을 그에게 허락한다.

안타깝게도 우리는 현실에서 도망칠 수 없다.

"발신인의 신호는 (……) 수신인에게 직접적으로 의미가 할당되지 않으며, 그로 인해 발신인이 의도한 이해는 통제된다. 이런 관점에서 이해는 오로지 견고한 혹은 견고히 약속된 의미상의 맥락이 주어질 때에만 가능하다."[7]

따라서 모멸은 대부분 당사자들의 지평선 사이에 존재하는 중대한 차이를 드러내는 징후다. 즉, 자신과 상대방에게 이전에 알려지지 않은 지평선의 차이가 모멸이라는 현상을 통해 나타난 것이다.

당사자들이 가해자-피해자 틀에 따라 책임을 묻고 비난하는 대신 이 차이를 분명히 하는 더 나은 이해를 향해 나아간다면, 모욕적 상호작용은 당사자들 간의 교집합을 확장하고 서로 소통하는 데 도움이 될 것이다. 아울러 당사자들은 이를 각기 고유의 지평선을 더욱 잘 알게 되는 기회로 삼으면서, 자신의 지평선을 명백히 하고 상대방이 자기 지평선을 이해할 수 있도록 만들 수도 있다. 그러면 당사자들에게 불쾌하기만 했던 모멸은, 나중에 가선 자기 자신뿐 아니라 공동의 관계에 좋은 목적으로 이용될 수 있다. '끝이 좋으면 모든 것이 좋다'는 속담처럼 말이다.

### · 장문의 여담

안타깝게도 고유의 지평선에 설명을 덧붙이기란 그리 간단하지 않다. 예를 들어 현재 일어난 모멸의 현상이 저 바닥에 있는 과거의 정신적 외상에까지 다다른 경우, 이 트라우마가 현재의 모욕적 경험에 결정적인 맥락을 형성하기는 하지만 당사자의 의식이 여기까지 접근하기는 어렵다. 이런 가공되지 않은 경험이 다시 활성화되면 종종 당사자는 이른바 "행동화"를 하게 된다.

행동화는 전통적인 정신분석에서 문제가 되는 감정들 속에 매우 강렬하게 빠진 사람의 상황을 이해하는 방식이기도 하다. 즉, 이런 상황에서 당사자는 감정의 폭풍에 압도

되고 상대방의 행동은 이 폭풍 안에 사로잡히며, 문제로 가득한 감정 폭풍은 현재의 관계를 새로운 문제로 끌고 간다. 그 이유는 당사자가 현재 활성화된 감정이 현재의 관계보다 정신적 외상을 입은 (해석과 평가를 주로 좌우한) 과거의 경험에 근원이 있음을 알아차리지 못하기 때문이다. 그러는 대신 그는 자신의 문제를 현재 활성화된 고유의 모욕적 경험과 직접 연계해 붙들고 씨름하면서, 자기 문제를 현재 타인과의 관계로 확장한다.

그는 과거에 생겨난 감정과 입장을 현재의 상황으로 옮기지만 이를 전혀 의식하지 못한다. 이로 인해 현재의 상황과 관련된 상대방과 자기 자신을 정당하게 평가하지 못하면서 새로운 문제들을 만들어낸다. "이전에 정신적 외상을 경험하며 생긴 흉터는 결코 완전히 아물지 않는다. 우리 모두는 옛 상처를 보호하기 위한 너무도 비이성적인 방어 행위에 능하며, 이는 우리가 지금 처한 이해관계 상황에 유익하지 않다."[8]

또한 여기에는 최소한 두 가지의 비극이 있다. 첫 번째 비극은 '행동화하는' 사람의 측면에서 현재 감성들의 근원과

---

◦  앞에서 언급한 '감정의 폭풍'을 떠올리면 된다.

반복적 특성을 그가 의식하지 못하는 까닭에 이 감정들에 대한 적절한 이해가 이루어지지 않으면서 발생한다.[9] 그러면 현재의 상대방은 감정 폭풍에 사로잡힌 당사자의 당시 트라우마적 경험에 결정적인 역할을 한 사람인 듯한 느낌을 받게 된다.

현재의 상대방 측에선 지금 일어난 사건을 자명하게 정리하기가 거의 불가능하며, 이는 어떤 식으로든 부정적인 반응으로 이어지기 쉽다. 여기에 두 번째 비극이 있다. 문제적 감정에 사로잡힌 사람은 부정적 반응을 보이는 현재의 상대가 과거의 트라우마 관련 인물과 아주 유사하게 행동하는 듯한 인상을 확실히 굳히게 된다. 이로 인해 문제로 가득한 상호작용이라는 하나의 악순환이 빠르게 생겨나며, 당사자들은 이를 거의 간파하지도 풀어내지도 못한다. 이 악순환을 무엇보다 감당하기 힘들다고 느끼기 때문이다.

모멸을 느꼈다고 여긴 당사자가 현재 활성화된 자신의 감정을 상대방에게 쏟아낼 때 그 상대방이 침착함을 유지하며 과거의 어떤 관계 구도가 지금의 상황을 연출했는지 파악할 수 있다면, 그 상대방은 감정의 폭풍에 휩싸인 모멸의 당사자에게 가장 이상적인 사람이라고 할 수 있다. 일부러 "연출"이라는 단어를 사용했는데, 극적으로 과장한다는 의미로 이를 부정적으로 평하려는 것이 아니다. 여기에서 중요한 상호작용의 층위를 강조하기 위함이다. 즉, 트라우마 경험이 '행동화'된 사람은 자신이 처한 상태의 느낌을 곧바로 언어적으로 나타낼 수 없기 때문에, 다른 방식에 의존해 그 느낌을 전달하게 된다. 그는 장면을 연출해 상연하는 식으로 이를 전한다. 다시 말해 그를 움직이게 하는 현재의 사회적 행위로 표현하는 것이다. 이에 해당되는 누군가는 이렇게 말한다. "말로 이해받지 못한다고 (혹은 이해하게 만들 수 없다고) 느끼면 행위로 말해야 한다."[10]

물론 이는 의식이 결여된 계획되지 않은 행위이므로 수신인 또한 식별하기가 쉽지 않다. 일반적으로 수신인은 여기에서 무엇이 실제로 장면적으로 연출된 의사소통인지 모르며, 왜 이런 방식으로 의사소통이 이루어지는지도 분명히 알지 못한다. 그럼에도 '행동화'된 사람은 이를 통해 상대에게 의미가 전달되기를 바란다. 로렌처Lorenzer가 칭한 "장면적 이해"에 들어맞는 대목이라 할 수 있다.[11]

이런 연출된 조건 하에서 필수적인 내적 거리를 유지하고 개인적으로 관련되어 있다는 느낌을 받지 않으면서 적용된 연출을 이해할 수 있으려면 상당한 깊이의 개입과 유대, 세심함과 더불어 이 같은 어려운 상황을 개인적으로 받아들이지 않는 능력이 필요하다. 연출된 장면은 지극히 개인적인 표현을 통해 전달되기 때문이다. 이는 경험 많은 심리 치료 전문가들에게도 결코 만만한 도전이 아니다(직업적 역할 뒤에 숨지 않더라도 마찬가지다). 일상에서 심리 치료 경험이 없는 사람들이 다루기엔 더욱 어려운 일이다.

그런 까닭에 앞에서 언급한 의사소통적 악순환이라는 비극은 일상적인 상황에서 발생하면 종종 제동 없이 계속해서 자기 궤도를 돈다. 그리고 이 악순환은 당사자들에 의해 멈춰지기도 한다. 즉, 이들이 본래 전혀 원하지 않는 본인의 정신적 측면에 해당되는 소소한 무언가가 지금 여기에서 자신들에게 일어나고 있음을 불분명하게나마 느끼거나 실제로는 다른 많은 것들이 충돌하고 있을 때, 비로소 악순환은 멈추게 된다.

이런 느낌을 분명히 표출하면 상대방은 이해와 마주할 수 있는 기회를 얻는다. 내적으로 무언가가 벌어지고 있다는 느낌을 상대에게 표현하면 비극적 악순환이 중단되고 설명과 부연의 시도가 뒤따를 수 있는 기회가 주어지기 때문이다.

# 13장

## 모멸감을 만드는 결정적 측면

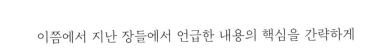

이쯤에서 지난 장들에서 언급한 내용의 핵심을 간략하게 요약할까 한다.

모멸이라는 현상은 최소 두 사람 사이에서 일어나는 공동의 의사소통 행위로 이해해야 한다. 통속 심리학적 사고에서 대개 '가해자'로 간주되는 첫 번째 인물의 행위는 '피해자'로 여겨지는 두 번째 인물의 조력 없이는 모멸이 되지 않는다. 모멸은 두 당사자의 '공동 작업', 즉 모욕적으로 경험된 의사소통이라는 전제에서만 성립된다. 모멸이 계획적으로 일어나는 경우는 드물지만, 인간들 사이에서 합작으로 이루어지며 바로 이 안에 비극의 요소가 들어 있다.

모멸감의 결정적인 측면은 세 가지로 정리할 수 있다. 이들 모두는 이른바 인간의 "기본 욕구"와 연결되어 있다.

√ 존중에 대한 기대의 좌절은 자기 가치감이 손상된 사람이 상대방
  에게 내세우는 것이다.

√ 무너진 연대는 특히 공감적 불일치에 이른 당사자들 간에 생겨난다.

√ 소통의 실패는 만족스런 수준의 커다란 공동 의미 교집합을 찾으
  려는(만들려는) 시도의 실패라고 할 수 있다.


이 세 가지 측면은 상황에 따라 서로 다른 무게로 동시에 각
각의 역할을 담당한다. 물론 이들 중 하나가 특별히 지배적인
위치를 차지할 수도 있다. 각 측면이 구체적인 상황에서 미치
는 영향이 어떠한지 무게를 매기는 일은 해석의 문제다.

해석은 모멸의 이해에서 무엇보다 중심이 되는 개념이다.
앞서 이야기했듯이, 우리 인간은 자극-반응 자판기가 아니다.
하나의 자극(동인)은 현재의 관련 맥락과 동기에 이미 매인 상
태에서 인식된다. 그러면 자극에는 특정 의미가 덧붙여진다.
그 결과 뒤따라 생겨난 감정과 행위(반응)는 외부의 동인과 마
찬가지로 개인적인 동기와 해석 혹은 평가에 좌우된다(도식 2
를 참고하자).

앞서 말한 세 가지 가운데 첫 번째 측면과 관련해선, 타인에
게 존중받고 싶은 기대나 요구가 없고 주어진 상황의 당사자
시각에서 적절하지 않거나 충분하지 않은 정도의 존중이 행해

졌다는 해석이 없으면 모멸이 발생하지 않는다는 사실이 분명해진다. 이렇게 말할 수도 있다. 가치 절하로 해석될 수 있는 표현 외에, "모멸을 행한다고 파악하게끔 구성된 표현"이 아니면 모멸 현상은 생기지 않을 수 있다.[1] 여기에서 인용된 저자는 이를 "상호작용적 의미 구성"이라 칭한다.

두 번째 측면에선, 타인에게 이해받고 또 타인과 연결되는 것이 모멸 발생의 여부를 좌우한다. 물론 맨 처음에는 타인이 내가 느낀 감정과 정서적 공명을 경험하는지 여부에 달려 있으나, 그가 이를 적절한 징후로 드러내는지 여부도 중요하다. 그러나 이것으로도 충분하지 않다. 즉, 내가 이 징후를 타인이 나와 정서적으로 공감한다는 뜻으로 알아보고 이해해야 한다. 다시 말해 타인이 보인 공감의 표시를 내가 바라는 작용을 나타내는 징후로 해석해야 한다. 타인과 내가 다시금 관여하게 되는 이 과정에서 모멸의 발생 여부가 갈린다.

이 외에도 당사자가 현재 상대방이 지니고 있는 이해와 공감에 적절한 의미를 부여하지 않을 경우, 이해받지 못하고 연결되지 않은 느낌이 모멸감으로 이어지기도 한다. 나의 주관적 상황에 대한 타인의 정서적 울림을 내가 얼마나 받아들이느냐, 즉 그의 이해를 내가 얼마나 이해하느냐에 따라 내가 그와 연결되어 있음을 느끼는 정도가 달라진다.[2] 따라서 "당신에게 이해받지 못한 느낌이 들어"라는 말은 다수의 경우 다음과 같은 뜻이 되기도 한다. "나는 당신의 이해가 이해되지 않아."

끝으로 세 번째 측면은 두 번째 측면과 밀접하게 연관되어 있다. 즉, 모든 인간은 고유의 지평선, 다른 말로 하면 각자의 준거 틀 안에서 주어진 상황을 자기 뜻대로 다루고 처리한다는 것이다. 이 지평선은 부분적으로 문화적 영향을 받고 일부는 개인적 경험에 의해 특징지어진다. 이렇게 형성된 각 개인의 세계상은 자신이 겪은 상황들에 대해 의미를 부여하고 결정짓는다. 동시에 이 세계상은, 현 상황을 타인이 이해하는 데 결정적인 역할을 하는 타인의 지평선과는 언제나 현저히 구별된다.

때로는 양측의 이 "개별 세계이론"들이 상당히 넓은 범위로

---

○ 이를 자세히 들여다보려면 "모멸"이라는 주제를 넘어 좀 더 긴 논의로 이어져야 한다. 물론 부분적으로는 피해자 의식과 관련된 문제이기는 하지만 말이다. 논의를 확장해야 하는 이유는, 이 문장처럼 이해받지 못했다는 주장은 조작을 시도하는 경우가 있기 때문이다. 즉, 지금 나를 이해하지 못하는 타인에게 양심의 가책을 불러일으키고 그를 자기 자신과 마찬가지로 이해를 구하는 사람으로 이끌려는 시도가 담겨 있는 것이다. 이 같은 경우에는 다음과 같은 암시적인 메시지가 드러난다. "나에게 어떤 일이 일어났는지 당신이 이해하지 못한다면, 당신은 나를 전혀 이해하지 못하는 거야. 그건 당신이 공감 능력도 없고 인간적으로 무능하다는 뜻이야." 이해받지 못했다고 주장하는 사람은 이처럼 더 이상 비판적으로 물을 필요가 없는 피해자라는 자아상이 필요하다. 뒤에서 다루게 될 나르시시즘 또한 인간이 이해받지 못함으로 모멸을 느끼도록 부추긴다. 예컨대 자기애가 강한 사람은 타인이 자신을 이해하는 방식에서 충분한 감언이설이 동반되지 않은 듯 보일 경우 모멸감을 느끼기도 한다.

중첩되면서, 두 당사자가 공동의 상황을 거의 동일한 뜻으로 이해하는 경우도 있다. 하지만 가끔은 이들이 서로 너무 멀리 벌어져 있어 (떡어도 처음 당분간은) 소통이 실패로 돌아가면서 당사자들을 모멸감에 빠트리기도 한다. 소통의 실패는 두 세계상 간의 차이에 있지 결코 어느 한쪽에 있지 않다. 이 실패는 공동의 협업적 사건이고 오직 공동의 작업을 통해서만 극복할 수 있다.

○    마치 의학 실험에서 "거짓 양성" 결과가 나오는 경우처럼 말이다. 당사자들은 서로 이해한다고 생각하지만, 실제로는 개별 세계이론 사이의 불일치가 아직 눈에 띄지 않은 것뿐이다.

# 14장

## 모면감에서 벗어날 준비

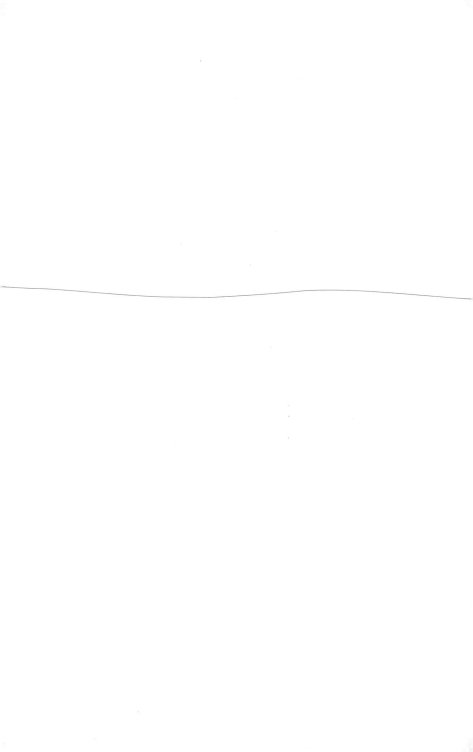

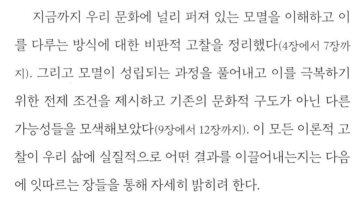

　　지금까지 우리 문화에 널리 퍼져 있는 모멸을 이해하고 이를 다루는 방식에 대한 비판적 고찰을 정리했다(4장에서 7장까지). 그리고 모멸이 성립되는 과정을 풀어내고 이를 극복하기 위한 전제 조건을 제시하고 기존의 문화적 구도가 아닌 다른 가능성들을 모색해보았다(9장에서 12장까지). 이 모든 이론적 고찰이 우리 삶에 실질적으로 어떤 결과를 이끌어내는지는 다음에 잇따르는 장들을 통해 자세히 밝히려 한다.

　　이어지는 내용은 두 갈래로 나누어져 있다. 하나는 모멸 현상에 관여된 인물들에 초점을 맞춘다. 여기에서는 지금까지 모멸을 느낀 당사자와 모멸을 불러일으킨 인물의 측면을 다룬다. 다음 장에서는 모멸을 어떻게 피할 수 있는지에 대해 이야기할 것이다. 따라서 흔히 하듯 "모욕당한" 사람이라 칭하는 것은 이제 더 이상 의미가 없다. 마찬가지로 모멸을 "불러일으킨" 사람으로 상대 인물을 지목하는 것 또한 크게 의미가 없다. 왜냐하면 이 인물의 행동은 모멸감에 더 이상 아무런 작용을 하지 않을 가능성이 높기 때문이다.

앞으로 소개될 사례 속 인물들에게 더 이상 특정 역할을 지정하지 않을 것이다. 이뿐만 아니라 좀 더 수월한 이해를 위해 구체적인 이름을 가진 두 사람을 등장시키려 한다. 바로 "리자Lisa"와 "미하엘Michael"이다.

두 번째 갈래는 내가 논의하며 답을 찾고 싶은 질문들과 관련되어 있다. 첫 번째 질문은 현재의 상황, 즉 두 사람 중 하나에게 모멸의 감정이 생겨나 무언가가 이미 벌어진 상황에서 어떤 행동을 해야 하는지를 다룬다. '아이가 이미 우물에 빠진 상황'이라는 속담처럼, 여기에서는 무엇을 행해야 하는지가 중요하며 두 사람과 이들의 관계에 발생한 손상은 가급적 조금만 다룰 것이다. 15장에서는 이미 발생한 고통을 줄이는 데 양측의 당사자가 각각 이바지할 수 있는 즉각적인 조치들을 이야기할 예정이다.[1]

그다음에 이어지는 16장에서 논의될 두 번째 질문은 좀 더 장기적인 관점에서 당사자들이 선제적으로 행할 수 있는 예방 조치에 중점을 둔다. 다시 말해 여기에서는 고통을 방지하는 법을 다룬다. 고통의 방지는 첫째로 타인에 대한 배려와 돌봄과 연계된다. 즉, 다른 사람에게 모멸의 동인을 가급적 적게 제공하려면 무엇을 할 수 있는지 또는 무엇을 해도 되는지를 고려하는 것이다. 둘째로 자가 돌봄이라는 측면에서 고통의 방지를 살펴본다. 이를테면 자신의 모욕 민감성을 어떻게 바꿀 수 있는지, 앞으로 모멸을 좀 더 적게 경험하고 싶고 이미 모멸이 발생했을 때 격렬하게 빠지지 않으려면 무엇을 어떻게 해야 하는지 들여다볼 것이다.

# 15장

## 이미 물에 빠진 상황에서 빠져나오기

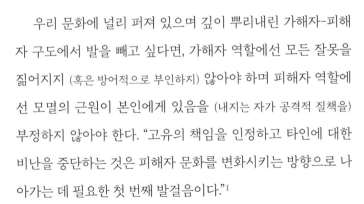

　　우리 문화에 널리 퍼져 있으며 깊이 뿌리내린 가해자-피해자 구도에서 발을 빼고 싶다면, 가해자 역할에선 모든 잘못을 짊어지지 (혹은 방어적으로 부인하지) 않아야 하며 피해자 역할에선 모멸의 근원이 본인에게 있음을 (내지는 자가 공격적 질책을) 부정하지 않아야 한다. "고유의 책임을 인정하고 타인에 대한 비난을 중단하는 것은 피해자 문화를 변화시키는 방향으로 나아가는 데 필요한 첫 번째 발걸음이다."[1]

　　구체적으로 어떤 모습을 띠고 어디로 나아가야 하는지는 다음 장을 통해 실행 가능한 대안적 상호작용을 천천히 명료하게 설명힐 예징이다. 내가 소개하는 대안은 당연히 지시가 아닌 일종의 제안이다. 즉, 당신과 상대방이 각각 피해자와 가해자의 위치에서 서로를 대하지 않으려면 어떻게 대화해야 하

는지 지적하는 것이 아니라 서로 어떤 입장에서 대화를 나누
어야 긍정적으로 흘러갈 수 있는지 방향을 가리키고자 한다.
물론 이 모든 제안을 다 받아들이고 접목할 필요는 없다. 내가
제안하는 여러 대안들 가운데 한두 개 정도만 실생활에 활용
해도 당신과 당신의 상대방이 발을 디디고 있는 모멸이라는
현상에서 가볍게 벗어날 수 있을 것이다.


## 당사자가 해야 하는 노력

이런 가정을 한번 해보자. 리자가 지금 막 미하엘에게 모멸
로 느껴지는 말을 했다고 말이다. 이는 그에게 은유적으로 말
해서, 흡사 무언가에 찔린 상처처럼 느껴진다. 그것도 갑작스
럽고 준비되지 않은 상태에서 가해진 느낌이 든다. 이에 그는
거의 반사적으로 자동화된 반응을 보일 가능성이 높다. 충격에
빠져 말문이 막히고 뒤로 물러서거나(도피), 화를 내면서 그녀
에게 대놓고 욕설을 하거나 또는 리자의 입장에서 모멸이 느
껴지리라 생각되는 대답을 던질 것이다(공격). 도피와 공격을
바탕에 둔 행위는 관계를 더 나은 상황으로 이끌지 않으며 오
히려 당사자들의 고통을 점차 고조시킨다. 이런 행동은 가해

자-피해자라는 비생산적인 구도 안에서 이루어지기 때문이다. 공격과 도피 반응은 연대나 소통에 이바지하지 않는다.

하지만 만약 미하엘이 자신에게 주의를 기울여 자신의 심리적 과정이 어떻게 전개되는지 어느 정도 의식한다면, 그는 두 가지 반응 중 하나가 활성화되는 데 자신이 어떤 영향을 미쳤는지 깨달을 것이다. 바로 이 순간이 도식 2에서 말한 "행동으로 전환"이다. 이 짧은 순간 안에 틀에 박힌 반응에서 발을 뺄 수 있는 선택의 기회가 있다. 그가 공격과 도피라는 대안 외에 다른 세 번째 대안을 선택할 가능성도 있기 때문이다. 배르벨 바르데츠키는 이를 멋진 문장으로 표현하며 핵심을 짚는다.

"모멸의 상황 속에서 타인으로부터 몸을 돌려 그를 외면하고 멸시하기로 결정한 사람은, 마찬가지로 타인과 접촉을 유지하고 그를 존중할 선택지도 가지고 있다. 모멸로부터 벗어날 탈출구는 (……) 이들 선택지에 기반을 둔다.[2]

만일 미하엘이 이 첫 번째 순간에 평소와 다르게 행동하기로 한다면, 맨 먼저 그는 **자동주의를 중단**해야 한다. 무의식적인 자동주의는 그가 여느 때처럼 비생산적인 선택지를 활성화시키도록 이끈다. 바로 이 순간 미하엘에게는 지금 느껴진 모멸에 어떻게 반응하고 싶은지 결정할 수 있는 기회가 온다. 그는 수동적 도피와 능동적 공격을 넘어서는 세 번째 가능성을 필요로 한다. 세 번째 대안은 능동성에도 수동성에도 있지 않다. 이른바 중간 "매개 모드"에 있다.[3] 이는 능동성과 수동성과 서로 연결되어 있으면서 추가로 하나의 새로운 기준점을 제공한다.

· **여담 32**

"정서는 우리를 불시에 덮치며 초대받지 않은 불청객처럼 우리의 의식 속으로 들어온다. 그럼 여기에서 질문은 정서를 유발하는 최초의 평가를 (정서가 자동주의를 취하지 않도록) 바꿀 수 있는지 여부다. **충동에 순응하는 일과 우리의 실제 반응 사이의 간격은 넓어질 수 있으며,** 이를 통해 우리는 심사숙고한 반응을 보일 커다란 기회를 가지게 된다."[4]

익숙해지고 자동화된 능동성의 기준점은 리자를 공격자로 오인하고 또 그녀와 맞서 싸우는 데 세워져 있다. 일반적인 수동성의 기준점 또한 리자를 모멸의 원인자로 삼는데, 여기에서는 그녀로부터 도피, 즉 접촉을 기피하는 데 맞춰진다. 그러나

우리가 이전 장에서 살펴보았듯, 모멸 현상이 본질적으로 당
사자의 정신적 과정을 통해 결정된다면 미하엘은 자기 고유의
경험을 적절하고 새로운 방향으로 돌릴 수 있다. 또한 여기에
는 수동성과 능동성이 연결되는 지점이 있다. 모멸이라는 경험
을 통해 그는 수동적으로 고통에 노출되는 한편 이 고통에 대
해 주의 깊은 관심을 가지기 때문이다.

　좀 더 구체적으로 말하면 미하엘은 일단 자신의 직접적인
감정에 시간을 들이고 또 이에 적극 관여하기로 결심할 수 있
다. 그는 시간적 압박을 받지 않기 때문에 자신을 둘러싼 현재
의 분위기에서 즉각 빠져나올 필요도 없다. 이런 상황에서 속
도는 아주 높은 확률로 필요가 없다(물론 긴요하지 않다는 뜻은 아
니다). 속도는 오히려 자동주의에 사로잡히는 실마리가 된다.
미하엘은 심호흡을 하고 우호적인 시선으로 자신의 고통에 관
심과 주의를 기울이며 시간을 보낼 수 있다. "모멸의 고통을 인
정하고 되새김질(영어로 Ruminating, 3장 참고)을 끝내는 것은 인
간이 할 수 있는 가장 고된 일이다. 이는 모든 범위의 모멸이
사라지도록 만들기 때문이다."[5]

　만일 미하엘이 넋 분 동안 소용히 혼자 생각할 시간이 반
드시 필요해 이를 리자에게 차분히 말로 전한다면, 그녀는 이
를 자신과의 거리 두기로 이해하지 않을 수 있다. 이런 식의 메

시지 전달은 그에게도 도움이 된다. 잠시 숙고하며 자신의 내면을 응시하는 이 짧은 몇 분 동안, 그는 그녀와 연결된 상태를 유지할 수 있으며 자신의 감정들이 그녀를 향하지 않도록 방향을 돌릴 수 있다. 여기에 중요한 차이가 하나 있다. 고유의 감정에 호의적으로 주의를 기울이면 이어서 긍정적인 동기부여가 뒤따른다("나는 무엇을 할 거야!"). 이와 달리 리자와의 접촉을 피하는 쪽은 부정적인 동기부여가 따르게 된다("나는 무엇을 하지 않을 거야!").

자기 응시를 통한 심사숙고는 물론 어렵다. 이는 어느 정도의 자기 절제를 필요로 하기 때문이다. 자동주의의 소용돌이가 지닌 흡입력과 피해자 역할이라는 달콤 쌉쌀한 독선에 굴하지 않고 저항하게 하는 자제 말이다. 하지만 미하엘은 분명 많은 것을 얻을 수 있다. 리자를 공격하거나 그녀로부터 도피하는 시간, **자기 연민적** 혹은 자학적 한탄과 되새김질의 시간 대신 **자기 자비**의 시간을 경험하게 된다. 다시 말해 자신이 모멸을 느낀다는 사실을 호의적이고 참여적으로 받아들이는 시간을 보내게 되는 것이다. 단 몇 분이지만 이는 자기 자신과 자신의 감정에 깊은 주의와 관심을 선사하는 시간이 될 것이다. 더불어 이런 방식으로 그는 선행된 리자의 표현에서 자신이 아쉬워했던 존중과 주의를 스스로에게 표하게 된다.

## · 여담 33

"우리가 서로 연결되어 있다는 보편적 인간성을 자각한다면 실망과 미흡의 감정들이 모두에게 공통으로 있음을 상기하게 된다. 이는 자기 자비를 자기 연민과 구별한다. **자기 연민이 '가여운 나'에 대해 말하는 반면, 자기 자비는 모두가 (고통에) 시달리고 있다는 걸 안다.** 자기 자비는 위로를 베푼다. 모두가 보편적인 인간이기 때문이다."[6]

크리스틴 네프Kristin Neff는 앞에서 묘사한 상황에서 미하엘에게 도움이 될 만한 구체적인 가르침도 준다.

"1. 고요한 장소에 자리를 잡고 편안히 앉아보자. 당신의 첫 번째 과제는 스스로가 안전한 곳에 있다고 생각하는 것이다. 상상이든 실제든 당신이 차분하고 고요하며 긴장이 풀리는 느낌을 받는 공간이면 된다. 이를테면 하얀 모래 해변, 근처에서 야생 동물이 풀을 뜯는 숲속의 빈터, 할머니의 부엌 또는 벽난로에서 바스락거리는 소리가 나는 거실처럼 말이다. 당신이 지금 이런 장소에 있다고 상상해보자. 그곳은 어떤 색을 띠는가? 얼마나 밝은가? 어떤 소리 또는

○　자기 자비의 활성화는 어떤 경우에든 스스로를 지탱해주는 중요한 버팀목이 된다. 상대방이 둘 사이에 일어난 사건을 붙들고 씨름할 준비가 아직 되지 않은 경우에도 마찬가지다.

어떤 냄새가 나는가? 자기 자비로 들어가는 길에 두렵고 불안한 감정을 느낀다면 이 장면을 머릿속에 떠올리자. 이런 상상 속 그림의 도움을 받아 마음을 진정시키고 달래도록 하자.

2. 다음 과제는 배려와 공감을 연상시키는 이상적인 인물의 모습을 그리는 일이다. 현명하고 강하고 따뜻하며 무엇이든 편견 없이 수용하는 누군가를 구현하는 것이다. 그리스도나 석가모니처럼 유명한 종교적 인물일 수도 있으며, 개인적으로 특별한 공감을 경험했던 친한 이모나 고모 또는 선생님처럼 평범한 사람이어도 된다. 아니면 사랑하는 반려동물이나 환상적 존재 혹은 심지어 한 줄기 빛처럼 추상적인 모습도 괜찮다. 가능한 한 많은 감각이 관여할 수 있도록 이 형상을 생생하게 그려내도록 하자.

3. 만약 지금 당신이 어떤 식으로든 고통에 시달리고 있다면 공감의 근원으로 이상화된 이 존재가 당신에게 현명하고 배려 가득한 위로의 말을 전한다고 생각해보자. 그의 목소리는 어떻게 들릴 것 같은가? 그의 음색과 억양에서 어떤 감정들이 드러날 것 같은가? 지금 이 순간 고통으로 마비된 듯 말문이 막히고 마음이 닫힌 느낌이 든다면 당신이 만들어낸 이상적 형상이 당신과 함께 현존하며 공감하고

있다 생각하면서 마음을 따뜻하게 데우자. 그러면서 당신 자신을 있는 그대로 가만히 놔두자.

4, (……) 이 현상은 당신이 공감을 필요로 할 때나 스스로 에게 호의와 친절을 선사하고 싶을 때면 언제든 만들어낼 수 있다. 이를 분명히 명심하도록 하자."[7]

여기에서 인용한 크리스틴 네프의 책은 자기 자비를 발전 시키고 싶은 모두에게 추천할 만하다. 마찬가지로 길버트 와 초덴의 서적에서도 이와 같은 맥락에서 자기 자비의 중 요성을 강조한다. "우리가 공감하는 자아를 길러내기로 결 정한다면 그런 인간이 되기 위해 적극적으로 무언가를 해 야 한다."[8] 이들 두 저서는 타인을 향한 공감과 자기 자비 를 기르기 위한 다수의 실용적인 안내와 연습을 담고 있다. 내담자들의 자기 자비 육성을 돕고 싶은 심리 치료 전문가 들에게는 내가 쓴《대화하는 자아》의 7.6장을 추천한다.[9]

미하엘이 모욕적으로 느껴진 리자의 표현에 곧바로 대답하 지 않는다는 것은 당분간 아무것도 정리하지 않겠다는 뜻이 기도 하다. 즉, 잠시 멈추면서 상대에게 이해받지 못했다거나 혹 은 상대가 그를 '제대로' 보지 않았다고 단정하지 않을 수 있다. 그는 얼마 동안 둘 사이의 긴장을 '견뎌야' 한다. 자신에게 중요한 사람인 리자와 한동안 거리를 두고, 그의 입장에서 그리 내키지 않는 여러 감정들을 느껴야 한다. 그러면서 온갖 불안과 두려움이 활성화될 수 있으나 자기 자비도 얻게 된다. 그럼 그는 다음 질문에 답할 수 있게 된다. 그녀가 그를 다소 부정적으로 바라볼 때, 그의 눈에 그녀의 모습이 부정적으로 바뀌는가? 그가 '잘못' 또는 '부당하게' 대해진다고 느껴질 때, 그는 그녀가 곁에 가까이 오도록 허락할 수 있는가? 둘의 관계는 지금 두 사람에게 이리도 불편하게 느껴지는 긴장을 참아낼 수 있는가?

문제 해결을 시도할 때 성공 가능성이 지극히 적으면 사실 별로 의미가 없다. 그러므로 먼저 리자에게 하는 공격적이거나 회피적인 거리 두기는 그만둬야 하며, 이는 자동화된 반응이 차츰 약해질 때까지 고수해야 한다. 그래야 성공 가능성이 올라간다. 이 시간 동안 미하엘은 (여담 33에서 언급한 자기 자비 활성화 외에) 두 가지 방면에서 스스로를 내적으로 뒷받침할 수 있다. 이들 둘은 모두 그의 육체성과 관련이 있는데, 하나는 자신을 신체적으로 만지고 쓰다듬으면서 주어지는 위안과 지지다.

나쁜 감정을 느낄 때 스스로를 안정시키고 위로하는 간단한 방법 중

하나는 자기 자신을 두 팔로 부드럽게 안는 것이다. 처음에는 바보 같고 하찮은 일로 여겨질 수 있다. 하지만 당신의 몸은 (……) 이런 온기와 애정의 제스처에, 마치 어머니 품안에 안긴 아기가 보이는 반응과 거의 동일하게 반응하게 된다. 우리의 피부는 놀라울 만큼 민감한 기관이다. 여러 연구 결과에 따르면 신체적 접촉은 옥시토신 분비를 촉진하며 안정감을 주고 정서적 부담을 완화해 심혈관계의 스트레스를 진정시킨다.[10]

 이 시간 동안 리자 또한 잠시 멈추며 자신과 미하엘 사이에 무언가가 일어나고 있음을 깨닫는 기회를 얻게 된다. 둘 사이의 사건을 들여다보는 일은 신중한 주의와 고려가 필요하다. 이 시간은 두 사람이 각자의 내면을 응시하고 스스로를 지탱해주는 시간이 될 뿐만 아니라, 방금 일어난 사건을 함께 공동으로 살펴보고 깊이 생각해보는 시간이 된다. 이러한 공동의 멈춤은 지금 막 균열이 생긴 둘 사이의 유대를 다시 회복하는 방향으로 가는 첫걸음이 될 수 있다. 도피나 공격 반응이 낳는 대부분의 결과와 달리, 신중히 주의를 기울이는 멈춤 속에선 이미 발생한 연대감의 손상이 추가로 더 커지지 않기 때문이다. 공동의 멈춤은 적어도 공동의 활동을 뜻한다. 이는 가해자-피해자 구도가 지닌 비극에 맞서는 행동이다. 이 행동은 일반적인 극복 전략들이 전형적인 구도를 따르며 만드는 비극적인 결과, 이 비극으로 인해 좁혀지지 않는 당사자 간 거리, 새롭게 발생할 수 있는 문제들을 아예 처음부터 풀어버릴 수 있다.

당사자들은 공통으로 이렇게 말할지 모른다. 지금 둘 사이의 연대감이 지속적으로 갱신되고 강화되면서 생겨나는 모든 것들이 둘의 관계에 굉장히 도움이 된다고 말이다.

미하엘이 할 수 있는 두 번째 신체적 방법은 자신에게만이 아니라 리자와의 관계를 지탱하는 데에도 이롭다. 이는 앞서 언급한, 미하엘이 자기 자신을 신체적으로 접촉하면서 얻을 수 있는 위로의 효과를 넘어선다. 미하엘은 리자의 손을 잡거나 혹은 더 나아가 그녀에게 자신의 어깨를 감싸달라고 부탁할 수도 있다. 아마 이런 부탁은 결코 쉽지 않을 것이다. 경우에 따라 심히 부담스러울 수 있으나 기대되는 효과를 생각하면 이는 해볼 만한 가치가 있다.

부드러운 신체 접촉을 허용하면 앞에서 말한 자기 접촉에서 오는 위안과 유쾌한 감정이 모멸을 통해 이미 활성화된 위협적 감정들을 진정시키는 효과뿐 아니라, 추가로 연대의 감정을 강화시킨다. 물론 이는 상호 관계적 맥락이라는 전제 조건 하에서 그리고 상대방에게 침해당한다는 느낌이 없어야 성립된다. 확실하지 않은 상황에서는 당연히 상대에게 먼저 허락을 구하는 것이 중요하다. 상대가 동의하면 보통은 **"애정 가득**

**한 신체 접촉**이 부담스런 생의 사건들에 대해 좀 더 적은 반작
용을 가져올 거라" 가늠할 수 있다.[11]

> · **여담 34**
>
> 부드러운 신체 접촉은 여러 면에서 긍정적인 효과를 일으
> 킨다. 가장 중요한 두 가지 효과 가운데 하나는 연결 고리
> 를 형성하는 것이다. 상대방이 나를 보거나 듣지 않아도 그
> 를 보거나 들을 수 있는 반면, 접촉은 언제나 쌍방으로 이
> 루어진다. **"접촉 행위는 인간의 마음을 움직인다.** (……)
> **만지고 만져진다는 것은** (……) **누군가와 가까이 있다는**
> **뜻이기도 하다."[12]**

이런 전제들 하에서 신체 접촉을 주도하거나 접촉을 부탁
하는 행위가 긍정적인 반작용으로 돌아오면 미하엘은 자주적
감정을 느낄 수 있다. 더불어 이 같은 적극적인 행위로 미하엘
은 자신이 경험한 가치 절하에 대응해 자기 가치를 높일 수 있

---

⟡  동료 사이나 상사와 부하 직원 사이에서 이런 신체적 접촉은 적절하지 않다. 하지만
적당한 거리(독일의 경우 40-50센티미터 정도)와 동일한 높이, 상대방 곁에서 대략 45도 각
도에 서서 강압적이지 않은 부드러운 시선으로 바라보면 비슷한 효과를 낼 수 있다. 이
방법은 사적 관계에서도 적용 가능하다. 모종의 이유로 직접적인 신체 접촉이 어울리지
않아 보일 때 시도할 만하다.

게 된다. 그것도 리자의 희생을 치르지 않은 채로 말이다. 동시에 미하엘은 신체 접촉이라는 이 능동적 활동으로, 자신이 리자와의 결속을 유지하길 원한다는 사실을 표현하게 된다. 그녀의 관점에서 부탁에 동의하는 것은 그가 부탁을 말로 표현하는 것보다 훨씬 수월해 보이며, 동의를 통해 그녀는 그의 주도적 행위가 옳다고 확인시켜 주게 된다. 그러면 두 사람은 지금의 까다로운 상황을 손쉽게 붙들고 씨름할 수 있는 유리한 전제 조건을 형성하게 된다.

합의 하에 이루어진 부드럽고 조심스런 신체 접촉을 통해 둘은 서로의 결속과 일치를 즉각 느끼게 된다. 이로 인해 관계적 층위에서는 연대의 감정이 곧바로 소생되며 동시에 개인적 층위에서는 각자의 흥분 상태를 진정시키는 데 이바지하게 된다. 이는 갑작스런 모멸로 충격과 경악에 빠진 미하엘에게만 이로운 것이 아니라, 자신이 미하엘에게 불러일으킨 무언가로 놀라고 당황하고 충격을 받은 리자에게도 도움이 된다. 다음은 두 사람 모두에게 해당되는 말이기도 하다.

인간으로서 우리는 모든 선한 접촉을 고맙게 여긴다. 인사를 하며 우

---

◦  물론 이는 모두에게 해당되지 않는다. 이전에 믿었던 인물에게 신체적으로 권력 남용을 경험한 경우 접촉을 통한 흥분의 안정과 연대의 회복은 기대하기 어렵다.

리에게 내밀어지는 손에, 무엇보다 우리가 배제되고 불안정한 느낌이 들 때 접촉을 받으면 감사의 마음이 생긴다. 접촉은 상호적인 사랑과 연대의 표현이다. 접촉 속에서 우리의 생은 이리저리 활기차게 흘러간다. 우리가 생에서 분리될수록, 이를테면 위기, 질병, 죄과와 고독 같은 상황에 처할수록 우리는 더욱더 접촉을 그리워하며 이를 생기와 구제로 느끼게 된다. 모든 선한 접촉 속에서 우리는 이렇게 느낀다. 누군가 너의 곁에 있다고, 누군가 너에게 관심이 있다고, 너는 혼자가 아니라고, 너는 망각되거나 포기되거나 혹은 배제되지 않았다고 말이다.[13]

## 상대방이 해야 하는 노력

리자에게도 이 상황에서 몇 분의 침묵은 유용하다. 그녀는 이 짧은 시간 동안 자신의 감정들을 추적해볼 수 있다. 이는 그녀가 가해자-피해자 클리셰로 들어가지 않도록 도와준다. 이 진부한 구도는 그녀에게 죄책감을 불러일으키며, 그녀가 하나 또는 여러 가지 방어 전략을 작동시키는 위험에 빠지게 한다. 가해자-피해자 구도에서 보통 동원되는 방어 전략에는 첫째 정당화하기("나는 그럴 의도가 전혀 없었어!"), 둘째 미하엘이 느낀 모멸을 부당한 것이라 내세우며 오인된 책임에 공격적인 방법으로 저항하기("제발 그러지 좀 마!", "언짢게 생각하지 마!"), 셋째 모든 대화 거절하기 등이 있다. 이 모든 방어 전략은 대부분 (특히 모멸이 발생한 다음 첫 순간에) 당사자들 사이를 멀어지게 하면서 연대의 회복을 방해하고 지연하는 쪽으로 이끈다. 공격적인 방어 전략은 부정적인 효과를 내는데, 이런 전략은 아주 쉽게 새로운 모멸로 해석될 수 있기 때문이다.

이 멈춤의 시간은 리자에게 가해자-피해자라는 문화적 틀에서 발생하는 **죄책감**과 자신의 행동이 의도치 않게 부정적인 결과를 낳았다는 사실을 깨달을 때 생겨나는 당혹감을 구별하는 기회를 준다.

## · 여담 35

드라이덴과 고든은 타인에게 모멸을 유발한 사람들이 느끼는 죄책감에 대해 다음과 같이 언급한다. **"결국 거기에는 당신이 나쁜 인간이라는 가정이 있다. 당신이 상대방에게 모멸을 주었다는 이유로 말이다.** 당신은 자신이 상대에게 상처를 주었으며 이에 대한 죄가 자신에게 있다는 결론

---

○　　이런 공격적인 전략은 그릇된 인과적 사고에 근거를 둔다. 그녀의 표현에 담긴 무언의 논리는 이런 반론에 기인한다. 즉, 괴로워하는 상대방에게 변명을 시도하며 결과를 부인하고 제거하면 자신이 죄책감을 느껴야만 하는 원인 또한 없앨 수 있다는 것이다.

을 내린다. 그럼에도 (……) 당신의 비판이 상대방에게 모멸을 주었다는 사실만 받아들이자. 혹여 당신이 실제로 모종의 방식으로 그에게 모멸을 가했다 하더라도, 그런 이유로 당신은 과연 나쁜 인간일까? 나쁜 행위는 당신을 나쁜 인간으로 만드는 걸까?"[14]

이 당황스러운 감정은 벌어진 결과를 미리 예견하지 못한 비극적 환경과 관련된 문제라 할 수 있다. 이런 예상치 못한 결과에 직면하면 우리는 공동의 상황에 대한 고유의 통제를 얼마나 제한해야 하는지 불시에 확정해야만 한다. 평소 선하다 여긴 지인이나 심지어 신뢰하고 사랑하는 사람과 관련된 상황이라 하더라도, 고유의 통제를 적당한 선에서 제한하기는 쉽지 않다. 이처럼 적절한 자기 통제가 이루어지지 않으면서, 리자가 절대 고의로 그럴 리가 없더라도 미하엘에게 고통스런 무언가가 발생할 수 있다.

또한 리자가 혼란에서 벗어나기 위해서라도 그녀에게는 얼마간의 시간이 필요하다. 이 혼란은 문화적 클리셰가 암시하는 책임 소재의 문제로 인해 그리고 나른 한편으로는 미하엘이 받은 모멸의 원인자가 자신이 아니라는 직감으로 인해 생겨난다. 여기에서 빠져나오기란 결코 쉽지 않다. 여러 상이한 감정들이 아주 가까이에 나란히 자리하기 때문이다. 그러나 일말의 침묵 속에서 그녀는 조금 전 행동의 장본인이 자신이며 이에 대한 책임이 있음을 느끼면서도, 동시에 미하엘이 해석한 것처럼 자신에게 죄가 있다고 느끼지 않을 수 있다.

그러면서 그녀는 다른 감정들로부터 자유로워진다. 앞서 언급한 당혹감이 여기에 속한다. 어쩌면 이 감정은 의사소통이 실패로 끝났다는 사실에 대한 유감과 연결되어 있을지 모른다. 유감이라는 감정은 죄책감과 겹치지 않거나 혹은 죄책감과 한데 섞이지 않을 때, 종종 가장 먼저 감지되곤 한다. 그러고 나서 이 감정은 죄책감과 함께 밀려난다. 당연히 리자는 지금 벌어진 일에 유감을 느낀다. 자신이 결코 의도하지 않았기 때문이다. 하지만 그녀는 이런 이유로 스스로와 미하엘에게 죄 있는 사람의 위치에 서고 싶지 않다.

어쩌면 그녀는 미하엘과 그가 받은 모멸에 **공감**을 느낄 수도 있다. 고유의 경험을 통해 리자는 이런 모멸이 얼마나 강렬한 느낌을 주는지 알고 있을 테니 말이다.

· 여담 36

"공감은 (……) 우리가 고통을 알아보고 인지하는 것이다. 공감은 괴로워하는 인간에 대한 호의적인 감정으로, 그의

고통이 덜어지기를 소망할 때 생긴다. 그리고 끝으로 공감
은 우리 모두가 흠도 있고 결점도 있는 '한낱 인간'이라는
깨달음이기도 하다."[15]

미하엘을 향한 그녀의 공감 어린 애정과 관심은 그가 내면
의 죄책감을 붙들고 매달리는 일에서 벗어나게 하며, 정당화와
변명의 시도에서도 발을 빼게 한다. 이로 인해 리자는 그와 정
서적으로 가까워지며 그에게 적극적으로 신체적 또는 정신적
접촉을 제안할 수도 있게 된다. 이런 상황에서 부드러운 신체
접촉은 그가 내면을 지탱하는 데 유용하게 활용될 수 있다.
  만약 두 사람이 앞에서 언급한 신체 접촉을 받아들이고 행
하게 된다면 서로에게 위로를 주면서 연대감에 긍정적인 작용
을 하게 된다. 그러면서 둘은 다음에 이어져야만 하는 대화에
유리한 전제 조건을 형성하게 된다. 이뿐만 아니라 리자는 미
하엘이 처한 내적 위기를 완화시키는 데 일조할 수도 있다. 그
녀가 표정이나 무언의 어조로 그를 존중하고 있으며 그의 고
통이 그녀에게 공명을 일으키고 또 공감이 된다는 신호를 보
낸다면 말이다.
  하지만 이런 위로의 노력은 미하엘을 향한 리자의 애정과
관심이 진심으로 그를 향한다고 그가 느낄 수 있을 정도로 분

명히 표현될 때에만 실질적으로 도움이 된다. 이런 위로 속의 주의와 존중의 표현은 그를 향한 관심과 애정의 메시지와 연결된다. 이는 첫 번째로 존중에 대한 기대가 무너지면서 미하엘이 겪은 실망에 대항해 반작용을 일으킨다. 두 번째로 손상된 둘 사이의 연대와 소통의 실패에서 비롯된 절망에 반대 작용을 한다. 만일 리자가 이와 다른 방식으로 미하엘을 위로한다면, 즉 미하엘의 입장에서 서둘러 그를 달래려는 시도로 느껴진다면, 또는 그녀가 현재 그의 고통스런 감정을 급히 넘어가려 하거나 그의 고통을 직면하는 일에서 가급적 빨리 스스로 자유로워지려는 (이를테면 그녀의 죄책감을 줄이려는) 인상을 전달한다면 도리어 그에게 부정적인 효과를 미치게 된다. 공감은 타인의 위기에 가까이 다가가는 것까지 포함한다.

리자의 위로는 미하엘의 해석과 함께 결부되어 그에게 영향을 미친다. 리자의 위로가 그에게 유쾌한 분위기를 선사해 그가 그녀의 공감에 마음을 움직이고 여는 수준에 이를 수도 있다. 만약 모멸을 느낀 그가 완전히 토라져 얼굴을 돌리고 접촉을 피하거나 또는 리자의 노력을 아예 무가치하게 여긴다면 ("당신은 그저 ……때문에 이러는 거지!") 그는 자신의 모멸감과 더불어 둘 사이의 틈을 고착화시키게 된다. 그가 피해자 역할을 벗어버리고 그녀의 애정을 받아들인다면 옳은 방향으로 나아가는 발걸음을 내디딜 수 있다. 그녀의 노력을 숨김없이 인정하고, 경우에 따라 그녀의 관계 유지 시도와 접촉에 간단히 고마움을 표하거나 아니면 그녀가 이루민째주어서 도움이 되며 그녀의 애정이 느껴진다고 직접 말로 전한다면 말이다.

이런 식으로 두 사람 사이에는 진행될수록 서로에게 다시 가까워지는 선순환의 고리가 작동하게 된다. 미하엘은 이를 두 가지 방법으로 활용할 수 있다. 그는 리자와 다시금 편안한 관계를 되찾으면서 문제 전체를 그냥 내버려두기로 결정하거나 이를 통해 다소 버거운 질문에 직면할 힘을 얻을 수도 있다. 즉, 자신에게 드러난 모멸의 경향성에 어떤 사적인 배경이 있는지 마주하는 것이다. 이로 인해 그는 피해자 역할에서 빠져나와 앞으로의 모멸을 예방하는 길로 들어서게 된다(16장의 '나의 모멸 민감성 줄이는 법'을 참고하자).

지지 받고 이해받는다는 감정은 우리가 실제로 더욱 용감해지도록 도와준다. 이는 아주 중요한데, 공감은 우리가 기꺼이 바라보고 싶지 않은 것들을 직면할 수 있는 용기를 주기 때문이다. (……) 이런 식으로 우리의 용기는 주로 관계적 맥락에서 발달한다. 또한 타인과 연대를 느끼는 일은 우리가 내면의 두려움을 극복하는 데 종종 도움이 된다.[16]

## 함께 해야 하는 노력

이제 두 사람이 서로 마주 보며 일어난 사건에 대해 대화할
수 있는 시기가 차츰 무르익게 된다. 여기에선 양측이 충격으
로부터 어느 정도 회복될 때까지 기다리는 것이 중요하다. 더
불어 앞에서 설명한 방법들을 바탕으로 상호 간에 **호의적으
로** 그리고 주의 깊게 경청하면서, 상대방의 관점에 관심을 가
질 정도로 서로의 연대감이 확실해질 때까지 기다려야 한다.
둘 앞에 벌어진 사건에 대한 리자와 미하엘의 정서적 경험과
견해는 분명 다르기 때문이다. 그렇지 않았다면 처음부터 모멸
현상은 일어나지 않았을 것이다.

### · 여담 37

"우리가 (……) 스트레스를 받으면 보통 우리는 타인의 이
해와 호의를 진정한 도움으로 느끼게 된다. 이는 부분적으
로 우리의 두뇌와 관련이 있는데, **인간의 뇌는 호의를 안정
으로 해석**하기 때문이다. 실제로 누군가 우리에게 나타내
는 호의는 심박수와 혈압이 내려가는 데 기여하며, 이로 인
해 우리는 신체적 안정에 이르게 된다."[17]

내가 이 점을 강조하는 이유는 다수의 당사자들이 아주 빈번히 쉽게 다시 소통할 수 있을 거라는 희망차면서도 너무나 단순한 가정을 세우기 때문이나. 이런 단순함은 이어지는 문제 해결 과정에 바람직한 전제 조건을 형성하지 못한다. 소통이 쉽게 재개될 거라는 순진한 생각은 비현실적인 기대를 뒷받침한 새로운 실망과 모멸을 만들기 때문이다. 지금 우리에겐 애정과 관심, 참여와 유대가 필요하지 순진하고 경솔한 믿음은 필요가 없다. 이전에 실패한 소통을 붙들고 이제부터 작업을 (정말 작업이 맞다!) 시작해야 하므로 새로운 시도는 또 다른 실패로 돌아가지 않아야 한다. 따라서 단순한 가정과 순진한 믿음은 주의해야 한다.

의미 있는 대화는 두 사람 모두에게 적당한 시점이 언제인지 공동으로 합의하는 일에서부터 시작된다. 여기에서 말하는 적당한 시점에는 몇몇 기준이 있는데, 일반적인 의미의 적당함도 있지만 지극히 개인적이면서 당사자들이 스스로 정의 내려야 하는 기준도 있다. 나는 일반적인 의미의 적당함을 논할 것이며, 여기에도 두 가지 '객관적인' 기준이 있다.

먼저 두 당사자가 충분히 숙면을 취한 시점이어야 한다. 이 외에도 명료한 이해가 가능한 맑은 정신 상태여야 한다. 이것이 진부하고 쓸데없는 말처럼 들릴 수도 있지만 결코 그렇지 않다. 한밤중에 논쟁을 벌이면 피로와 졸음을 견디면서 '더욱 빠르게' 무언가를 정리하게 된다. 이부자리로 들어가기 전은 대화에 유리한 시간이 절대 아니다. 어느 한쪽 혹은 심지어 두 당사자가 알코올이나 다른 약물을 섭취한 상태는 더더욱 좋지 않다. 술이나 약은 피로보다 자제력과 분별력, 인내의 작용을 더 약화시키기 때문이다. 그뿐만 아니라 약이나 술은 우리가 한 인간으로서 정신적으로 깨어 있지 못하게 하거나 좌절에 대한 내성을 떨어트리기도 한다. 자제력을 비롯한 이 모든 능력들은 현재 처리를 기다리고 있는 대화에 절대적이고 무제한적으로 필요하다.

두 사람 모두 깨어 있으며 정신적으로 명료한 상태 외에 내가 중요하게 여기는 특별한 기준이 하나 더 있다. 리자와 미하엘이 모멸과 관련된 상호작용을 주고받으면서 활성화된 심리적 흥분이다. 이는 두 사람이 가해자-피해자 구도에 얼마나 결부되어 있느냐에 따라 정도가 다르며, 본격적인 대화를 시작하기 전에 거의 완전히 가라앉아야 한다. 정서심리학자들은 이런 맥락에서 **"불응기"**라는 표현을 쓴다. 심리학에서 말하는 불응기는 임의의 어떤 강도 높은 정서가 발생하는 짧은 시기다. 불응기 동안 인간은 너무나 강렬히 특정 감정에 사로잡힌 나머지 지금 활성화된 정서와 어울리지 않는 다른 감정과 사고는 허용하기 어려운 상태가 된다.

### · 여담 38

"정서는 세상을 향한 우리의 관점과 타인의 행위에 대한
우리의 해석을 달라지게 한다. 우리는 왜 특정 감정이 느껴
지는지 스스로 질문을 제기하지 않으며, 오히려 이 감정이
옳음을 증명하려고 노력한다. **우리는 일어난 사건을 현존
하는 감정과 일관된 방식으로 평가한다.** 그러면서 우리는
이 감정을 정당화하고 유지한다. 이는 우리를 어려움에 빠
트릴 수 있다. 어떤 감정에 압도당하면 이 감정을 흔들 수
있는 우리가 이미 얻은 지식은 망각되거나 경시되며 또한
당장의 감정 상태에 어울리지 않는 새로운 정보들은 무시
된다."[18]

우리는 고유의 경험을 통해 이런 현상을 잘 알고 있다. 바보
처럼 웃음이 막 나오는 분위기에 처해 있거나 또는 재치 있는
농담으로 웃음이 한번 터지고 나면, 바로 이어지는 상황 또한
재미있다고 생각하면서 새로이 웃음을 짓는 계기로 삼을 가능
성이 매우 높다. 물론 부정적인 경우에도 동일하게 적용된다.
조금 전에 당신이 모멸을 느꼈다면 상대방의 이어지는 발언을

새로운 모멸로 이해할 위험성이 크다.

　여기에 인간의 기억이 작동하는 방식과 관련된 심리적 요소 하나가 종종 더 추가되곤 한다. 우리가 처한 현재의 감정 상태는 우리가 기억해내는 것에 강력한 영향을 미친다. 지금 화가 난 사람은 즉흥적으로 자신이 화가 났던 과거의 사건들을 기억해낸다. 그러면서 즐거움이나 애정을 느꼈던 상황들에 대한 기억을 생생하게 되살리기는 더 어려워진다.

　그래서 방금 막 일어난 모멸의 현상에 휩쓸려 들어간 불응기의 사람에게 대화를 시도하면 문제를 정리하고 해결하려는 선의에도 불구하고 이를 모멸로 해석해버리고 만다. 이 시기는 상호 간에 긍정적인 정서를 활성화시키기 힘들 뿐 아니라, 과거의 온갖 모욕적 경험들이 떠오르면서 현재 상황이 지닌 문제가 고조되는 추가적인 위험을 초래한다. 그러면 등장 가능한 모든 '지하실의 시체'들이 살아나 기어 나오는 일이 발생한다. 또한 한눈에 들어오지 않을 정도로 수많은 나쁜 경험들과 이에 상응하는 비난과 질책들 속에서 길을 잃게 된다. 당연히 이는 각 상대방을 있는 그대로 또 현재 상황을 바탕으로, 그리고 그가 지닌 일반적이고 부정적인 특성들에서 원인을 찾지 않는

___

◦ 　전문 용어로 "상태 의존 기억"이라 부른다(바우어, 〈기분과 기억〉).

걸 극도로 어렵게 만든다.

리자와 미하엘은 대화하기 좋은 적당한 시점을 선택해야 한다. 다시 말해 두 사람이 충분히 숙면을 취한 정신적으로 명료한 상태로 모멸감 내지는 죄책감이 더 이상 현재의 감정을 지배하지 않는 시간에 본격적인 대화를 나누길 권한다. 둘 중 하나라도 이런 조건이 갖춰지지 않은 경우에는 양측 모두 조건이 충족되는 시점으로 약속을 미루는 편이 훨씬 낫다. 이 약속에는 시간과 공간뿐 아니라 진정한 대화를 위해 좋은 컨디션에 이르려면 두 사람이 각각 무엇을 필요로 하는지 먼저 교환하는 일도 포함된다. 이에 대한 이야기는 지금 나누어도 좋다(오로지 이에 관한 대화만 주고받아도 된다).

우선 한 시간에서 두 시간 정도 홀로 시간을 보내는 일은 두 사람 모두에게 유익하다(미하엘이 내면으로 숨어드는 도피의 시간으로 사용하거나, 리자가 죄책감과 정당화에 몰두하는 시간으로 쓰지 않는다면 말이다). 이 시간 동안 자신의 기분에 긍정적인 영향을 미친다고 생각되는 것들을 해야 한다. 이는 지극히 개인적인 선호의 문제로, 각자 알아서 찾아내야 한다. 누군가는 따뜻한 목욕으로 기분 전환을 할 것이고, 다른 누군가는 좋아하는 음악

○ 6장에서 "기본적 귀인 오류"를 다루며 이와 관련된 이야기를 했다.

을 들으면 기분이 나아질지 모른다. 또 누군가는 스포츠 활동을 선호할 것이며, 또 다른 누군가는 자연 속 아름다운 장소에 머물러야 에너지와 평온함을 얻을지 모른다. 제삼의 인물과 접촉하는 것 또한 분명 도움이 된다. 물론 이 사람은 상대에게 주의와 관심을 기울이며 공감하는 태도를 지니고 어느 쪽으로도 기울지 않으면서 가해자-피해자 사고 구도를 부추기지 않는 인물이어야 한다.

### · 장문의 여담

계속 이어가기 전에 일종의 경고문을 하나 끼워 넣으려 한다. 이는 나의 경험에 바탕을 두며, 비교적 근래에 겪으면서 알게 된 것들이다. 최근 들어 상호 인간적 관계에서 생겨난 문제들을 이메일이나 문자 같은 매체로 해결하려는 시도가 점점 빈번해지고 있는데, 내 관찰과 경험에 비춰 보면 이는 거의 항상 실패로 끝난다. 오직 디지털에만 기댄 의사소통은 대부분 대충 해치우듯이 성급하고 신중함이 부족한 채로 이루어지며 서로 얼굴을 마주 보는 대화에서 얻게 되는 중요한 아날로그 정보들은 감춰진다. 표정과 몸짓뿐 아니라 말을 통해 드러나는 어조와 뉘앙스 또한 가려진다. 그런 이유에서 어떤 목적으로 이들 매체를 사용하는지 정확히 구별하고 택하기를 권한다.

인터넷에 기초한 과학 기술의 발전과 확산은 수 킬로미터 떨어진 사람들과도 쉽게 (그리고 거의 무료로 혹은 아주 적은 비용으로) 상호작용할 수 있는 가능성을 만들어냈다. 그러나 이러한 진보는 인간에게 신체적인 부담을 가한다. 특히 상호 인간적 의사소통의 촉각적 측면에서 부담이 된다.

"톤이 음악을 만든다." 말의 내용만큼이나 말하는 어조가 중요하다는 독일의 속담처럼, 아날로그 정보들은 의사소통의 언어적 내용을 해석하는 데 도움을 준다. 더불어 당사자들의 지평선에 속한 가시적 분야를 확장하면서(12장 참고) 당사자들 간의 소통과 일치가 성공적으로 이루어지는 데 이바지한다. 반면 디지털 기반의 의사소통은 오해의 위험을 높인다. 해석 과정에 아날로그가 제공하는 도움이 없기 때문이다. 이로 인해 종종 수신자는 아날로그 정보의 대안으로 투영의 형식을 택해 메시지 해석을 보완하곤 한다. 이런 경우 오류가 발생할 확률이 높다. 오류는 차치하고 신체적 접촉이나 공간적 근접과 관련된 효과가 처음부터 차

○  삶의 템포가 전반적으로 가속된 현상은 인터넷의 등장과 함께 시작된 것이 아니라, 포스트모던 사회의 전형적인 측면 중 하나라고 할 수 있다. 포스트모던 사회에서 우리 인간은 자신의 일로부터 소외되며 자기 템포의 가속화에 스스로 기여한다(로자, 《가속화와 소외》).

단되면 아무런 효과 없이 머무는 데서 끝나지 않기도 한다.

어쩌면 두 사람은 서로 대화하기 알맞은 시간을 이끌어내기가 어려울 수도 있다. 이 지점에서는 가능하다면 리자 측에서 한발 양보해 미하엘의 요구를 들어주는 것이 좋다. 이렇게 권하는 데에는 두 가지 이유가 있다. 하나는 대화 시점을 두고 벌이는 상의는 오래 끌지 말아야 하는데, 자칫하면 논의할 주제가 부차적인 것이 될 수 있기 때문이다. 여기에서 지체되면 이미 문제 상황에 처한 두 사람이 시간 약속이라는 부수적인 대화를 나누다가 새로운 난국에 빠지면서 본래의 문제가 전연 다른 방향으로 전환될 위험이 있다. 더불어 정서적인 가열의 위험도 있다.

아마도 리자는 이 지점에서 한발 양보할 수 있는 상태일 것이다. 그리고 이는 두 번째 이유가 된다. 가해자-피해자라는 틀은 다소간 차이는 있으나 상당한 효력을 지닌 배경을 형성한다. 이런 틀 안에서 리자는 표면적으로 좀 더 강한 위치에 자리하는 반면 미하엘은 열세한 위치에 있다고 느낀다. 그에게 양보가 부차적인 문제와 관련된다 하더라도, 이 상황에선 자기 가치감의 지속적인 약화를 뜻할 수 있다. 약화된 자기 가치감으로 인해 그는 양보를 감당하기 어려울 것이고 이에 저항하게 될 것이다.

리자가 대화 시점의 문제를 두고 호의적인 태도를 보이면, 그녀 자신에게도 사해지 역할에서 느끼는 죄책감과 관련해 긍정적인 작용을 한다(이는 앞으로의 관계 해결 과정에서도 중요하다). 그뿐만 아니라 미하엘을 무언으로 존중하고 그의 가치를 높이면서 그가 피해자 역할을 넘어서도록 도와줄 수도 있다.

다음과 같이 가정해보자. 리자와 미하엘이 둘 사이에 일어난 모멸의 상황에 대해 대화에 들어가기 적당한 시간과 모두에게 편안한 장소를 정해 만났다고 말이다. 이제 두 사람은 양측이 지닌 동일한 욕구가 대화의 중심에 있다는 사실을 분명히 자각해야 한다. 다시 말해 각자 상대방에게 이해받기를 바라는 소망이 있음을 알고 있어야 한다. 이들의 욕구는 동일하면서도 다른 한편으로는 두 당사자의 소망이 상대방을 향하

○　여기에서 언급된 내용으로 일반화를 이끌어낼 수도 있다. 즉, 어떤 이유에서든 항상 외관상 우세한 위치를 차지하는 갈등 상대는 갈등 해결의 가능성을 높일 수 있다. 표면상 열세한 위치에 있는 상대방을 진지하게 받아들이거나 혹은 더 나아가 그가 존중받는다고 느끼도록 노력한다면 말이다. 겉보기에 약자인 인물이 경험한 모든 굴욕은 갈등의 역학을 고조시키는데, 이는 당사자가 자신의 자아를 구해야 한다고 생각하면서 더 이상 문제에 집중할 수가 없기 때문이다. 이와 달리 스스로 동등하고 자주적이라고 느끼는 갈등 상대는 해결책을 찾는 데 훨씬 능하다.
○○　"장소"를 반드시 고정적인 뜻으로 이해할 필요는 없다. 대화로 들어간다는 말은 (실질적이고 상징적으로) 나란히 함께 간다는 뜻이다. 기분을 전환시키는 자극들이 너무 많이 주어지지 않으며 앉아서 대화하기 좋은 조건이어야 나란히 나아갈 수 있다. 좀 더 구체적으로 그린다면 안락한 의자가 있고 서로 마주 볼 수 있는 조용한 환경이면 좋다.

기 때문에 둘의 욕구가 서로 경쟁에 빠질 위험이 있다. 즉, 미하엘과 마찬가지로 리자도 상대방의 이해를 얻고자 하는 상당한 절박함을 느끼고 있다는 것이다.

이 절박함 때문에 미묘하거나 격렬한 방식으로 투쟁이 시작되는 위험이 발생한다. 자신이 상대방에게 이해를 표하기 전에, 먼저 자신이 상대로부터 이해받았음을 느끼려고 싸움을 벌이는 것이다. 이런 투쟁은 주로 말과 말을 빠르게 주고받으며 논쟁이 쉼 없이 잇따르는 양상으로 나타난다. 이때 당사자들은 서로 상대의 말을 끊으며 각자 자신의 견해를 강조하곤 한다. 이를 암시하는 하나의 외적인 징후는 각각 상대방에게 "나도 말 좀 하자!"라는 말로 요구하는 것이다. 이 말은 종종 "나에게 자리를 내줘!", 즉 양보해달라는 말처럼 들리기도 한다. 혹여 화자가 양보를 하더라도 그는 상대방의 말에 거의 귀 기울이지 않는다. 그저 상대의 말이 끝나고 자신이 다시 말할 수 있을 때까지 조급하게 기다린다.

이처럼 말할 권리를 두고 벌이는 경쟁과 조급함으로 이루어진 투쟁은 모든 상호 대화의 기본 구조를 무효화시킨다. 전달과 대답을 교대로 주고받으면서 공동의 대화 리듬을 형성하는 의사소통의 기본 구조를 허물어버리는 것이다. 이런 공동의 리듬은 서로 연결되어 있음을 보여주는 근본적인 상호 일치라

할 수 있다. 리듬을 통한 상호 일치가 이루어지지 않으면 대화
에서 기대한 소통의 효과는 일어나지 않는다. 서로 먹고 먹히
는 치열한 경쟁과 속도는 적어도 서로 간의 애정과 감정이입
을 이끌어내는 분위기에는 어울리지 않는다.

　예를 들어 리자가 자신이 겪은 모멸을 설명하는 미하엘에
게 성급히 그녀의 관점을 맞세우는 식으로 반응한다면 미하엘
은 자신의 (언어적) 표현으로 그가 열망한 정서적 공명(우리가 11
장에서 이야기한)이 리자에게 생겨났다는 인상을 받지 않게 된
다. 정서적 공명은 어느 정도 시간을 필요로 하는 진동이기 때
문에 전달과 대답이 급히 흘러가버리면 미하엘은 그녀에게 이
해받았다는 감정을 느끼지 못하게 된다. 그러면서 리자와의 연
대가 다시 살아나는 느낌 또한 받지 못하게 된다. 이는 역으로
도 마찬가지다. 리자 역시 동일하게 느낀다. 바로 그런 이유로
지금 이 순간이 특히 중요하다. 둘의 관계를 회복할 수 있는 순
간이자 쌍방의 소통을 위한 노력이 성공할 수 있는 기회가 여
기에 있다.

　정서적 공명을 향한 바람 외에도 두 사람은 모멸의 사건이
일어나는 동안 각자의 행동에 세워졌던 **각 준기 틀을 상대방
이 실감하며 이해하기**를 바란다. 이를 위해서는 역시나 고요
하고 차분한 분위기가 필수적이다. 양측이 서로에게 마음을 열

고 환대하는 느낌을 주면서, 둘 사이에 일어난 모멸의 사건이 각자에게 어떤 의미들과 결부되어 있었는지 또 현재는 어떤 의미들과 연결되어 있는지 선명하게 전달해야 하기 때문이다.

### · 여담 39

여기에서 제안하는 대화의 형식은 미하엘 루카스 묄러 Michael Lukas Moeller가 "친밀한 대화"라는 개념으로 소개하면서 유명해진 대화법과 여러 면에서 비슷하다. 책에서 그는 이렇게 전한다. "대화하는 사람은 자기 안에서 움직이는 것에 대해 말한다. 즉, 그가 상대방을 (……) 그리고 해결이 필요한 상황을 어떻게 느끼는지(느꼈는지) 말하는 것이다. 따라서 그는 있는 그대로 머무르면 된다. 대화에는 다른 주제가 없다. 대화는 열려 있다. 말하고 듣는 일은 가능한 한 동일하게 나누어져야 한다. 침묵이 생겨났다면 침묵하고 또 침묵을 허용하면 된다. 다음은 허락되지 않는다. 날카롭게 파고드는 질문, 압박, 식민화 시도. 친밀한 대화는 공개에 대한 강요가 아니다. 대화하는 사람은 자신이 무엇을 얼마나 이야기하고 싶은지 스스로 결정한다. (……) 대화의 첫 번째 목표는 **서로 간에 감정이입을 하는 것**이다."[19]

리자는 그에게 모멸을 가할 의도가 없었다는 사실을 미하엘이 알아주기를 원한다. 그리고 미하엘은 그녀의 행동이 자신에게 모멸을 일으켰다는 사실을 리자가 이해해주기를 바란다. 다수의 경우 이처럼 표면상 서로 엇갈리는 양측의 시각이 나란히 서서 각각 효과를 발휘하기란 결코 쉽지 않다. 상대방의 준거 틀과 감정 상태를 실감하듯 이해하기 위해서는 무엇보다 두 사람이 시간을 가지는 것이 필요하다. 그래야만 정서적 소통뿐 아니라 내용적 소통이라는 과업을 달성할 수 있다. 이는 성공적인 의사소통으로 가는 길이기도 하다.

따라서 최선은 둘 중에 하나가 상대에게 선행할 기회를 주는 것이다. 그리고 일정 시간 동안 우선 한쪽을 이해하고 나서 그다음에 다른 쪽을 이해해보기로 합의하는 것이다. 이는 형식에 크게 얽매이지 않는 타협을 통해 규칙을 정해도 좋고 아니면 제비뽑기처럼 운에 따라 결정을 내려도 된다. 어쩌면 이런 보조 수단이 필요하지 않은 사람들도 있을 것이다. 그저 의견을 교환하는 과정에서 자연스럽게 먼저 한 사람에게 주의를 기울이며 경청하고, 그가 사안에 대한 관점을 분명히 표현하면서 자기 관점이 상대방에게 이해되었다 느껴질 때까지 오랜 시간을 들일 수도 있다. 혹은 시간을 정해 약 10분에서 15분 동안 돌아가면서 말하기로 계획을 정하는 것이 한결 편안하다고 생각하는 사람도 있을 것이다. 아니면 양측이 서로 이해와 소통에 이를 때까지 두 차례든 세 차례든 필요한 만큼 계속 번갈아가며 자기 관점을 표명하기로 정할 수도 있다.

이때 듣는 입장에 있는 사람은 들은 내용을 평가하거나 논쟁하지 않아야 서로에게 도움이 된다. 조용히 들으면서 자신이 이해한 것을 제한된 표현 안에서 간단하게 전달해야 한다. 또한 이해하는 과정에서 심각한 틈이 생겨난 경우에만 질문을 건넨다. 반면 지금 말하는 입장에 있는 사람은 당분간 상대방을 향한 질문을 삼가고 자기 고유의 경험과 감정, 이들의 배경에 대해서만 이야기해야 한다. 상대를 향한 질문은 서로 합의한 대화 구조를 쉽게 흐트러트릴 수 있다. 또한 먼저 말한 사람은 어느 정도 충분히 자기 관점이 이해되었다고 느끼면 '바통'을 상대에게 넘기고 나중에 질문 시간을 갖는다.

이런 형식적인 구조화 외에 내용적인 지침을 미리 마련해두는 것도 유용하다. 예를 들어 대화에 참여하는 당사자들이 자신의 경험을 자세히 설명할 때 현재 일어난 모멸 상황에만 집중해 이야기하고 다른 어떤 과거의 경험을 끌어들이지 않도록 해야 한다. 하지만 앞에서 언급했듯이 인간의 기억이 작동하는 방식 때문에 장광설을 늘어놓는 것을 막기란 그리 쉽지 않다. 그럼 결국 대화는 해결보다는 소요로 빠지면서 에너지만 소모하다 끝나게 된다.

　이뿐만 아니라 이런 식의 대화는 6장에서 다룬 "귀인 오류"에서 비롯되는 새로운 난관에 빠지지 않도록 도와준다. 이 대화 구조 안에서 리자는 자신의 행동을 현재 상황에 대한 자기 경험의 표현으로 이해한다. 마찬가지로 미하엘에게도 그렇게 이해받기를 원하기 때문에, 만약 그녀가 다른 사례를 끌어올 경우 생기는 모든 일반화가 그녀가 원하는 이해에 대해 거부 반응을 불러일으킨다는 걸 어렴풋이 알 것이다.

　물론 각기 다른 상황 속에서 반복적으로 나타나는 인간의 행동 패턴이 있고, 이를 현재 상황에 반영하는 것도 가치 있는 일일 수 있다. 여기에 반기를 들 생각이 없다. 그럼에도 되도록 독립적이고 시간적으로 분리된 상태로 현재의 모멸을 극복하기 위한 대화와 논쟁을 시도해야 한다. 과거와 분리된 독립적인 대화가 성공에 이르려면 일반화로 빠지기 쉬운 이런 행동 패턴을 다룰 때, 이를 있는 그대로 바라보고 소망을 드러내는 행동 자체로 여겨야 한다.

　이처럼 구조화된 대화는 양측 당사자들이 서로 충분히 말로 표현할 수 있다는 안정과 확신을 보장한다. 이런 확신과 안정은 두 사람의 긴장 해소를 도우며 자신의 말이 무시될 거라는 두려움을 주지 않게 된다. 이는 각각 상대방에게 조용히 주의를 기울이게 만든다. 그 밖에도 이 대화 구조는 격정적으로 말을 주고받으며 타인의 말을 더 이상 듣지 않을 일이 없으므로, 이야기조차 꺼내기 어려운 복잡한 감정에 처한 경우에도 입을 열 수 있는 환경을 제공한다.

이 같은 대화 구조는 근심, 분노, 죄책감 등과 같은 복잡한 감정에 일종의 발판이 된다. 즉, 당사자들이 이런 감정을 표현하게 만들며, 그로 인해 상대에게 이해받는 느낌을 얻을 수 있게 돕는 지지대인 것이다. 이는 자기 정서의 장본인이 자신이라는 사실을 각자 명백히 파악할수록 더욱더 잘 이루어진다. 앞에서 보았듯 상대가 제공한 동인들을 평가하고 가공하면서 자기 정서의 책임을 그에게 지우는 대신에 말이다.

언어적 층위에서는 소위 "너-전달법"과 구분되는 이른바 **"나-전달법"**으로 표현해야 한다. 표현하는 형식만 보면 둘은 외관상 그리 큰 차이가 없다. "너는 나를 화나게 만들었어. 왜냐하면 네가 제 시간 오지 않았으니까"라고 말하든, 아니면 "나는 화가 났어. 내가 아주 오래 기다려야 했거든"이라고 말하든 별다른 차이는 없어 보인다. 하지만 청자에게 미치는 심리

---

○ "너는 나를 화나게 만들었어. 왜냐하면 네가 제 시간에 오지 않았으니까." 이 발언에는 너-전달법과 함께 가해자-피해자 구도의 인과적 사고 또한 포함되어 있다. 그러면서 마치 상대방이 화나는 사람의 감정에 권력을 가진 것처럼 표현된다.

적 작용과 화자에게 돌아오는 심리적 반작용과 연계해보면 이런 표현 형식의 차이는 굉장히 중요하다.

· **여담 40**

"인간관계에서 한 사람의 '나-전달법'은 다른 사람의 '나-전달법'을 장려한다. (……) '나-전달법'은 (……) 다툼을 야기할 가능성이 더욱 낮다. (……) 고통스런 느낌을 초래한 누군가에게 책임을 묻는 것보다 내가 지금 무엇을 느끼는지 그에게 말하는 것은 훨씬 덜 위협적이다. '나-전달법'으로 메시지를 보내려면 어느 정도 용기가 필요하지만 감수할 만한 가치가 있는 위험이다."[20]

1인칭으로 말하는 '나-전달법'을 사용하면 어떤 경우든 가해자-피해자 구도의 본질적인 구성 요소인 책임 분담을 피하게 된다. 리자와 미하엘은 바로 이 구도를 넘어서길 원하며 여기에 얽매이는 대신 모욕적 상호작용으로 이끈 각기 다른 기준 틀이 무엇인지 이해해보려 발을 내딛고 있다.

이런 표현법에는 둘 사이의 소통에 존재하는 자이를 공개적으로 드러내겠다는 가정이 담겨 있다. 이는 내가 이번 장의 초입에서 잠시 언급했던 부분이기도 하다. 따라서 "소통"이란

"일치"와 항상 같은 뜻이 아니라, 타인의 관점을 알게 되고 또 실감하듯 이해하게 된다는 뜻이라 할 수 있다. "관계의 조정이 성공적으로 이루어지려면 각 당사자가 타인의 현재 상태를 잘 알아야 한다."[21]

대화를 통해 각기 다른 관점 사이의 불일치가 모두 해소되는 경우는 흔치 않다. 상당수는 변화 없이 그대로 머물며, 타인의 다름을 존중하는 정도의 일치 외에 다른 여러 지점들은 일치시키지 못한다. 이는 당사자들의 유대에 존재하는 메울 수 없는 간극을 선명히 보여주므로 서로에게 굉장한 유감을 자아낼 수 있다. 많은 사람은 이런 상황에서 서로 간의 불가피한 간극이라는 공동의 비애를 통해 유대감을 유지하거나 또는 심지어 강화하는 데 성공하기도 한다. 이는 두 사람에게 매우 고무적인 과정이 될 수 있다.

운이 좋은 경우 서로의 다름을 확인하며 이루어지는 소통은 각기 다른 지평선을 넘어 당사자들에게 새로운 공동의 준거 틀이라는 창의적인 전개로 이어질 수 있다. 개별적 차이는 그대로 존재하면서 동시에 새로운 공동의 지평선이 편입되는

○   이 간극이 모멸 현상을 통해 처음으로 두드러졌다 하더라도, 이미 전부터 눈에 띄지 않은 채로 존재했을 수 있다. 그러므로 다른 한편에서 보면 이 간극은 긍정적으로 평가가 가능하다. 즉, 이전에 알아채지 못한 이 틈은 당사자들이 그들의 관계를 좀 더 현실적인 토대 위에 올려놓도록 도와주며 앞으로 이어질 실망과 환멸을 면하게 한다.

것이다. 이는 개인을 뛰어넘고 관계를 위해 가치 있는 공간이 새로 자리하는 과정이라 할 수 있다.[22] 이 과정은 당사자들에게 아수 슬겁고 반뜩스디운 순긴이 된다. 당사자들에게 새로 발생한 공동의 준거 틀은 각자의 개별성과 자주성이 서로의 연대성 안에서 함께 살 수 있는 가능성을 만들어내기 때문이다. 이 것(개별성) 아니면 저것(연대성)으로 보며 하나를 택해 늘 다른 것을 희생해야 하는 대신 더불어 함께할 수 있는 가능성이 생기는 것이다.

　물리학자 데이비드 봄David Bohm은 이 과정을 다음과 같이 설명했다.

　대화에서 누군가 무언가를 말로 표현하면, 대화 상대의 응답은 첫 번째 사람이 뜻한 것과 정확히 같은 의미에서 출발하지 않는다. 화자의 의미와 청자의 의미는 단지 비슷할 뿐이지 동일하지 않다. 그러므로 처음의 화자는 대화의 상대가 대답을 하면 자신이 말하려 했던 것과 상대방이 이해한 것 사이에 차이가 있음을 알게 된다. 이 차이를 깊이 생각하는 동안 어쩌면 무언가 새로운 것을 깨달을 수도 있다. 이를테면 고유의 관점만큼이나 대화 상대의 관점도 유의미하다는 사실늘 발이나. 그리고 이런 깨달음은 대화하는 두 사람에게 공통된 새로운 내용들이 지속적으로 생겨나는 동안 역전에 역전을 거듭할 수 있다. 따라서 소통을 위한 대화에서 참가자들은 서로에게 이미 잘 알려진 생각이나 정보를 전달하려 시도하지 않는다. 오히려 이들은 공동의 무언가를 만들어낸다. 다시 말해 함께 뭔가 새로운 것을 창조하는 것이다.[23]

    운 좋게 공동의 대화가 잘 진행된다고 하더라도 모멸을 경험한 측에 고통의 잔재가 여전히 남아 있기도 한다. 이는 소통을 위한 공동의 노력으로도 완전히 제거되지 않을 수 있다. 고통의 잔재는 충격의 후유증과 유사하다. 무언가 나쁜 경험을 했을 때 '뼛속까지' 박힌 정신적 충격이 사라지지 않고 일부 남아 느껴지는 것과 같다. 이 고통의 잔재는 모든 것이 비교적 무사히 흘러간다고 안도하는 순간 뚜렷하게 감지된다.

    어쩌면 이때가 바로 리자가 미하엘에게 공감하며 그가 겪은 고통에 대한 유감을 바탕으로 용서를 구할 수 있는 때일지 모른다. 여기에서 말하는 용서는 죄책감에서 비롯된 잘못에 대한 면죄가 아니다. 죄책감이라는 단어 안에 들어 있는 잘못과 책임은 우리가 지금껏 확실히 해두었듯 이 맥락에 어울리는 범주가 아니기 때문이다. 여기에서 용서를 구한다는 말은 리자가 미하엘의 모멸감을 분담하면서 둘 사이가 분열 없이 유지되기 위해 그녀가 기꺼이 노력하길 원한다는 뜻이다.

    이 행위는 그녀에게 악의가 없었다는 사실을 그에게 다시

한 번 보여주는 것이며, 현재 그에게 남아 있는 피해자적 태도의 잔재에서 벗어나고 또 **모멸에서 실질적으로 빠져나올 수 있도록** 석극 고무한다는 뜻이기도 하다. 또한 이는 미하엘이 그녀에게 이 사건에 대해 더 이상 언급하지 않으며, 지금 겪은 고통에서 파생된 미래의 어떤 요구들을 그가 미리 포기하도록 권하는 행위이기도 하다. 다시 말해 미하엘이 리자를 용서한다면 그는 비난과 원한을 단념하고 애정과 공감으로 그녀를 마주하게 되는 것이다. 설령 그의 시선에서 그녀가 잘못된 행동을 했더라도 말이다.

· 여담 41

"타인을 용서할 때 우리는 진심으로 해야 한다. 용서를 표하면서 마음속에 원한을 품고 비난을 위한 뒷문을 열어두면 전혀 도움이 되지 않는다. **진정으로 용서한 사람은 이 기억과 함께 살아갈 수도 있다.** 용서를 통해 이 기억이 지닌 고통스런 작용이 사라졌기 때문이다."[24]

리자가 청하는 용서에 응하는 행위는 미하엘이 다시 정신

---

○ 원한과 비난 같은 감정들을 "단념"한다는 말은 이들을 부정한다는 것이 아니라 이들로부터 자유로워지기로 결심한다는 뜻이다.

적으로 일어나 한 인간으로서 존엄과 주권을 활성화시키도록
돕는다. 즉, 고통 또한 삶에 속하며, 이따금 그도 자신의 행동으
로 인해 타인이 겪는 모멸의 원인자가 될 수 있다는 사실을 분
명히 아는 인간이 되게 한다.

　그에게 용서를 구하는 것을 자백으로 이해해서는 안 된다.
이를 겸손의 행위로 이해할 수는 있겠지만, 결코 자기 비하나
굴욕의 행위가 아니다. 이는 오히려 "그 고통에 자신이 아무
책임이 없더라도, 그로부터 자유로울 수 없는 사람이 보여주는
인간적 존엄"의 표현이라고 할 수 있다.[25] 용서를 청하는 행위
는 개인이 추구하는 품격과 겸손에 대한 도전이기도 하다. 용
서를 요청받는 사람은 모멸의 당사자라는 담보를 붙들고 있는
피해자 역할을 고수하는 대신 관대함이라는 품위를 택하기로
결심해야만 이 부탁에 응할 수 있기 때문이다.

　물론 이는 쉬운 일이 아니다. 용서하기는 "우리의 핵심 가
치 중 하나가 손상되면 (……) 특히 더 어렵다. 관계에서 가장 중
요한 가치가 신의인 사람에게 연인이나 배우자의 기만은 특별
히 고통스럽다."[26] 린다의 상황은(2장의 사례 6) 부부나 연인 관
계에서 비밀스런 배신과 은폐, 거짓말을 통해 야기되는 수많은

○　겸손에 관한 문제는 뒤에 가서 좀 더 자세히 다룰 예정이다.

극복하기 어려운 모멸 현상들을 대표하는 전형이라 할 수 있
다. 바로 이런 경우 각 당사자들은 한편으로 용서를 구하고 또
다른 한편으로는 용서를 하는 행위를 말는데, 이때 양측이 각
자의 몫을 능동적으로 분담하고 행할 때 비로소 연대가 다시
금 성공적으로 재건될 수 있다.

　　마지막으로 한 마디를 전하면서 이번 장을 맺을까 한다. 아
마도 독자들은 지금까지 묘사한 리자와 미하엘 사이의 상호작
용이 중대한 갈등을 극복하려는 부부나 연인 관계를 다루었다
는 사실을 알아차렸을 것이다(잘 생각해보면 나는 두 사람의 이름
외에 다른 배경은 거의 설명하지 않았다). 이번 장에 소개된 제안들
은 당연히 관계와 갈등의 유형에 따라 다른 식으로 변경이 가
능하다. 이는 앞서 신체 접촉의 정도를 다루며 이미 언급한 부
분이기도 하다. 하지만 무엇보다 서로를 존중하고 공감하는 대
화가 (미하엘과 리자의 예에서 분명히 드러나듯) 여러 면에서 도움
이 되고 또 유용하다고 생각한다. 이 대화법은 많은 다른 사회
적 관계에도 적용할 수 있으며 각 관계의 특성에 알맞게 재단
만 하면 된다. 여기에선 당신의 세심한 감성과 창의성이 요구
된다.

　　이번 장을 마무리하며 각 부분에서 내가 제안한 권고 사항

들을 간단히 정리하려 한다. 다음에 이어지는 요약은 주요 논점들을 하나하나 상기시키면서 독자들의 부담을 한결 덜어줄지 모른다.

　15장에서 우리는 지금 막 겪은 모멸로 비롯된 고통과 당사자들의 관계에 직접적으로 미치는 부정적인 효과를 가급적 최소화하기 위한 즉각적인 조치들을 살펴보았다. 나는 이에 대한 고찰을 세 부분으로 나누었다. 첫 번째는 모멸을 겪은 사람이 취할 수 있는 조치, 두 번째는 모멸의 유발자로 여겨지는 인물이 취할 수 있는 조치, 그리고 세 번째는 양측이 공동으로 취할 수 있는 내용을 담았다.

　첫 번째 부분('당사자가 해야 하는 노력' 참고)에서는 다음과 같이 제안했다(말했듯이 모두 제안이므로, '해야 한다'보다 주로 '할 수 있다'는 말로 끝맺으니 참고하길 바란다). 모멸의 감정을 급박하게 느끼는 사람은,

　　✓ 먼저 자신을 수동적 도피 또는 능동적 공격으로 유인하는 자동주의를 중단할 수 있다.
　　✓ 공격이나 도피 행위로 이끌리는 대신 잠시 멈추고 우호적인 자세로 자기 고유의 경험과 느낌에 주의를 기울일 수 있다. 자신에게 일

어난 모멸의 감정을 인정하고 이에 적극 관여하는 자기 자비를 활
성화시킬 수도 있다.

√ 그는 스스로의 몸을 위로하듯 가볍게 만지며 자신이 느끼는 위협
의 감정을 진정시킬 수 있다.

√ 여기에 더해 가까운 관계일 경우, 모멸의 유발자와 신체적 접촉을
시도할 가능성도 있다. 상대와의 신체 접촉을 통해 위협감이 줄어
들면서 연대의 감정이 다시 활성화될 수도 있다.

두 번째 부분('상대방이 해야 하는 노력' 참고)에는 이런 제안들
이 담겨 있었다. 자신이 상대방에게 모멸을 유발했음을 깨달은
사람은,

√ 잠시 동안 멈추며 내면을 들여다볼 수 있다. 이때 생겨날 수 있는
죄책감과, 자신의 행동이 (의도는 아니었으나 유감스럽게도) 상대에게
모멸을 불러일으켰다는 사실을 자각하면서 느껴지는 당황의 감정
을 구별하게 된다.

√ 그럼 이제 모멸의 당사자가 느끼는 고통에 공감을 표하고 그를 위
로할 수 있게 된다. 그의 감정에 변명을 하거나 이를 진정시키려 애
쓰지 않으면서 말이다.

√ 경우에 따라 모멸을 느끼는 상대방에 대한 자신의 연대감을 암시

하는 신호로 신체적 접촉을 허용하거나 혹은 주도할 수도 있다.

세 번째 부분('함께 해야 하는 노력' 참고)에서 나는 다음과 같이 권했다.

√ 두 당사자는 양측 모두에게 적당하고 유리한 시점을 타협해 일어 난 사건을 두고 대화를 나눌 수 있다.

√ 모멸의 감정이 아직 강렬하게 영향을 미치는 시기(불응기)는 일단 지나가야 한다. 이 시기 동안 두 사람이 서로를 (경우에 따라 자기 자 신을) 잘 돌보며 주의를 기울이면 편안하고 기분 좋은 상황으로 접 어드는 데 도움이 될 수 있다.

√ 당사자들은 정신적으로 깨어 있으며 명료한 상태에서 대화에 들어 가도록 유의해야 한다. 더불어 두 사람 모두에게 안락한 장소를 함 께 찾아내길 권한다.

√ 당사자들은 과거의 이야기를 끄집어내지 않고 현재의 사건에 초점 을 맞춰 대화하도록 노력해야 한다.

√ 양측 모두 각자가 상대방에게 이해받기를 원하는 소망이 있음을 자각해야 한다. 이 소망이 서로 경쟁에 빠지지 않으려면, 둘의 대화 에 일종의 시간적 구조를 만들어야 한다. 즉, 양측이 상대의 이야기 에 귀 기울이도록 서로 일정 시간을 보장하는 것이다(뮐러의 "친밀

한 대화"를 참고하자).

√ 두 당사자가 "너-전달법" 대신 "나-전달법"으로 고유의 감정을 이야기하도록 신경 쓴다면 더욱 도움이 될 것이다.

√ 대화의 핵심은 당사자들의 개인적 준거 틀에 있다. 이 준거 틀은 주어진 맥락에 따른 각 당사자들의 행동과 정서적 경험에 편입되어 있으며 각자의 상대방에게 이해되어야 한다.

√ 당사자들은 각각의 준거 틀이 상대방에게 이해되도록 설명하는 데 대화의 중점을 두어야 하지, 일치를 요구해서는 안 된다. 개인적 준거 틀 사이에 존재하는 어느 정도의 차이는 당연하다. 이 차이는 계속해서 존재할 수도 있다.

√ 이 대화가 순조롭게 흘러간다면 모멸의 유발자는 진정으로 용서를 구할 수 있으며 모멸의 당사자도 진심으로 용서를 할 수 있다. 이는 앞으로 둘의 관계에도 이롭다. 적절한 표현과 형식을 동원해 대화를 진행한다면 말이다.

# 16장

## 고통에 휩쓸리지 않는 최선의 노력

발생한 고통을 누그러뜨리는 일은 노력을 들일 가치가 충
분하며, 될 수 있으면 고통이 생겨나지 않도록 처음부터 전제
조건을 마련하는 일 또한 중요하다. 이번 장에서는 이와 관련
된 내용을 다룰 것이다. 본격적으로 들어가기에 앞서 미리 경
고의 말을 전하려 한다. 고통 없는 삶은 없다. 그리고 완벽주의
는 계속되는 고통으로 이끈다. 선의를 추구하는 완벽주의도 여
기에 포함되지만, 이는 고통을 방지하기도 한다.

다음에 소개할 내용은, 타인이 느끼는 모멸에 좀 더 적게 기
여하고 우리 스스로가 모멸에 덜 민감해지려면 어느 지점에서
예방 작업을 시작하면 좋을지 개인적인 견해를 담고 있다.

우리는 모멸감을 절대로 완벽하게 저지할 수는 없다는 사
실을 늘 분명히 알고 있어야 한다. 고유의 모멸감이든 타인의

것이든 마찬가지다. 이에 더해 모멸이라는 감정이 예측할 수 없는 의미와 해석에 따라 크게 좌우된다는 사실도 알고 있어야 한다.

**"완벽주의"**라는 단어는 이번 장의 첫 번째 논거로 이어진다. 배우자나 연인, 친구나 동료 또는 자기 자신이 절대 모멸을 일으키지 않기를, 언제나 그렇게 완벽하게 행동하기를 바라는 기대는 비현실적이며 또한 이런 기대는 우리를 실망과 환멸로 이끌기 때문이다.

· **여담 42**

"판단은 우리 삶에 매우 중요하다. 왜냐하면 우리는 자신이 행하는 것이 삶에 이로운지 알기를 원하기 때문이다. 그러면 여기에서 질문이 생긴다. **우리가 100퍼센트로 완벽하지 않다면, 우리는 스스로를 어떻게 평가할 것인가?** 우리는 어린 시절에 이미 우리 고유의 행동이 도덕적 기본 원칙에 따라 엄격하게 판단된다는 것을 배웠다. 옳음과 그름, 선과 악으로 말이다. 스스로에게 감정이입하며 공감하는 대신 우리는 자기 자신을 질책하는 것을 배웠다."[1]

모멸감은 인간적이다. 모멸의 감정을 철저하게 피하고 싶은 사람은 속세를 떠나 은둔자가 되어야 한다. 아니면 이렇게 표현할 수도 있겠다. **"사랑을 기피하는 자만이 고통을 면할 수 있다."**[2] 관계를 맺고 이에 깊이 발을 들이는 사람은 모멸을 겪 험하고 또 역으로 타인에게 모멸의 유발자가 될 수 있는 가능 성을 감수해야 한다. 좋은 관계는 모멸감이 전혀 발생하지 않 는 관계가 아니라, 당사자들이 그들의 유대를 견고히 하고 강 화하는 길을 찾아내는 관계다.

은둔자의 삶을 택하지 않고도 우리는 모욕적인 상호작용에 서 자신이 적극 관여하는 빈도를 줄이는 노력을 할 수 있다. 모 멸의 현상은 항상 두 사람이 관여한다. 이어지는 글에서는 모 멸이 가급적 드물게 일어나게 하려면 각각 어떤 노력을 해야 하는지 양측의 입장을 하나씩 들여다보며 설명하려 한다.

먼저 상대방에게 모멸감을 되도록 적게 유발하고 싶은 측 의 관점부터 접근한다. 그가 실행할 수 있는 노력은 대체로 다 음과 같다. 그는 모욕적인 행위로 해석될 가능성이 가급적 적 은 방향으로 자기 행동을 형성하는 데 노력을 들일 수 있다. 고 유의 모욕 민감성을 줄이고 싶은 사람이 들일 수 있는 노력은 타인의 행동 양식을 모멸감으로 치리힌 개인적인 생긱과 관짐,

---

○    10장에서 하버마스의 문장을 인용하며 인간의 "구조적 위해"에 대해 이야기했다.

견해와 신념에 대한 자기 성찰적 작업에 있다. 앞으로 우리는 양측의 관점 모두 특정한 무언가를 하고 또 다른 사람에게 무언가를 하지 않는 데 초점이 맞춰진다는 사실을 확인하게 될 것이다.

양측은 둘 사이에서 발생 가능한 모멸의 현상을 각자 어떻게 바꿀 수 있는지 질문을 거듭할 것이며, 더불어 독백과 상대방과의 대화 속에서 혹은 심리 치료사와 명상의 도움을 받으며 어떻게 문제를 풀어갈지 씨름하게 될 것이다.

이런 식의 몰두와 분투는 시작부터 완벽주의적인 경향을 띠지 않더라도 충분히 가치가 있다. 모멸에 민감한 자신이 달라지기를 바란다면, 하나의 장기적인 변화 과정으로 받아들이고 접근해야 한다. 이는 시간과 끈기가 요구될 뿐 아니라 자기 목표를 향해 한 걸음씩 천천히 다가가는 과정이다. 누구도 완벽하지 않다. 그러기 위해 아무리 애쓰더라도 말이다.


## 모멸 유발자가 되지 않는 법


서머싯 몸Somerset Maugham은 본인의 자서전에서 다음과 같이 놀라움을 표한다.

처음에는 언뜻 이상하게 보인다. 우리에게 가해지는 모멸보다 우리가 타인에게 가하는 모멸이 상처를 훨씬 덜 입히는 듯 보인다는 사실이 말이다. 그 이유를 나는 이렇게 추정한다. 우리는 우리가 느끼는 모멸이 생겨난 모든 원인을 알고 있다. 그래서 타인의 사과는 우리에게 용서할 수 없는 것으로 여겨진다. 우리는 고유의 잘못을 보지 못한다. 그리고 그 잘못으로 모멸이라는 불쾌한 상황에 부득이 처하게 되면, 우리 눈에 그 모멸은 얼마든지 용서할 수 있는 것으로 보인다. (······) 일상에서 흔히 접하는 예로, 누군가 우리에게 거짓말을 한다고 느끼면 우리는 얼마나 크게 분노하는가? 하지만 우리 중에 거짓말을 한 번도 하지 않은 사람이 있을까?[3]

우리는 타인보다 자기 자신에게 좀 더 관대한 기준을 적용한다. 따라서 타인의 행동을 평가할 때는 주의가 필요하다. 이와 관련해 다음의 지적은 분명 유용할 것이다. 타인을 향한 자신의 행위가 자신을 향한 타인의 행위보다 모멸의 잠재 가능성이 더욱 적다고 생각하는 경향이 있기 때문에, 우리는 어느 정도가 바람직한 행동인지 종종 신중을 기하지 않는다.

타인이 느끼는 모멸에 가급적 적은 동인을 제공하고 싶다

○   이는 경험된 공격의 효과가 관점에 따라 좌우된다는 무멘데이, 린네베버 & 뢰쉬퍼 (1984)의 연구에서 나온 말이다(3장을 참고하자).

면, 자신의 행동이 타인에게 미치는 효과의 징후에 신중히 주
의를 기울여야 한다. 그러나 앞에서 살펴보았듯 인간의 의사
소통이 지닌 성질은 원칙적으로, 나의 행동이 누군가에게 모
멸을 느끼게 하는지 여부를 특정 경계 안에서만 예측할 수 있
다. 상대방의 감정은 그의 해석과 평가에 따라 크게 좌우된다.
이에 대해 나는 우리 공동의 "약속"이 다다르는 곳에 있는 의미
들까지만 알 수 있다. 다시 말해 공동의 지평선을 얼마나 자유
로이 다루느냐에 따라, 내가 이해할 수 있는 상대의 감정은 한
정된다(12장을 참고하도록 하자). 소통의 실패는 신중함을 완전히
배제하고 말할 수 없다. 그리고 적절한 노력과 결부된 자발성
의 부재 역시 소통의 실패에 기여한다. 즉, 무심코 타인의 심기
를 건드리지 않으면서 정서적 친밀함을 쉽게 희생시키지 않으
려는 자발적인 자세는 신중함과 더불어 성공적인 소통에 아주
중요하다.

　　비교적 확실한 약속은 하나의 문화에 자리한 관습에서 나
타난다. 예를 들어 상대방이 통상적인 예절을 지킬 때, 우리는
그가 모멸의 동인을 제공하지 않을 거라는 어느 정도 확실한
기대를 가지게 된다. 문화에 속한 구성원들이 언제나 주의하고
따라야 하는 관습에는 이른바 인사와 부탁, 감사의 **"언어 행위
(화행)"**가 속한다. 근본적으로 이런 언어 행위들은 단순히 지켜

야 하는 관습을 넘어, 인간 사이의 협력과 교류 같은 일상적인 상황들과 깊이 연관된다.

· **여담 43**

"화행" 이론은 진술적 특성(예컨대 "하늘이 파랗다" 같은 표현처럼)뿐 아니라 행위적 특성이라는 측면에서 언어적 의사소통을 연구한다.[4] 즉, 발화라는 **언어 행위는 수행적이며 상호작용에 능동적으로 영향력을 행사한다.** 이를 보여주는 예로 "당신을 장관으로 임명합니다" 또는 "너에게 리자라는 이름을 붙여줄게" 등이 있다. 누군가에게 인사를 하거나 무언가를 부탁하거나 또는 무언가에 감사하는 것 역시, 실상을 진술할 뿐 아니라 무언가를 수행하는 행위이다. 다시 말해 당사자들 사이의 관계에 능동적으로 영향을 미치는 행위라는 것이다.

악수나 눈맞춤이 동반된 인사는 타인의 존재와 현존을 기본적으로 인정하는 표현이다("나는 당신을 보고 있다, 당신이 거기 있음을 나는 인정한다."). 그러면서 이는 다음으로 이어지는 접촉에 중요한 전제 조건을 마련한다. 철학자이자 윤리학자인 에마뉘엘 레비나스Emmanuel Lévinas는 인사에 대해 이렇게 쓴다.

"말을 하는 것은 일종의 인사이며, 타자에게 인사한다는 것은 그를 책임진다는 것이다. 무슨 말을 하든 내용은 중요하지 않다. (……) 발화 행위는 타자에 대한 응답과 책임을 내포하는 행위이다."[5]

이런 기본적 인정이 거부되면 얼마나 모욕적으로 느껴지는지, 타인에게 흡사 '공기'처럼 무시당한 적이 있는 사람이라면 분명 알 것이다.

부탁은 외관상 단순해 보이는 형식을 넘어서면 인사와 마찬가지로 인정의 측면을 지닌다. 즉, 누군가에게 무언가를 부탁할 때, 나는 그가 이를 들어줄(또는 거절할) 능력이 있다고 간주하며 말한다. 이뿐만 아니라 나는 그에게 나의 부족함을 털어놓으며 그에게 이를 위임한다. 또한 부탁은 "당신에게 더 이상 아무것도 바라지 않아!" 같은 표현과 달리, 무언가를 주는 사람으로서 나에게 상대방이 중요하다는 신호를 보낸다. 그리고 내가 감사를 표하면 무언가를 받았다고 내가 인정하는 것이 된다. 즉, 상대가 나에게 무언가를 주었음을 인정하고 고마움을 느낀다고 드러내는 것이다. 따라서 고마워하지 않으면 주는 사람에게 개인적인 존중의 결여로 이해되기 쉬우며 이로 인해 모멸을 불러일으킬 수 있다.

인사와 부탁, 감사는 특별한 형식의 대답이다. 각 대답은 타인과의 만남에 대한 대답이면서, 동시에 그에 대한 확인을 특유의 방식으로 선명히 드러내는 표현이기도 하다. 누군가는 타인의 현존을 심지어 "대답에 대한 요구"로 이해할 수도 있다.[6] 따라서 어떤 말에 대해 행해지지 않은 대답은(언어적이든 비언어적이든, 개인적인 접촉으로든 아니면 이메일로만 이루어지든 상관없이) 기본적 인정에 대한 거절로 여겨지며 모멸의 재료가 될 수 있다. 러시아 출신의 저명한 문예학자 미하일 바흐친Mikhail Bakhtin은 "인간이라는 존재에게 대답의 부재보다 더 끔찍한 것은 없다"[7]고 확신했다. 상대방이 이러한 위험에 되도록 적게 처하길 바라는 사람은 그의 말에 언제나 대답을 해주는 것이 좋다.

　　이상적인 경우는 건네진 대답이 상대방에게 호의적이며 주의 깊은 존중의 표현으로 이해되는 것이다. 진심에서 우러나온 "마음의 호의라는 것이 있다. 그것은 사랑과 유사하다."[8]°° 물론 그저 예의범절을 따르기 위해 호의적인 대답을 하는 경우도 적지 않은데, 그럼에도 이는 가치 있는 행위다. 쇼펜하우어Schopenhauer의 깨달음처럼 말이다.

---

° 　《침묵》에서 솔리만은 대답의 극단적 부재가 불러일으킬 수 있는 효과를 아주 인상적으로 묘사한다.

°° 　《친화력》제2부, 제5장, "오틸리엔Ottilien의 일기"에서 발췌했다.

"호의는 마치 공기 방석과 같다. 그 안에 아무것도 없는 듯하지만, 이는 인생의 충격을 완화시켜준다."[9]

하지만 격식을 완전히 갖춘 행동이 모멸의 방지를 확실히 보장하는 건 아니다. 어쩌면 누군가는 예의를 갖춘 상대방의 정중한 행동으로 인해 모멸을 느낄 수도 있다. 당사자에게 형식적이고 거리를 두는 행위로 여겨지면서 모멸로 작용한 것이다. 사적인 친밀함이라는 맥락에서 정중함은 과도한 선 긋기로 여겨질 수 있으며 이는 상대방에게 연대의 단절로 해석되고 또 느껴지기도 한다.° 여기에서 우리는 다시금 맥락에 좌우되는 의미의 문제와 맞닥뜨리게 된다.

거리 두기와 비판, 부정적 평가는 특히 자기 가치감이 불안정한 누군가에게 가해질 때 빈번히 모멸의 동인이 되곤 한다 (10장을 참고하자). 여기에 더해 상황적 조건들은 모멸의 작용을 더욱 강화시키기도 한다. 즉, 거리 두기나 비판 또는 부정적 평가가 준비가 되지 않은 누군가에게 가해지면, 그가 모멸을 느낄 가능성은 더욱 높다. 그러므로 비판적인 평을 건네기 전에

---

° 정중함은 오용되기도 한다. 나의 관리 아래 있는 어느 부부의 상담 치료 보고서에서, 아내가 "냉혹하게 정중한" 태도로 자기 남편에게 격식을 차리고 존중을 담아 표현하면서도 동시에 수많은 비난과 철저한 거리 두기를 함께 전달해, 담당 심리 치료사가 숨이 막힐 지경이었다는 글을 접한 적이 있다.

상대가 완전히 놀라지 않도록 먼저 허락을 구하거나 아니면 서론부터 미리 말하면서 조심스레 들어가면 상당히 도움이 된다. 물론 상대방이 먼저 입장 표명을 부탁했다면 괜찮다. 하지만 그런 경우에도 되도록 구체적으로 질문에 답하며 일반화에 빠지지 않도록 주의해야 한다(6장에서 다룬 "기본적 귀인 오류"를 떠올려 보자).

　이에 덧붙여 인간적 상호작용이 모멸감으로 처리되지 않도록 타인의 부담을 덜 수 있는 방법이 하나 더 있다. 주어진 상황을 매우 신중하게 사적인 상황과 공적인 상황으로 나누는 것이다. 공공성을 지닌 모든 것들은 사적인 것보다 훨씬 높은 모멸의 가능성을 품고 있기 때문이다. 어떤 말들은 친밀한 특성을 지니기 때문에 수신인과 단둘이 있을 때 건네면 비교적 위험이 적다(예를 들어 "그런데 너 오늘 엄청 피곤해 보인다."). 그러나 이런 발언을 둘 외에 다른 사람들 앞에서 하면 공공연히 노출이 되면서 당황과 수치, 가치 저하 같은 굉장히 불쾌한 감정들이 유발되기 쉽다.

　또한 당사자에게 직접 전달하는 말과 당사자를 겨냥한 발언을 다른 사람에게 하는 소위 "뒷담화" 사이에도 비슷한 차이가 있다. 당사자에 대해 말한다는 것은 최소한 하나의 제삼자를 끌어들인다는 뜻이며 어느 정도 공공성의 형태를 갖추게 된다. 동시에 뒷담화의 당사자는 해당 의사소통에서 제외된다. 이는 연대감에 중대한 영향을 미칠 수 있다.

지금까지 언급된 것들은 일반적으로 재치나 눈치로 불리는 섬세한 **"분별감"**에 바탕을 둔다. 분별감 있게 행동한다는 것은 "톤이 음악을 만든다"는 속담을 분명히 알고 있을 뿐 아니라, 이에 맞게 고유의 행동을 정한다는 뜻이기도 하다. 보통 분별감 있는 태도는 이런 뜻으로 풀이되곤 한다. 즉, 어떤 실상을 의도적으로 '간과'하며 의식적으로 이에 이름을 붙이지 않는 것이다. 필요에 따라 자신이 그 실상을 알아차렸다는 것조차 절대 밝히지 않는 태도 속에 분별감이 있다.

### · 여담 44

"우리가 분별감이라고 이해하는 것은 상황에 대한 일정한 감수성과 감각 능력이다. 또한 일반적인 원리에서 알 수 있는 어떠한 지식도 갖고 있지 않은 상황 속에서 우리가 취할 수 있는 태도다. 그래서 분별감에는 본질적으로 불명료성과 표현 불가능성이 속해 있다. **인간은 무언가를 분별감 있게 말할 수 있다. 그러나 이는 언제나 무언가를 분별감 있**

○   교황 요한 23세Johannes XXIII는 언젠가 이런 말을 했다. "인간은 모든 것을 보고 많은 것을 간과하며 적게 수정해야 한다."

**게 넘겨버리거나 말없이 내버려둔다는 뜻이 된다.** 따라서 그저 넘겨버릴 수 있는 것을 말해버리는 것은 분별감이 없는 것이다. 넘겨버린다(간과한다)는 것은 무언가로부터 눈길을 돌린다는 말이 아니라, 이를 마주치지 않기로, 스쳐지나가기로 의도하는 것을 뜻한다. 분별은 거리를 유지하게 해준다. 불쾌하게 하는 것, 감정을 해치는 것 그리고 개인의 사적 영역 침해를 피하게 한다."[10]

이전 저서에서 나는 감정이입에 관한 주제를 다루며 사적인 예를 하나 소개한 적이 있다.

어느 날 한 친구와 만나 저녁 식사를 하며 내 마음을 크게 흔든 경험에 대해 그에게 이야기했다. 그는 내 이야기에 주의를 기울이며 경청했으나, 하루가 끝나가는 시점인 데다 식사와 와인을 즐겨서인지 무척 나른해 보였다. 나는 그의 얼굴에서 하품이 시작되려는 기색을 보았고 동시에 그가 이를 억누르려고 애쓰는 모습을 발견했다. 아마도 그는 나에게서, 그가 나의 이야기를 지루하게 여긴다는 인상이 생기는 걸 방지하고 싶었던 모양이다. 그는 발생 가능한 무멸감으로부터 나를 구하려 했다 왜냐하면 당시 내가 그에게 전달하려던 경험이 나에게 매우 중요하다는 것을 그가 이해하고 있었기 때문이다. 그는 분별감 있게 행동하려 했다. 나 또한 선의가 담긴 그의 노력이 위험에 처하지 않도록 나름대로 분별감 있게 행동하며 아무것도 드러내지 않기로 했다. 즉, 내가 그의 하품과 그의 노력을 알아차렸다는 사실을 감추었다.[11]

발생 가능한 모멸 상황을 노련하게 넘기는 일은 보편적 인간 본성에 대한 통찰과 현재 상황에 대한 직감적 수완의 문제다. 즉, 상대방의 사적인 민감성까지(여러 저자들은 이를 "취약점" 또는 "상처 지점"이라 칭한다)° 알 정도면, 주어진 상황에서 이 취약 지점은 중요해지지 않고(위에서 친구가 하품을 참으면서 나의 민감한 지점을 건드리지 않은 것처럼) 겉으로 분명히 드러나지 않게 된다. 상대에 대한 이런 앎은 아예 처음부터 까다로운 상황을 분별감 있게 다루거나, 관계에 필수적인 감정이입으로 상황이 지닌 어려움을 완화시키는 데 도움이 된다.

가까운 관계에서는 이런 앎을 얻기 위해 적극적으로 노력할 수 있다. 서로에게 관심을 기울이면서 사적인 사정들에 대해 서로 분별감 있게 물어보면서 말이다. 이때 서로를 더욱 잘 알아가는 것 외에 다른 의도나 계획은 없어야 한다. 이 같은 노

---

° 　앞에서 이처럼 심리적 과정을 이해하기 위해 신체적 메타포를 시도해 발생할 수 있는 문제를 지적한 바 있다. "상처 지점"이라는 개념 또한 여기에 해당되며, 이어서 이 개념은 "아물지 않은 상처"가 "갈라진다"는 식의 메타포와 결부된다.

력의 성공 여부는 상대방의 사고와 감정, 이전의 경험들에 대한 쌍방의 관심뿐 아니라 두 사람이 얼마나 마음을 열고 함께 나눌 준비가 되어 있느냐에 따라 달라진다. 상당수의 사람들에게 이는 그리 쉽지 않은데, 특히 타인이 자신의 사적인 부분을 불리하게 이용한 고통스런 경험이 있는 경우 더욱 그렇다. 이런 경험에서 비롯된 두려움은 당사자가 자신의 느낌과 경험을 상대방이 있는 그대로 혹은 비슷한 수준으로 들여다보지 못하도록 신경 쓰게 만들기 때문에 부분적으로 제한이 생기기도 한다.

　예를 들어 두 사람이 마주 앉아 서로가 어떤 심리적 맥락에서 유독 쉽게 모멸을 느끼는지 들여다보며 탐구하다 보면, 둘이 비슷하게 겪은 경험뿐 아니라 각자가 제삼자와 겪은 경험들 또한 모멸을 유발할 수도 있다. 하지만 다행히도 이는 두 사람이 동시에 휩쓸릴 정도로 그리 빠르게 진행되지 않는다. 또한 이를 통해 두 사람은 상대의 심리적 역학에 대해 많은 것을 간접 경험으로 알게 되기도 한다. 더불어 가공의 상황들에 대해 서로 이야기를 주고받으면서 상대방의 입장과 정서적 경험을 탐색할 수도 있다. 말하자면 이런 대화를 나누는 것이다. "당신에게 중요한 누군가가 이런 혹은 저런 행동을 한다면 당신은 어떨 것 같아?"

이런 식의 대화는 만일 가능하다면 상대방의 고통을 덜고 싶다는 소망을 따른다고 할 수 있다. 이는 물론 선량하고 가치 있는 소망이지만, 그럼에도 여기에서 자주 간과되는 측면이 있다. 타인에게 일어날지 모를 고통을 미리 예방하려는 선한 의지는 종종 "황금률"이라 불리는 윤리 원칙을 따르곤 한다. 이를테면 "다른 사람이 너에게 하지 않기를 바라는 것을 다른 이에게 행하지 말라!" 또는 "남이 너에게 해주기를 바라는 그대로 너도 남에게 해주어라!" 같은 원칙이다. 이런 원칙들은 칸트Kant 철학의 "정언 명령"에서 요구하는 "네 의지의 준칙이 언제나 보편적인 입법의 원리로서 타당할 수 있도록 행위하라"는 공식이 대중적으로 변주된 버전이다.[12]

하지만 이 모든 원칙과 공식을 알고 있는 사람의 명백한 선의도 다수의 경우 의도와는 다른 방향으로 나아가 숨겨진 난관에 봉착하게 된다. 자기 자신을 기준으로 다른 사람도 자신과 똑같이 느낄 거라 가정하며 황금률 같은 원칙을 따르면 이처럼 난관에 부딪히기 쉽다. 매우 빈번할 수 있으나 이런 경우가 항상 발생하는 것은 아니다. 자기 행동의 방향을 앞에서 말한 원칙에 따라 설정하는 사람은 고유의 감정과 타인의 감정 사이에 존재하는 차이에 대해 더 이상 묻지 않는 위험에 빠지게 된다. 이런 사람은 자기 고유의 심리 상태를 기준으로 삼아 타인을 이 기준 위에 올려놓고 판단한다. 내가 한 행동의 수신인이 나라고 가정할 때, 내가 그 행동에 모멸을 느끼지 않는다고 판단하면 나는 자신에게 윤리적으로 옳은 행동을 하는 것이다.

앞에서 분명히 했듯이, 인간은 동일한 상호작용에 아주 다른 의미들을 부여하고 그 결과로 생기는 아주 다른 감정들을 경험하게 된다. 하지만 앞에서 언급한 원칙들은 이 같은 사실을 충족시키지 못한다. 황금률 같은 원칙들은 어떤 면에선 자기중심적이며, 미심쩍은 상호작용 속에서 타인이 나 자신과 어느 정도 다르게 느낄 수도 있다는 것에 관심을 두지 않기 때문이다. 또한 **타인에게 아무런 고통을 가하지 않으려는** 선한 의도는 타인의 견해와 감정을 고유의 견해와 감정과 비슷한 범위로만 생각하도록 이끈다. 나에게는 고통이 되지 않으나 상대방에게는 고통을 줄 수 있는 모든 것은 조직적으로 배제된다. 이런 형세는 다시금 모멸감의 전제 조건을 형성한다.

  · **여담 45**

인간이 지닌 모든 공통점에도 불구하고 나는 결코 타인에

○   하버마스는 이를 "'고독한 영혼의 삶'에서 작동하는 유아론적 규범"이라 칭한다(하버마스, 《담론윤리학》).

대해 충분히 알 수 없다. 우리는 그저 제한된 범위 안에서 타인에 대해 추정할 수밖에 없다. 그래서 레이코프와 존슨은 고유의 행동이 타인에게 미칠 효과를 항상 자기중심적으로 다루어 문제가 되기도 하는 황금률 같은 윤리 원칙에 맞서는 데 도움이 되는 대안적 도덕 명령을 하나 세운다. 이들은 다음과 같이 요구한다. **"당신은 그들이 원할 만한 행동을 해야 한다."**[13]

이 같은 명령은 다른 이유에서 마찬가지로 일방적일 수 있다. 물론 정언 명령과 역방향이기는 하지만 말이다. 그럼에도 이 명령에는 자기중심이 아닌 타인을 향한 대화 속에서만 그들이 원하는 게 무엇인지 알아낼 수 있다는 커다란 장점이 있다. 아무튼 한 가지는 분명하다. 타인을 모욕하는 일을 피하고 싶은 사람은 고유의 관점이 보편타당하다는 암묵적 판단 하에 문제를 풀어가는 대신 타인이 나 자신과 어느 정도 다르게 느낀다는 사실에도 관심을 가져야 한다. 각자의 준거 틀이 다르기 때문에 우리는 무엇이 타인에게 모멸로 느껴지는지 또 무엇이 그렇지 않은지 잘 모른다. 이런 모름을 자각해야 이를 알아가도록 탐구하고 또 계속해서 질문을 할 수 있다.

타인의 모욕 민감성에 대한 질문은 다루기 무척 까다로우며 신중하고 분별 있는 행동 양식을 필요로 한다. 상대에게 고유의 행동에 대한 피드백을 부탁하면 모멸이 발생할 위험 가능성은 훨씬 적어진다. 특히 동일한 상대가 반복적으로 모멸당한 반응을 보인다는 걸 깨달은 사람들에게 이런 피드백 요청을 적극 권한다. 이 과정에서 우리는 자기 행동의 어떤 측면이 상대방에게 모멸감의 동인으로 작용하는지 물을 수 있다. 피드백을 통해 얻은 정보들은 고유의 행동이 모멸감의 재료가 되지 않도록 어느 정도 확실한 범위 내에서 자기 행동을 수정할 수 있게 도와준다. 이는 상대의 감정에 대한 책임을 떠맡는다는 뜻이 아닌 미리 방지한다는 뜻으로 풀이된다. 그러면 당연히 상대방은 모멸을 느끼는 일에서 좀 더 자유로워진다.

이런 방법으로 상대방에게 누차 모멸의 동인으로 취급되는 자신의 특정 행동 패턴들을 확실히 알아차리면, 이 패턴들을 바꾸기 위해 노력할 수 있게 된다. 이는 상대의 모멸을 예방하는 데 이로울 뿐 아니라 스스로에게도 도움이 된다. 이 노력이 성공적으로 변화를 이룬 경우, 그 상대방과의 관계에서 복잡하고 까다로운 상황에 빠져들지 않게 되기 때문이다.

개인적인 경험에 따르면 발생 가능한 모멸감을 미리 방지하기 위해서는, 의문이 생길 경우 반응이 드러날 때까지 기다리는 것보다 상대방이 모욕적 반응을 보일 확률이 매우 높다고 가정하는 편이 예방에 훨씬 유리하다. 많은 사람의 심리적 균형은 그들이 인지하는 것보다 더 불안정하다. 그리고 이 균형을 지켜내려 가동하는 고유의 보호막은 생각보다 더욱 부서지기 쉽다.

　이는 앞에서 언급한 인간의 "구조적 위해" 때문이자, 다른 한편으론 수많은 사람이 자신의 모욕 민감성을 결점으로 느끼면서 숨기려 애쓰기 때문이기도 하다. 모욕 민감성을 숨긴다고 해서 구조적 위해가 적어지지는 않는다. 이런 식으로 자기 자아를 안전하게 지키려 노력하면 오히려 추가적인 위험에 빠지게 된다. 즉, 자신의 민감성이 "폭로"되면서 스스로를 수치스런 상황에 빠지게 만든다. 그러므로 우리는 마치 벨벳 장갑을 착용한 듯 타인을 너무 조심스레 다룰 필요는 없다. 그렇다고 거칠게 다루자는 말이 아니다. 타인이 모멸을 느낄 위험성이 우리가 보통 직감적으로 받아들이는 수준보다 훨씬 크다는 생각을 견지하자는 뜻이다. 그러면 그와 비극적 상호작용을 함께 다루는 과정에서 감추려던 지점이 폭로되며 벌어지는 '체면 손상'이라는 추가적 모멸을 막는 데 도움이 될 수 있다.

　마지막으로 결코 사소하지 않은 한 가지가 있다. 앞서 지적했듯이 모멸의 경험은 인정을 향한 기대의 실망 또는 소통의 실패와 동등한 뜻으로 여겨진다. 모멸을 예방할 수 있는 하나의 일반적인 가능성이 여기에 있다. 즉, 언제나 성실하게 타인의 행동에 인정을 표하고 존중을 전하며 그의 정서적 진동에 공감하고 더불어 문제에 대한 그의 시각을 이해한다고 언행으로 분명히 표현하는 것이다. 이 같은 인정은,

> 단지 "동의"와 "지지", "긍정" 같은 (특유의) 행위만이 아니라 (……) 좀 더 엄밀한 뜻에서 고유의 가치를 "확인"해주는 행위로도 이해될 수 있다. 인정에서 주체는 (……) 그저 (긍정적이고 특별한) 능력과 특성만 그리고 "특정 능력과 권리의 가치"만 확인받는 것이 아니다. (……) 더 정확히 말하면 인간이라는 주체의 능력과 특성이 그 자체로 "가치 있다고 확인"받는 것이 인정이다.[14]

지지와 확인은 모든 인간에게 거의 항상 긍정적으로 작용한다. 특히 우리처럼 인정이 자주 행해지지 않는 문화에서는 인정해주고 정서적 일치를 표현하는 일이 중요한 가치로 여겨진다.

---

○   따옴표 안에 들어간 개념은 저자가 호네트의 서적에서 인용한 것이다(호네트,《인정투쟁》).

○○   독일에서는 질투가 최고 형태의 인정이라는 말을 종종 듣는다. 나는 이 말에 전적으로 동의하지는 않다. 하지만 작가로서 여기에 해당되는 사례들을 줄줄이 늘어놓을 수 있을 만큼 적잖이 알고 있기 때문에 이 말을 부인하기도 어렵다.

인색함 없이 진정한 인정을 너그러이 표현하면(가짜로 꾸며진 감언이설이 아닌 진짜 인정을 뜻한다!) 연대감이라는 공동의 감정에도 이바지하게 된다. 이 감정은 그저 단순히 좋은 것을 넘어 예방의 효과도 지닌다. 연대감은 첫째로 모멸 발생을 무척 어렵게 만들며, 둘째로 모멸이 생겼을 때 그 강도를 누그러뜨리고 모멸의 감정을 쉽게 처리하도록 돕는다.

## 나의 모멸 민감성 줄이는 법

이번 내용은 다소 도발적인 문장으로 시작하려 한다. 자신의 모욕 민감성을 줄이고 싶은 사람은 고유의 확신을 줄이는 데에서부터 출발해야 한다. 이 말이 무슨 뜻인지는 다음에 이어지는 이야기를 통해 구체적으로 살펴보도록 하자.

한 남성이 집에 그림을 걸고 싶어 했다. 하지만 그는 못은 있지만 망치가 없었다. 그리고 이웃집에는 망치가 있었다. 이 남성은 옆집으로 가 망치를 빌리기로 마음먹었다. 그런데 빌리기로 결심하자 그의 마음에 이런저런 의심이 생겨났다.

'이웃 남자가 망치를 빌려주지 않으면 어쩌지? 어제 마주쳤을 때 그

남자는 나에게 인사를 하는 둥 마는 둥 하며 도망치듯이 지나갔단 말이지. 어쩌면 바빠서 그랬는지 몰라. 아니면 날 피하려고 일부러 바쁜 척을 하며 서둘렀을지도 모르지. 만약 그렇다면 왜 날 피하는 거지? 내가 그 사람한테 뭐 잘못한 일도 없는데?'

여기에서 우리 주인공은 자기만의 상상에 빠진다.

'누군가 나에게 공구를 빌리려 한다면 나는 그에게 기꺼이 바로 내어줄 거야. 그런데 이웃 남자는 왜 그러는 거지? 어떻게 이웃 사이에 이런 단순한 호의를 거절할 수 있는 거야? 저런 놈들 때문에 인생이 망가진다니까. 내가 망치 하나 빌리는 걸로 자기한테 의지한다고 착각하겠지. 고작 망치 하나 가지고 있으면서 말이야. 더 이상은 나도 못 참아.'

그리고 우리 주인공은 이웃집으로 쳐들어간다. 초인종이 울리고 이웃 남성이 문을 연다. 그가 '안녕하세요'라는 말을 꺼내기도 전에 주인공은 그에게 큰 소리를 친다.

"그 대단한 망치 고이 모시면서 잘 먹고 잘 살아라, 이 나쁜 놈아!"[15]


이야기 속 남성은 이웃의 생각과 의도에 대한 자신의 추측을 확신해버렸다. 그는 이웃이 취할 수 있는 입장과 행동을 자기 뜻대로 판단하면서, 이것이 단지 해석일 뿐이며 다른 평가도 가능할 거라는 자각조차 없었다. 이런 방식으로 그는 억측으로 만든 문제투성이의 확신을 스스로에게 불어넣었다. 잘못된 추정으로 생겨난 이 해석은 검증되지 않은 채, 그의 모멸감과 그다음에 뒤따르는 그의 행동 양식에 토대를 형성한다. 이런 종류의 확신이 어떤 어리석은 언행으로 이어지는지는 앞의 이야기에서 아주 선명히 드러난다.

　그뿐만 아니라 이 이야기는 내가 앞에서 설명했던 것을 (특별히 더 극단적인 형태로) 다시 한 번 분명하게 보여준다. 즉, 타인의 행동이 나에게 미치는 효과는 그의 행동에 달려 있다기보다 내가 그의 행동을 어떻게 파악하고 해석하느냐에 따라 크게 좌우된다는 것이다. 이 같은 깨달음을 삶에 적용하고 싶다면, 자신이 느낀 모멸감을 가지고 타인의 의도를 알아내려 하기보다 고유의 해석을 들여다보는 쪽으로 방향으로 돌려야 한다. 그러면 자신이 모욕적인 반응을 드러낸다고 알아채는 순간 이를 고유의 해석을 추적하는 계기로 삼을 수 있다. 그리고 이 해석을 다른 무언가로 대체하거나 아니면 적어도 **불확실함**이라는 색인을 달 수도 있다. 또한 자신이 모욕적인 반응을 자주 보인다는 사실을 깨달으면, 이를 고유의 해석 패턴에 숨겨진 계략을 간파하는 계기로 삼아 이 패턴을 철저히 들여다보고 점검하는 기회로 활용할 수도 있다. 이런 해석 패턴을 변화시키는 데 성공하면 모멸을 느낄 개연성 또한 떨어지게 된다.

## · 여담 46

우리는 신경질적인 의미가 아닌 세련된 의미의 불확실함을 견지하도록 스스로를 지지하고 도울 수 있다.[16] 관계적 위기 상황에서 되도록 열린 질문을 하면서 말이다. 예컨대 "그가 무슨 뜻으로 그랬을까?"라고 묻는 대신 "무슨 뜻으로 그랬을 수 있을까?" 하고 자문하는 것이다.

두 질문 사이의 차이는 지극히 미미해 보이지만 실제로 그 차이는 크다. 이와 관련된 몇몇 연구에 따르면 **사람들은 단 하나의 답만 허용되는 질문보다 열린 질문에 훨씬 창의적인 대답을 내놓는다.**[17] 오직 단 하나의 해석만 가능하다고 스스로 확정 짓지 않는 사람은 새로운 정보와 인상에 좀 더 유연하고 열린 자세로 일관할 수 있다.

의미 부여와 해석 패턴의 상대화는 누구도 타인의 생각을 읽을 수 없음을 아는 것에서부터 시작된다. 다른 말로 표현하면 다음과 같다. 나는 타인의 언행에 어떤 뜻이 담겨 있는지 결코 명확히 알 수 없다. 그리고 내 안에서 생겨난 감정으로 타인의 의도를 절대 추론할 수 없다. 내 감정은 본질적으로 내 고유의 평가에 기인하기 때문이다. 타인의 표현에 담긴 그의 의미는 나에게 불확실한 상태로 머문다. 내가 그에게 상세한 설명을 얻거나 혹은 청하지 않는 한 그렇다.

타인이 자기 행동에 어떤 뜻을 담았는지 알지 못한다는 사실은 나를 불확실함으로 이끈다. 여기서 벗어날 수 있는 방법은 하나다. 피할 수 없는 지식의 빈틈을 어떤 유사 지식으로 메우는 것이다. 이를 뒤집어서 말하면 다음과 같다. 현실에 발을 두고 싶다면, 추측이나 상상 또는 투영에 의지하지 않으면서 나의 모멸 위험을 줄이고 싶다면 이 불확실함을 반겨야 한다.

하지만 불확실함은 견디기 너무도 어려워 보이기 때문에, 많은 이들은 불확실성에 자신을 내맡기길 꺼려한다. 차라리 망상적인 확실성 속으로 달아나는 쪽을 택한다. 그로 인해 생겨나는 모멸감을 감수하면서 말이다. 어쩌면 이들은 이 불확실함이 처음에는 불편하게 느껴지더라도 결국에는 자신에게 가치가 있다는 것을 모를 수도 있다. 내가 이해하기 어려운 어떤 행동을 타인이 나에게 했을 때, 그의 안에서 무엇이 일어났거나 혹은 일어나는지 내가 알 수 없다. 이 순간 가장 먼저 드러나는 단순명료한 사실 하나는 바로 내가 타인의 생각을 결코 읽을 수 없다는 것이다. 이미 오래전부터 알고 지낸 사람이라도 말이다. 이런 깨달음은 경우에 따라 모멸과 관련된 전지적 상상을 불러일으킬 수도 있지만, 불확실성에 기반을 둔 경계 없는 상상은 많은 이들이 흔히 하는 것이므로 크게 문제가 되지는 않는다.

이 같은 상황에서 불확실함은 무능력의 표출이 아니라 오히려 현실적이다. 거꾸로 말해서 확실함을 취하며 타인의 감정과 의도가 무엇인지 내가 안다고 여기는 것은 비현실적이다. 나는 그저 망상을 만들 뿐이다. 이런 거짓 확실함에 토대를 두면 여기에서 비롯된 모든 귀결들은 불안하게 흔들리며 문제가 계속되는 위험으로 인도한다.

　이어서 자주 관찰되는 두 가지 심리 상태를 통해 결국 자신에게 고통이 가해짐에도 거짓 확실성에 발을 두며 자신의 모멸 경험에 기여하는 해석 패턴에 매번 사로잡히는 사람들의 개인적 배경(앞에서 언급한 "상처 지점")을 살펴보려 한다.  이런 배경을 들여다보고 탐구하는 과정은(심리 치료라는 틀 안이든 공감 능력이 좋은 친구와의 대화에서든) 거짓 확실함을 포기하고 판에 박힌 해석 패턴을 이겨내도록 도우며 고유의 모욕 민감성을 줄일 수 있다.

○　미국의 작가 바이런 케이티Byron Katie는 이에 관한 명상 대화법을 마련해 대중들에게 전한다. 그녀는 슬픔이나 분노 같은 감정으로 괴로워하며 조언을 구하러 찾아온 사람에게 이 감정에 대한 자신의 확실한 해석과 평가를 종이에 적어보라고 권한다. 이어서 다음 질문을 객관적이고 단호하게 건네라고 말한다. 스스로에게 직접 질문을 하거나 곁에서 도와줄 수 있는 누군가가 대신 질문을 건네도 좋다. "그것은 사실인가? 당신은 그게 사실이라고 정말로 절대적으로 알 수 있는가?"(케이티 & 미첼,《네 가지 질문》)
○○　배르벨 바르데츠키의 글에서도 이 개념이 사용되는데(여담 47 참고), 이에 담긴 문제성은 이미 270쪽의 각주에서 지적한 바 있다. 그럼에도 불구하고 나는 인간 심리의 본질을 섬세하게 묘사하는 바르데츠키의 글을 높이 평가하며 읽을 가치가 크다고 생각한다.

때로는 홀로 자신을 탐색하며 내면을 들여다보는 것도 유익하다. 단지 편안할 뿐만 아니라 이 과정을 통해 스스로에 대한 새로운 깨달음을 얻을 수도 있다. 따라서 여기에선 자기 자비의 방식으로 자신을 탐색하는 것이 중요하다. 다시 말해 모든 인간에게 각자 '결점'이 있다는 사실을 자각하고 결점을 비난하거나 깎아내리는 대신 긍정적인 변화에 적극 참여하는 자신을 높이 평가하며, 스스로에게 호의적으로 주의와 관심을 선사하는 것이다(자기 자비와 관련해선 여담 33을 참고하도록 하자). 이러한 태도는 고유의 '결점'과 **"상처 지점"**에 대한 필연적 책임을 떠맡고 또 이를 직시할 때 가해지는 부담을 덜어준다. 왜냐하면,

자신에게 공감하며 자기 자비를 지닌 사람은 일반적으로 부정적 사건에서 자신이 맡은 역할에 대한 개인적 책임을 받아들일 준비가 되어 있기 때문이다. (……) 아마도 이들의 자기 평가는 파괴적인 자기 비판이나 방어적인 평가 절상으로 인한 손상이 덜할 것이다.[18]

### · 여담 47

"어떤 사건이 우리가 민감하게 느끼는 '상처 지점'을 건드리면 이는 모멸을 일으킨다. 이 지점은 대부분 과거의 정신

적 상해와 관련되어 있으며 마치 치료되지 않은 찢어진 상처처럼 현재의 사건을 통해 고통스럽게 작용한다. 우리는 우리에게 모멸을 빈번히 일으키는 '상처 지점'을 발견해 그 안에 담긴 내용과 감정들을 주의해 살펴보게 된다. **당신에게 특정 주제가 반복된다면, 예컨대 이별을 통해 모멸이 재차 일어난다면, 즉 이별이 버려지는 경험이나 버림받는 것에 대한 두려움 또는 공포와 연결되어 모멸로 이어진다면, 당신의 민감한 '상처 지점'은 이별이라는 상황을 통해 당신이 입은 (과거의) 상해와 관계가 있으며** 또한 이 지점은 완전히 아물지 않거나 심지어 더욱 활성화될 수도 있다. 바로 이 상처 지점에서 당신이 미래에 겪는 이별은 과거의 고통과 결부되어 모멸을 불러일으킬 수 있다. 현재의 상해와 함께 당신은 과거의 상처를 동시에 느끼며 이는 지금 이 순간의 느낌을 강화한다."[19] (이어지는 애착 유형에 관한 나의 견해도 참고하자)

　전형적인 해석 패턴에 사로잡혀 모멸을 경험하게 되는 두 가지 심리 상태 가운데 첫 번째는 인정에 '중독된' 사람들에게서 나타난다(이런 상태는 "나르시시즘"이라 불리기도 한다).[20] 타인에게 확인 또는 더 나아가 존경과 찬탄을 바라는 이들의 자기중심적인 요구는 너무도 뚜렷하게 형성되어 있다. 이런 사람들이 다른 사람들보다 자기 기대에 대한 좌절을 자주 경험하는 것은 그리 놀랍지 않다. 나르시시즘은 다음과 같은 해석 패턴에 강력한 효과를 미치는 전제 조건을 마련한다. "나는 충분히 주목받지, 확인받지, 이해받지, 사랑받지 못할 것이다. 그것을 받아 마땅함에도 말이다. 왜냐하면 나는 멋지고, 아름답고, 훌륭하고, 성공적이고, 지적인 사람이기 때문이다."°

관계를 맺다 보면 때로는 타인이나 타인의 욕구가 전면에 서며 중요시되기도 하는데, 자기애가 강한 사람들은 이를 모욕적으로 느낄 수 있다. 많은 사람이 이를 자신의 중요성에 대한 도전이나 인정의 부족으로 해석하면서 가치 절하를 느끼고 모멸의 감정으로 취급해버린다. 이는 가해자-피해자 사고 구도와 결합하여 타인을 향한 적의의 행동 양식으로 이끌기도 한다. 이 행동은 당사자들의 관계에 굉장한 부담이 되며(여담 10을 참고하자) 우리가 "속해 있는 문화적 태도가 개인의 행동 특성과 얼마나 역동적으로 상호작용을 하는지" 보여주는 하나의 예이기도 하다.[21]

---

°    열등감에 의해 형성된 이 패턴의 다른 변형도 있다. "나는 충분히 주목받지, 확인받지, 이해받지, 사랑받지 못할 것이다. 그것이 절실히 필요함에도 말이다. 왜냐하면 그러기에 내 스스로가 너무 초라하게 느껴지기 때문이다."

　　물론 거의 모든 사람들이 이따금 이런 "나르시시즘적" 감정을 느끼곤 한다. 하지만 자기애적 패턴이 아주 두드러지는 사람은 이런 해석 패턴의 안경을 통해 세상을 어느 정도까지 바라보는지 스스로 시인하기가 매우 어렵다.

　　"나르시시즘적으로 모멸에 극도로 민감한 사람에게 (……) 그가 어떤 지점에서 불완전하다는 사실은 위협적이다. 그에게 도움이 필요하다는 것은 (……) 실제로 있을 수 없는 일이다."[22]

　　타인에게 그토록 의존적이면서 타인의 호평과 고유의 자아상이 거의 일치하지 않으므로 이는 비극적이라 할 수 있다.

　　일반적으로 "우리는 자기 자아의 일부가 온전히 융화되지 않고 분리되었다 의식하면 부끄러움을 느낀다."[23] 하지만 이말은 보통의 경우뿐 아니라 나르시시즘이 굉장히 두드러지는 사람이 고유의 나르시시즘을 직면할 때에도 해당된다. "심히 놀랄"뿐 아니라 엄청난 수치를 느끼면서 이로 인해 스스로 다시 극심한 모멸을 느낀다. 앞에 인용된 문장의 저자는 이렇게 쓴다.

――――――――

○　10장에서 논의했던 자기 가치감 측면에서 발생하는 모멸은 "나르시시즘적" 모멸이라 칭할 수도 있다.

"우리가 나르시시즘적 특성에 압도되는 한, 그만큼 우리는 자기 행동의 실제 근원을 숨기려 들게 된다."

더불어 여기에 묘사된 나르시시즘적 해석 패턴은 자기 인생과 다른 사람들을 대하는 전반적인 태도와 심리까지 포괄할 정도로 광범위하다. 세상을 바라보는 태도가 이런 패턴에 압도되면 이를 스스로 시인하고 붙들어 씨름할 용기가 있다 하더라도 절대 손바닥 뒤집듯 쉽고 빠르게 바꿀 수는 없다. 변화는 지속적이고 비판적인 자기 성찰을 필요로 한다. 또한 자기 비판은 스스로를 특별하다 여기는 사람들에게는 그리 쉬운 훈련이 아니다. 자신을 특별히 대단하다 생각하든 아니면 각별히 측은하다 여기든 이들에게 자기 비판의 난도는 별다른 차이가 없다.

한참 앞에서 빈번한 모멸에 기여하는 해석 패턴에 누차 빠지게 되는 두 번째 심리 상태를 설명한 바 있다. 이는 인간이 친밀한 관계 속에서 타인과 얼마나 확실한 혹은 불확실한 감정을 느끼는가 하는 문제와 관련되어 있다. 11장에서 살펴보았듯 이는 연대를 향한 기본 욕구와 연계되며, 이어서 이 욕구가 좌절될 때에는 분리의 고통과 연계된다. 심리학에서는 이를 **"애착 유형"**이라 부른다.

## · 여담 48

"애착 유형은 (……) 존 보울비John Bowlby[24]의 애착 이론에서
파생된 개념으로, 한 인간이 자신을 돌보거나 또는 자신이
돌보는 인간들(대개는 부모, 자녀, 부부, 연인)과의 친밀한 관
계에서 형성하는 전형적인 유대 방식을 뜻한다. 애착 유형
**은 한 인간이 지니는 자기 애착 대상의 접근 가능성에 대한
신뢰**를 말해주며 접근 가능한 애착 대상은 그에게 확고한
기지가 된다. 이 기지를 토대로 그는 세상을 자유로이 근심
없이 탐험하게 되며 스트레스 상황에 처하더라도 마치 안
전한 피난처처럼 지지와 보호, 위로를 얻게 된다. 세상을
탐험한다는 것은 단지 물질적인 세계만이 아니며 다른 사
람들과의 관계와 자기 내면의 경험적 세계에 몰두하는 일
과도 연관된다."[25]

애착 연구에서는 애착 유형을 가령 안정형, 불안정-회피
형, 불안정-양가형, 비조직화 애착 등으로 나눈다.[26] 이 유
형들은 다소 성글게 범주화되어 있으며 개인적인 요소들
에 따라 유형이 바뀌기도 한다.

이들 애착 유형을 일일이 분류하고 들여다보는 작업은 여
기에서 그리 중요하지는 않다. 또한 여러 논문과 서적에서 분

류해놓은 이 유형들이 얼마나 일관성 있으며 또 유의미한지 논하지도 않을 것이다. 하지만 "안정적 애착이 정신적 질병에 대한 보호 요인으로 작용할 수 있으며 넓은 범위의 좀 더 건강한 성격 변인(예컨대 한층 적은 불안, 적은 증오, 더욱 큰 자아 탄력성)과 결부된다는" 점에 있어선 일반적인 합의가 이루어져 있다.[27] 그러므로 자신이 맺은 중요한 관계를 확실히 믿고 기댈 수 있는 사람은 분명 유리하다. 그는 자기 애착 대상과의 접촉에서 일어난 작은 불일치에 특별히 불안해하거나 당황하지 않는다. 아마도 그는 경우에 따라 발생하는 이런저런 불일치들을 불안정한 애착을 경험한 누군가보다 더 소소하게 느끼며 그로 인해 불안도 훨씬 덜 느낄 것이다.

초기의 애착 경험은 상황 인지와 정서 조절에 평생 영향을 미친다. 불안정한 유대를 경험하여 애착 대상에 대한 신뢰가 적은 사람은 성인이 되어서도 자기 연인이나 배우자를 비호의적으로 판단하고 자기 자녀들에게 부정적인 견해를 지닌다. 이들은 안정적인 애착을 경험한 사람들보다 타인의 도움에 기대를 더 적게 하며, 이 도움이 효과적이라는 생각을 더

---

○   "자아 탄력성"은 인생에서 벌어지는 부정적인 사건들을 견뎌내고, 이로 인해 고유의 정신 건강이 오랫동안 심하게 약화되지 않으면서 빠르게 극복해 원래의 상태로 돌아오는 능력을 뜻한다. 이 능력은 "회복 탄력성Resilience"이라고도 불린다.

욱 적게 한다.[28]

　자신에게 중요한 인물에게 더 이상 사랑받지 못하거나 거절당하거나 심지어 버림받을 거라고 끊임없이 두려움을 느끼는 사람은, 상대의 선 긋기나 비판적 발언 또는 자신과 다른 의견이 설령 근본적으로 관계에 전혀 문제가 안 된다고 하더라도, 이를 위협으로 받아들이고 불안을 느끼며 이 관계를 자신이 감당할 수 있고 견딜 수 있는지 계속 자문하게 된다. 이런 두려움은 관계에서 불안정한 사람이 상대방의 메시지를 다음과 같이 풀이하는 해석 패턴의 기반을 마련한다. 즉, 선 긋기든 거리 두기든 이와 유사한 상황을 상대와의 연대가 의심스런 상황이라 해석하면서 분리의 고통으로 귀결되는 형태의 모멸을 겪게 된다.

　이 같은 해석 패턴으로 당사자들의 관계는 거듭 비극적으로 전개된다. 그저 특정 지점에서 거리를 두려 했던 모멸 당사자의 상대방은 자신이 당사자와 근본적으로 더 이상 아무것도 하지 않으려 한다는 가정 아래 놓여 있음을 알게 된다. 상대는

○　이 부분은 인용문의 저자가 다른 저서의 구절을 의역하고 부연한 것이다(뒤카스 & 캐시디, 〈애착과 일생 동안의 사회 정보 처리: 이론과 증거〉).
○○　이런 형태의 모멸에는 나르시시즘적 요소들도 섞여 있다. 이를테면 상대의 선 긋기를 자기 가치에 대한 거부로 해석하는 경우가 여기에 해당된다.

자신이 오해받고 있음을 느끼게 되고 이 가정으로부터 선을 그으려 할지 모른다. 그리고 추가된 이 경계는 모멸의 당사자가 겪은 위협을 재차 반복하고 강화하며 이로 인해 그는 자신이 유대에서 근본적으로 느낀 위험을 확신에 찬 시선으로 바라보게 된다.

이런 심리 상태는 하나의 악순환을 쉽게 만들어낸다. 즉, 철저하고도 근본적인 거리 두기로 이어진다. 이는 한편으론 불안정한 유대를 형성한 측에서 가장 두려워하는 것이면서 다른 한편으로는 그가 상대방의 행동을 판에 박힌 패턴으로 해석하며 생겨나는 것이기도 하다. 이 거리 두기가 혹여 처음에는 관계에 대한 의문스런 생각과 절대 연관되지 않았다 하더라도 악순환으로 계속 반복되다 보면 점점 신경을 건드리면서 이로 인해 관계를 의문스럽게 여기게 된다. 그러면 모멸의 당사자에게는 다시금 관계의 분리라는 고통스러운 경험이 발생한다. 이를 통해 그는 자신의 해석 패턴이 틀리지 않았다고 확신하

<hr>

○  이와 달리 (추가적인) 선을 긋지 않고 오해를 방치할 가능성도 있다. 그러면 모멸의 당사자가 자신이 느낀 연대의 위협이라는 그릇된 인상이 틀리지 않았음을 확신하는 위험에 빠지게 된다. 그러므로 선 긋기와 선 긋지 않기 모두 결과적으로 동일한 효과를 낼 수 있다. 고착된 해석 패턴은 어느 쪽이든 고유의 인상이 옳다고 증명하는 방향으로 흐른다.
○○  정신분석에서는 이 같은 관계의 역학을 "투사적 동일시"라 부른다(슈템러, 《심리 치료적 관계와 진단》).

게 된다.

이러한 악순환이 구체적으로 어떻게 고조되는지 살펴보기 위해 실례를 하나 들어 설명하려 한다.

위기에 직면한 한 쌍의 부부가 나를 찾아왔다. 두 사람은 심한 다툼으로 사이가 완전히 갈라진 상태였다. 아내는 자기 남편이 배려가 없고 냉정하다 느낀 반면, 남편은 자기 아내가 너무 통제하려 들고 비난조로 가득하다 여겼다. 두 사람의 싸움은 전형적인 방식으로 불이 붙었다. 아내가 생각한 시간보다 남편이 훨씬 늦게 집에 들어오면서 다툼이 시작되었다. 보험회사 직원인 그는 주로 차를 타고 돌아다녔기에 귀가 시간은 그날그날의 교통 상황에 달려 있었다.

그는 아침마다 오후 5시쯤 들어올 거라고 말했다. 불안정한 애착을 형성한 그녀는 대략 30분 전부터 거리에서 나는 모든 엔진 소리에 귀를 세우기 시작했다. 그리고 그녀는 그게 남편의 자동차 소리가 아니라는 사실이 드러날 때마다 실망감을 느꼈다. 점점 커진 실망은 오후 5시부터 두려움으로 변하며 서서히 고조되었다. 그녀는 남편에게 무슨 일이 닥쳤을지 모른다는 공상을 하기 시작했다. 신경질적으로 거리의 소음에 귀를 기울였고 마찬가지로 전화기에도 신경을 곤두세웠다. 곧 전화가 울릴지 모르며 전화를 건 경찰이 남편이 치명적인 사고를 당했다는 소식을 전할 거라고 말이다. 아니면 조금 늦을 거라는 이야기를 전하는 남편의 전화가 올지도 모른다고 생각하면서 말이다.

안정적 애착 유형에 약간 느리고 둔한 기질을 지닌 그녀의 남편은 자기 아내가 어떤 이유로 예고한 시간보다 30분 정도 늦게 들어오더라도 전혀 불안해하지 않을 사람이었다. 그는 아내의 두려움과 불안에 대해 알았으나 그의 관점에서 사소해 보이는 연착을 전화로 알릴 필요까지는 없다고 생각했다. 때때로 그는 아내가 이런 상황을 어떻게 느낄지 짐작하며 그녀에게 전화를 걸기도 했다. 하지만 종종 이를 잊어버리거나 아니면 그녀가 이미 두려움에 사로잡힌 시점에 늦을 거라고 연락하곤 했다.

그가 집에 도착하면 아내는 아무 일도 일어나지 않았음에 안도하면서도 이를 표하는 대신 실망스런 얼굴로 그를 맞으며 장황하게 비난을 늘어놓았다. 그가 또다시 그녀를 끔찍한 공포에 몰아넣었으며, 얼마나 그녀의 감정에 관심과 배려가 없는지, 그녀가 어떨지 분명히 알면서도 얼마나 무심하게 행동했는지 등등의 질책이 이어졌다. 그는 물벼락 맞은 강아지처럼 풀이 죽은 채로 그녀의 행동이 도가 지나치다 여기면서 그녀에게 통제 당하는 기분을 느꼈다. 귀가하는 일 외에도 그가 그녀에게 관심을 가져야 할 곳은 많았다.

늘 그렇듯이 그녀의 해석 패턴을 이루는 구체적인 골자는 우리가 앞에서 살펴본 두 가지 (혹은 다른) 심리 상태 중 하나와 결부된다. 내가 밝히려 시도했듯 (나르시시즘이든 불안정한 애착이든) 개인의 심리 상태와 결부된 해석 패턴은 타인과의 상호작용으로 이어져 모멸 당사자의 현재 상황을 악화시킬 뿐 아니라 다른 사람들과 부정적인 경험을 반복하도록 기여한다. 그녀가 이를 방지하거나 적어도 드물게 겪고 싶다면 자신의 이 해석 패턴을 면밀히 들여다보아야 한다. 이 패턴은 다양한 모멸 상황에서 (궁극적으로 문제가 되는) 타인의 행동을 자의적으로 해석하는 이해의 조력자로 동원되기 때문이다. 그녀가 거짓 안정에 재차 사용한 각 패턴의 공통분모를 살펴보면 그녀 고유의 이해관계이자 그녀가 이를 대신하기 위해 절실하게 찾은 대안이 자의적 해석에 있다는 것을 알 수 있다. 하지만 불안정한 단계에서 보통 행해지는 타인의 행동에 대한 모든 해석보다 대화의 시도야말로 최선의 대안이라 할 수 있다. 상대에게 사안에 대한 그의 관점을 묻고 이 관점을 현재의 문제적 상황을 바라보는 고유의 관점에 포함시켜 모멸 상황에 대한 공동의 이해가 가능하도록 만드는 대화 말이다(12장을 참고하자).

지금까지 그려진 그리고 그 외에 거의 모든 다루기 힘든 해석 패턴들은 일말의 공통점이 있다. 즉, 이 패턴들을 통해 자신이 추구하는 바를 파악할 수 있으며 동시에 변화시킬 수도 있다는 것이다. 왜냐하면 모멸감은 언제나 우리의 소망을 가리키기 때문이다. 앞서 예로 언급한 두 심리 상태는 연대를 향한 욕구와 관련되어 있으며, 여기에서 모멸감이 성립되는 주요 요인은 명확한 주의와 관심을 기대하는 사람들의 이 소망이 충족되지 않는 데 있다. 2장의 세 번째, 네 번째, 다섯 번째 사례에서 특히 이런 현상이 두드러졌다. 하지만 모든 소망이 채워지는 건 비현실적이다. 롤링 스톤스Rolling Stones의 노래 "You can't always get what you want"에 담긴 깨달음처럼 원하는 것을 언제나 가질 수는 없다. 설령 충분한 돈이 있어 거의 모든 것을 살 수 있다 하더라도 말이다.

인간관계에서 중요한 것들 중 상당수는 돈으로 살 수 없으며 조작이나 유혹, 압박 등을 가해 성취할 수도 없다. 대부분의 사람들이 이를 알고 있지만 그럼에도 일상 속에서 우리는 종종 우리가 지닌 소망이 충족될지 모른다는 착각에 빠진다. 이런 기대는 이따금 당당한 요구가 되기도 하며 거짓 논리의 근거가 되기도 한다. "당신이 나를 정말 이해한다면/사랑한다면 당연히 ……해야지."

정신분석과 심리학 안에서도 "욕구"를 흡사 신성한 개념처

럼 나루는 분야가 있다. 이런 구도 안에서 자기 욕구를 요구하
는 사람은 이를 당연한 권리처럼 여기며 충족하려 한다. 그리
고 무언가를 "필요로" 하는 사람에게 그걸 세공함 수 있는 누
군가는 자신이 그럴 의무가 있다고 느낀다. 여기에서 "욕구"와
"필요하다"는 단어는 절박하고 필수 불가결하다는 뜻과 결부
된다. 이는 육체적 기본 욕구들이 충족된 자주적인 성인들의
공동체적 삶에 그다지 걸맞지 않다. 오히려 어머니에게 의존하
고 있는 아기의 상황에 어울린다.

　그래서 욕구라는 표현 대신 소망이라고 말하는 것이 더 도
움이 된다. 소망이라는 단어는 모든 당사자들에게 운신의 폭을
넓혀준다. 소망은 수정이나 변경, 포기도 가능하다는 가정이
허용되기 때문이다. 만일 내가 친구와 산책하고 싶다는 소망
이 있고 그 친구는 나름의 이유로 그러고 싶은 마음이 전혀 없
다면, 나는 곧바로 모멸을 느낄 필요가 없다. 오히려 다른 것을
하며 그와 친분을 쌓으면 된다. 함께 자전거를 타거나 아니면
정원에 같이 앉아 있으면서 말이다.

　우리 어법에서 소망이라는 말과 결부된 이미지들은 욕구와
연관된 이미지들보다 훨씬 많은 유연성을 허용한다. 이는 내용

○　이 문장에 등장한 기본 "욕구"는 인간의 타당한 욕구를 뜻한다.

적인 측면만이 아니라 말의 수신인에게도 해당된다. 다시 말해 만약 친구가 오늘 시간이 없다면 나는 이를 나쁘게 받아들일 필요가 없으며 사람과 어울리고 싶은 나의 소망을 다른 누군가에게 돌려 (채워줄 수 있는지) 물으면 된다.

간추리면 다음과 같다. 자기 소망을 기대나 요구처럼 일단 충족시켜야 한다는 생각으로 어떤 것으로든 덜 연결시킬수록 모멸을 느낄 가능성은 더 떨어진다. 충족이라는 말로 우리는 예정된 형태 또는 심지어 즉각적인 실현을 고집하는데, 이는 마치 세상을 향해 자기중심적으로 "실행 불가능한 규칙"을 끈질기게 강요하는 것과 같다.[29] 이런 식의 행동 양식은 완강한 고집을 넘어 치료를 요하는 중독으로 향할 수도 있다. 그러므로 고유의 소망이 변할 수 있을 뿐 아니라 충족을 고집하는 까다로운 요구가 될 수 있음을 매 순간 의식하면 소망이 요구가 되고 요구가 실망이 되는 모멸 가능성을 낮출 수 있다.

다음은 잘 알려지지 않은 독일의 작가 루이제 브라흐만 Louise Brachmann의 "공평"이라는 시에서 따온 구절이다.


아, 나는 잠잠히 순응하고 있다:

---

◦  소망과 욕구의 가소성에 대한 이야기는 다른 서적에서 좀 더 구체적으로 다룬 바 있다(슈템러 & 슈템러, 〈분노와 집착의 자아 - 펄스의 공격성 이론 및 방법론에 대한 논평〉).

누군가 무고하게 나를 슬프게 하고,

인생에서 나는 종종

부당할 만큼 뜨겁게 사랑받지 않았던가?[30]

이뿐만 아니라 적지 않은 **인생 경험**을 가진 사람은 첫눈에
는 좌절처럼 보이는 사건들이 어느 정도 시간이 지나면 이로
운 방향으로 전환될 수도 있다는 사실을 안다. 역으로도 마찬
가지다. 그런 까닭에 지금 내 앞에 놓인 어떤 사건을 두고 실망
스러운지 아니면 만족스러운지 평가하는 일은 고유의 불확실
성을 연마한다는 의미로 행하기를 권한다.

· **여담 49**

"진정한 경험은 새로운 경험에 대해 끊임없이 열려 있음
에 있다. 그러므로 경험이 있다는 것은 경험을 통해 무언가
를 겪었을 뿐 아니라 경험에 대해 열려 있다는 뜻이기도 하
다. 완전하게 경험이 있다는 것은 모든 걸 안다는 뜻이 아
니라 모든 걸 더욱 잘 알게 되었다는 뜻이다. 더 정확히 말
해서 **경험 있는 자는 철저하게 독단적인 것과 반대에 있다.**
많은 경험을 하고 또 이로부터 배웠기 때문에 그는 새로운
경험을 하고 또 이로부터 배울 준비가 되어 있다. 경험의

변증법은 그 자신의 완성을 결론적 앎 속에서가 아니라 경험 자체에 의해 자유로워진 경험에 대한 개방성에 둔다."³¹

앨런 와츠Alan Watts는 여기에 잘 어울리는 도교적인 이야기를 하나 전한다.

국경의 시골 마을에 사는 한 농부가 있었다. 어느 날 그가 기르던 말이 국경을 넘어 달아나버렸다. 그날 저녁 이웃 주민들은 한데 모여 그의 불행을 안타까워하며 동정을 표했다. 그러자 농부는 말했다.

"그럴 수 있지."

며칠 뒤 그의 말이 여섯 마리의 야생말을 데리고 돌아왔다. 이어서 마을 사람들이 몰려와 그가 얻은 행운을 큰 소리로 떠들었다. 그러자 농부는 말했다.

"그럴 수 있지."

그로부터 며칠 후, 그의 아들이 야생말 위에 안장을 얹어 말을 타려다 바닥으로 떨어져 다리가 부러지고 말았다. 다시 이웃들이 모였고 농부의 불운을 안타깝게 여기며 동정 어린 말을 건넸다. 그는 말했다.

"그럴 수 있지."

얼마 뒤 장교들이 마을을 찾아와 젊은 남성들을 징집해 전쟁터로 보냈다. 하지만 농부의 아들은 부러진 다리 때문에 징집이 보류되었다. 마을 사람들이 전쟁에서 돌아와 이 모든 것이 그에게 얼마나 큰 행운인지 말하자 그는 답했다.

　"그럴 수 있지."[32]

　소망과 욕구는 인생에서 방향을 잡고 또 일상 속에서 나아갈 길을 찾는 데 틀림없이 중요하다. 그러나 그 길이 잘못 놓였거나 막혔거나 또는 접근하기 어렵다면 우회로를 따르거나 아니면 전체 계획을 수정하는 편이 낫다. 이런 상황에서 모욕적으로 반응하는 것은 자기에게 힘이 있다고 생각하면서 '머리로 벽을 들이받으려는' 것과 같다. 이는 스스로를 고통으로 이끌 뿐 만족으로 향하지 않으며 타인과 관계를 맺는 방식이 이런 식으로 새겨져버리면 다른 사람들과의 관계를 해치게 된다.

　"누군가 확고히 정해진 욕구들을 가지고 어떤 관계를 시작하면서 이 욕구들이 변경이나 수정 없이 충족되어야 한다고 여긴다면, 이 사람은 관계가 지니는 인간적 특성을 무시하고 그 대신 지배와 복종의 관계를 선호하게 된다."[33]

　따라서 고유의 모멸감을 예방한다는 것은 다음과 같은 전제에서 출발한다는 뜻이기도 하다. 즉, 모든 소망을 충족시킬 수 없고, 다른 사람들에게 다른 관심사가 있을 수 있으며, 이것들이 자기 고유의 관심사와 반드시 일치하지는 않는다는 전제가 깔려야 한다. 또한 자기 앞에서 무슨 일이 벌어지든 놀랄 각오가 되어 있어야 한다. 자신의 소망을 추구하는 과정에서 예기치 않은 일들이 일어날 수 있음을 당연시하고 경우에 따라서 주어진 상황에 대해 유연하고도 창의적으로 응답할 준비가되어 있어야 한다.

물론 그러려면 자기 인생이 어떠해야 한다는 고정된 생각 외에 다른 것이 들어갈 적당하고 상당한 공간이 머릿속에 있어야 하며 이를 받아들일 고유의 의지도 있어야 한다. 계획과 목표, 상상과 이상은 아름답고 좋은 것이다. 하지만 실제 삶에서 이들을 따르려 애쓰다 보면, 풍차의 날개와 맞서 싸우는 누군가처럼 에너지를 낭비하면서 엄청나게 많은 실망과 좌절, 실패를 얻게 된다. 그러면서 우리는 결국 무력감만 안은 채 실패로 끝나버리는 상황을 스스로 만들어내며 이로 인한 모멸을 경험하기도 한다.

모멸을 쉽게 느끼지 않으려면 여기에 더해 다른 사람을 겸손 또는 **겸허**의 자세로 대하고 자신의 생각과 소망을 그리 중요하지 않게 여길 필요가 있다. 다르게 표현하면 자기 자신과 고유의 의미를 상대화하는 사람은 모멸을 적게 느낀다. 한계와 가변성과 덧없음의 경험, 다시 말해 자신이 세상의 중심이 아니며 모든 것은 자신의 생각과 다를 수 있다는 경험을 대부분의 사람들은 이미 충분히 겪었디. 이 같은 삶의 지혜는 새로 발견할 필요가 없으며 그저 마음에 새기고 따르기만 하면 된다. 그것만으로도 효과가 있을 것이다.

> · **여담 50**
>
> "비록 겸손이 일반적으로 무가치한 느낌이나 낮은 자존감과 동일시되긴 하지만, 진정한 겸손은 다양한 면을 지닌 개념으로 겸손한 이들은 정확한 평가를 통해 고유의 특성과 능력과 자신의 한계를 인정하며 또한 '자기 초월성'이 두드러지는 경향을 보인다."[34]
>
> 이에 더해 저자는 겸손에 대해 다음과 같이 상세히 논한다.
>
> **"겸손은 자기중심적이고 자만적인 사고가 비교적 부족한**

---

○　여기에서 내가 말하는 겸허는 결코 굴종이 아니다. 스스로를 낮추는 "겸허"라는 단어는 종종 "굴욕"을 떠올리게 하며 부정적인 의미와 결부된다. 하지만 내가 제안하는 겸허한 인간은 품위 있는 자세를 취하면서도 자신이 "세상의 중심이라는 생각을 가지지 않고 (……) 타인에게 열려 있으며 또한 자기 자신을 상호 의존적으로 엮인 그물의 구성요소로 바라보는" 인간을 뜻한다(리카르, 《행복》). 겸손한 자세는 타인을 쉽게 용서하도록 만들 뿐 아니라(카르닥, 〈용서와 겸손의 관계: 대학생 대상 사례 연구〉) 고유의 정신적 안녕도 높여준다(자바드즈카 & 잘레프스카, 〈겸손은 삶에 행복을 가져올 수 있는가? 삶의 열망, 주관적 안녕, 그리고 겸손의 관계〉).

상태다. (……) 겸손을 갖춘 사람은 자신의 경험을 더 이상 세상의 중심에 놓지 않는다. 그는 자신이 일부분을 차지하고 있는 커다란 공동체에 초점을 맞춘다. 이런 관점에서 스스로의 가치를 깎아내리는 사람은 겸손이 부족하다고 볼 수 있다.

겸손을 구성하는 핵심 요소들을 자세히 살펴보면,

√ 겸손은 자신의 능력과 성취에 대한 정확한 평가다.

√ 고유의 실수와 불완전함, 지적 결함과 한계를 인정할 수 있는 능력이다.

√ 겸손은 새로운 생각과 정보와 조언에 열려 있는 자세로, 이것들이 자신의 신념과 어긋나더라도 개방적으로 대할 수 있는 능력이다.

√ 겸손은 고유의 능력과 성취를 객관적인 시각으로 바라보며 자신을 있는 그대로 수용할 준비가 되어 있는 자세다(다시 말해 자기 비판적 또는 자기 비하적 태도가 아니라 균형적인 시각으로 자기 자신을 거대한 맥락에 속한 하나의 인간으로 바라보는 것이다).

√ 겸손에는 자신에게 초점을 비교적 적게 맞추는 '자기 초월성'이라는 주요 요소가 있으며, 이는 자신이 거대한 우

주에서 지극히 작은 일부라는 사실을 인정하는 것이다.
√ 마지막으로 겸손은 세상 모든 것의 소중함을 인정하는
자세다. 사람이든 사물이든 나름대로 가치를 지닌 소중
한 존재이며, 우리가 사는 세상에서 각자 기여할 수 있는
방법은 다양하다는 사실을 인식하는 것이다.”[35]

우리가 중요성을 부여하는 자기 자신은 종종 “자아”라는 단
어로 불리는데, 자아도 결국 일종의 환상이다. 중요성을 지닌
자아라는 환상은 자기 자신을 여러 상황적 조건 중 하나에 좌
우되며 계속해서 새로이 펼쳐지는 과정으로 이해하는 대신 가
만히 존재하는 대상으로 바라볼 때 생겨난다.[36] 그래서 명상 같
은 다수의 영적 수단들은 이 환상을 사라지게 하는 데 목표를
둔다.

우리가 “자기 상대화”를 통해[37] 자신의 소중한 자아를 더 이
상 그리 빠르게 보호할 필요가 없다는 생각에 이르면 모멸감
에 덜 민감해질 수 있다. 이뿐만 아니라 타인과의 유대감과 호
의적인 애정이 전면에 서게 되면서 이전에 우리가 고유의 모
멸감에 대해 책임을 지웠던 누군가도 중요한 사람이 된다.

자기 자신이 계속해서 전개되는 과정이라 깨달으면 우리가 붙들고

있는 "나"라는 사념에 대한 고지식한 집착이 얼마나 우매한지 알아차리게 된다. "나"는 고정불변하지도 지속적이지도 않으며 진짜 "나 자신"도 아니다. 이러한 깨달음은 우리 자신을 보호하거나 부풀리려는 불안과 걱정을 현저히 줄이고 공감의 자세로 타인을 마주하도록 하며 우리의 상호 의존이 공동 창작물임을 알게 한다.[38]

   이처럼 자기 자신에 대해 지금까지 의심의 여지없이 받아들였던 가정을 근본적으로 뒤흔드는 반론을 모두가 선호하지는 않을 것이다. 그러나 이런 논의를 기꺼이 허락할 수 있는 사람은 고유의 모욕 민감성 측면에서 광범위한 변화를 발견하게 될지 모른다. 이 변화는 우리를 무거운 짐에서 해방시킨다. 언젠가 우리는 편협하고 민감한 자아를 웃으면서 지나치고 또 타인과의 연대에 더 높은 가치가 있음을 마음에 새기는 인간이 될 것이다.

   당신이 자기중심이라는 거품에 사로잡히지 않고 모든 걸 항상 자신과 연관시키지 않으면 당신의 자아는 위태로움을 느끼지 않게 된다. 당신은 스스로를 끊임없이 방어해야 한다는 느낌을 더 이상 받지 않으며 덜 불안해하면서 자신을 향한 지속적인 걱정과 근심을 하지 않게 된다. 이런 불안의 감정이 사라질수록 자아를 둘러싸고 세워진 장벽은 더욱더 많이 무너지게 된다. 그럼 당신은 다른 사람들이 좀 더 쉽게 접근할 수 있는 사람이 되며 그들의 안녕에 기여할 수 있는 준비를 갖추게 된다. 공감은 자아라는 거품을 찢어버린다.[39]

명상이든 기도든 모든 영적인 훈련은 자기 상대화에 이르게 해주며, 또한 자기 상대화는 우리가 모멸에 덜 민감해지고 애정과 존엄을 바탕으로 타인과 관계를 맺도록 돕는다.

16장은 먼저, 타인에게 되도록 모멸을 적게 유발하고 싶은 측의 관점에서 접근해보았다. 여기에서 나는 모멸 유발자가 되지 않으려면 상대에게 모멸의 동인으로 해석될 만한 행동을 가급적 적게 하도록 노력해야 한다고 적었다. 이어서 자신의 모욕 민감성을 줄이고 싶은 측에서 할 수 있는 노력을 살펴보았다. 여기서는 지금까지 타인의 행동 양식을 모멸감으로 처리하게 만든 개인적인 생각과 견해, 확신에 대한 자기 성찰적 작업을 통해 고유의 모멸 가능성을 떨어뜨릴 수 있다고 말했다. 양측의 모든 당사자들에게는 완벽주의를 주의하라 경고하며 아무리 최선을 다해도 모멸이라는 현상은 결코 피할 수 없는 것이라 강조했다.

이번 장의 첫 번째 부분(모멸 유발자가 되지 않는 법)에서는 다음과 같은 가능성들을 언급했다.

√ 근본적인 예방 조치 중 하나는 신중한 자세에 있다. 타인의 모멸 가능성을 과소평가하는 지점에 보통 위험이 도사리고 있음을 늘 자각하며 언행에 주의를 기울이는 것이다.

√ 예절과 관습을 준수하는 일 또한 일반적으로 모멸의 동인을 피할 수 있게 한다. 여기에는 특히 상대방에게 답을 하는 행위가 속한다.

√ 타인을 향한 비판은 가능하면 단도직입적이지 않게 서론과 함께 천천히 접근해야 하며, 상대가 비판적 의견을 물을 때에만 구체적인 입장을 덧붙여 전한다.

√ 모든 형태의 공공성(뒷담화 같은 잡담도 여기에 포함된다) 역시 모멸의 위험을 높인다. 그러므로 미묘하고 까다로운 주제는 사적으로 거론하기를 권한다.

√ 의사소통에서 적당한 톤을 찾고 되도록 분별감 있게 행동하는 것은 모멸의 동인을 방지하는 데 도움이 된다.

√ 상대방의 '상처 지점'을 아는 사람은 특별히 이 부분에 주의를 기울여 말하고, 상대의 과거 상처가 활성화되는 데 가급적 적게 기여하도록 행동에 신경 써야 한다.

√ 상대방이 나에게 해주기를 바라는 방식대로 상대에게 행동하려는

선의 외에, 자신의 기준에 상응하지 않는 상대방의 기준이 무엇인
지 관심을 가지는 것도 도움이 된다.

√ 자신의 이떤 행동이 타인에게 반복적으로 모멸을 유발하는지 알아
내면 타인의 모멸에 관여하는 행동 패턴을 변화시킬 수 있다.

√ 인색하지 않은 인정 표현은 타인이 스스로 가치 있다 느끼면서 모
욕적으로 반응하는 일이 적게 일어나도록 기여할 수 있다.

두 번째 부분(나의 모멸 민감성 줄이는 법)에서는 고유의 모욕
민감성을 줄이기 위해 취할 수 있는 조치들을 다루었다.

√ 모멸감은 해석에 근거를 두기 때문에 타인의 행동에 대한 고유의
해석을 늘 의심하며 이 해석이 언제나 불확실성과 연관되어 있음
을 분명히 자각해야 한다.

√ 이 불확실성은 처리되지 않은 부정적 경험들 때문에 생겨난 해석
패턴을 적용하려 할 때 특별히 반가운 존재가 된다. '상처 지점'으
로 묘사되는 과거의 부정적 경험은 우리의 주의를 끌며 모멸에 특
히 민감하도록 만들기 때문이다.

√ 우리를 전형적인 해석 패턴으로 이끌어 고유의 모욕 민감성에 영
향을 주는 두 가지 심리 상태는 "나르시시즘"과 "애착 유형"이라는
개념으로 설명된다. 모욕 민감성을 줄이고자 한다면 나르시시즘과

　애착 유형의 관점에서 스스로의 사고 패턴과 감정 패턴을 점검해
　　보길 권한다.

√ 모멸감은 좌절된 기대와도 연관된다. 절박하다고 오인된 고유의
　　소망과 욕구를 들여다보고 자신이 이들을 완전한 충족 혹은 즉각
　　적인 만족을 필요로 하는 비현실적 요구와 결부시키는지 여부를
　　점검하고 알아내야 한다.

√ 좌절된 기대는 계속되는 과정을 거치며 종종 상대화된다. 때로는
　　바라던 일이 벌어지지 않은 것이 오히려 훗날 다행인 것으로 밝혀
　　지기도 한다.

√ 겸손의 자세는 모멸의 감정과 긴밀히 연결된 자기중심주의를 상대
　　화시킨다.

√ 겸손한 자세는 우리가 지속적으로 일관되게 발전을 거듭해 일종의
　　자기 상대화에 다다를 수 있도록 돕는다. 이는 명상과 같은 여러 영
　　적인 훈련을 통해 도달할 수 있다.

# 맺음말

## 존엄한 삶을 위하여

이 책의 전반부에서 다수의 독자들이 내가 모멸의 현상에서 '피해자'라 오인된 측에 맞서거나 또는 자칭 '가해자' 측을 옹호하는 듯한 인상을 받았다고 해도 그리 놀라지 않을 것이다. 우리 문화에 지배적으로 형성되어 있는 가해자-피해자 구도라는 사고의 틀은 이런 잘못된 인상을 쉽게 만들어내기 때문이다. 나는 사람에게 반대 입장을 취하는 것이 아니라 이 제한적인 사고 틀에 반대한다. 이 틀은 사람들을 단순한 역할(피해자, 가해자, 구원자)로 축소시키며 이로 인해 개인의 본질적인 측면들, 그중에서 대화 능력과 자기 결정 능력을 제대로 다루지 못하게 하기 때문이다.

나는 내가 일종의 단순화나 편파성에 관심이 없다는 사실이 분명히 드러나기를 바랐다. 다시 말해 나는 이 글을 통해 소위 가해자도 피해자도 희생시킬 생각이 없다. 내가 이해하는 모멸감은 상호작용의 결과다. 두 사람이 함께 관여해 특별한 공동 작업을 벌인 끝에 모멸이라는 현상이 생겨난다. 여기에서 나는 모멸의 당사자들 중 누구도 공동의 상황에 대한 고유의 해석을 각자의 상대방에게 강요할 힘을 가지고 있지 않음을 강조하고 싶다. 상대방이 기꺼이 함께하지 않는 한 누구도 그럴 수 없다.

따라서 모멸을 느낀 사람을 피해자 역할로 확정해버리는 단호한 입장에 반대한다. 이런 입장은 모멸의 당사자가 지닌 인격과 인간으로서의 품위, 의사소통 능력을 극도로 제한하기 때문이다. 스스로에게 피해자 역을 지우든 아니면 타인으로부터 이런 역이 정해지든 상관없이 말이다. 또한 나는 우리 문화에 이토록 널리 퍼진 사고의 틀 때문에 스스로를 모멸의 피해자로 여기거나 여겨지는 위험에 빠진 당사자들을 위해 상당한 노력을 들이고자 했다.

자신이 피해자라 생각하는 사람은 스스로를 해치기 때문이다.

조사에서 자기 고통의 원인이 다른 사람에게 있다고 여긴 경우의 77퍼센트를 보면 (……) 타인에 대한 책임 전가가 저조한 문제 해결과 연관성이 있음을 알 수 있다. 여기에서 타인은 배우자, 연인, 의사, 낯선 사람이든 상관이 없다. 본 연구 분석을 통해 우리는 타인에게 책임을 전가하는 일이 더 나은 문제 해결과 결부되지 않는다는 사실을 알 수 있다.[1]

이 연구 결과는 내가 다른 식으로 지적한 부분을 다시 한 번 확실히 보여준다. 즉, 스스로 '피해자'가 되어 타인을 모욕적 행위를 가한 '가해자'로 이해하는 것은 둘 사이의 상호작용을 사실적이고 객관적으로 그려내지 못한다. 이 같은 구도가 우리 문화에 널리 깔려 있는 까닭에 많은 사람들이 이를 분별없이 실생활에 적용해 자신과 타인을 해석해버린다. 그리고 이 해석은 당사자들뿐 아니라 그들의 관계에도 해를 입힌다.

모멸감을 얼마나 강렬하게 느끼느냐에 따라 다르긴 하지만 모멸의 당사자들은 대부분 이런 진부한 해석 구도에서 쉽게 빠져나올 수 있다. 제 시간에 준비되지 않은 자동차로 인한 모멸이든(2장의 사례 5) 상대방의 은밀한 불륜이 밝혀진 부부처럼 거의 "고전적인" 상황이든(사례 6) 각각의 동인과 무관하게 느껴지는 모멸이 더욱 고통스러울수록 가해자−피해자 구도에서 빠져나오기는 더욱더 어렵다.

그럼에도 발생 가능한 모멸에 미리 대비하고 또 모욕적 상황이 일어났을 때 이런 사고의 틀 밖에서 몰두하고 처리하려는 노력은 충분한 가치가 있다. 비록 부분적으로만 성공할지라도 **변화된 접근 방식**을 취하는 것만으로도 막대한 해로부터 상호 인간관계를 보호할 수 있다.

> · **여담 51**
>
> "나의 내면세계가 나머지 세계와 긴밀히 얽혀 있다 하더라도 하나의 세계와 또 다른 하나의 세계 사이에는 어마어마한 차이가 있다. 하나는 자신의 사고와 감정, 소망을 주관해 **말 그대로 삶의 작가이자 그의 주체가 되는 삶**이고, 다른 하나는 사건을 단순히 맞닥뜨리거나 그로 인한 경험에 그저 속수무책으로 압도될 수밖에 없는, 주체가 되는 대신 단순히 무대가 될 수밖에 없는 삶을 뜻한다. 자기 결정을 이해하는 것은 바로 이런 차이를 이해하는 데에서 출발한다."[2]

모멸감으로 괴로워하는 사람들을 돕는다는 것은, 모멸과 관련된 상황에서 이들의 해석에 책임이 있음을 깨닫게 해 문화적으로 주어진 피해자 의식에서 벗어나도록 지원하는 것이다. 동시에 주체적인 문제 해결이라는 더 나은 방식을 구축해 이들이 맺은 인간관계를 심각한 해로부터 지켜준다는 뜻이기

도 하다. 여기에서 나는 심리 치료사로서 내게 맡겨진 과업의
일부를 발견하게 된다. "심리 치료사의 역할에는 문화적 현상
에 의문을 제기하는 일이 포함되기" 때문이다.³ 적어도 이 현상
이 인간의 고통에 기여한다면 말이다.

　그 밖에도 나는 모멸의 당사자가 자신의 고통을 공격적인
방식으로 처리하는 과정에서 가해자로 변하면서 새로운 고통
을 불러일으켜 빈번히 생겨나는 모멸을 예방하는 길을 모색해
보았다. 또한 자칭 가해자가 악인의 역할을 덜 짊어지도록, 스
스로에게 부적절한 비난을 하거나(또는 상대가 비난을 하도록 허
락하고) 죄책감으로 인해 상대방을 거부하거나 혹은 공격적으
로 반응하는 상황이 덜 일어나도록 가해자 측을 지켜내는 길
을 찾아보았다. 이 모두는 결국 인간의 존엄과 당사자들 관계
의 격을 보호하기 위한 길이다.

　하버마스가 인간의 "구조적 위해"에 대해 말하면서 이로 인
해 "누구도 (……) 자신의 무결함을 홀로 주장할 수 없다"는 결
론에 이른다면⁴ 여기에 뒤이어 나는 사적 인간관계에 관여하
는 사람들은 모두 공동으로 그리고 상호적으로 자기 자신과
상대방을 이 구조적 위해로부터 지키도록 노력하고 또 개별
무결함을 서로 지탱해주도록 애써야 한다고 말하겠다. 다시
말해 이는 두 당사자의 존엄을 서로서로 돌보고 지킨다는, 고

유의 존엄뿐 아니라 상대의 인간적 존엄을 끊임없이 살핀다는 뜻이다.

페터 비에리Peter Bieri는 이를 굉장히 아름다운 문장으로 정리한다.

사고하고 경험하고 행동하는 존재로서 우리의 삶은 연약하고 무너지기 쉽다. (……) 존엄을 지키려는 삶의 형태는 이런 위험을 견제한다. 그리고 늘 그 위험에 노출되어 있는 우리의 삶을 지탱해준다. (……) 그러므로 존엄성 있는 삶은 단순히 어떤 삶의 형태가 아니라 위험이라는 실존적 경험에 대한 실존적 대답이다.[5]

나는 대부분의 사람들이 타인의 존엄이 어떻게 발현되고, 존엄이 발현될 때 몸에서 어떤 느낌이 드는지 어렴풋이 혹은 분명히 알고 있다고 생각한다. 또한 우리 대다수는 모멸이 느껴지는 여러 상황적 조건 속에서 이런 존엄의 자세를 추구하고 견지하는 것이 매우 어려우며 상당한 용기가 들어간다는 사실도 알고 있다. 하지만 동시에 수많은 이들은 존엄과 품위가 가득한 자세에 누차 가까이 다가가고 점점 더 자연스럽게 그런 태도를 취하는 일이 가능하다는 걸 겪어보았을 것이다. 그러면 이를 위해 노력하는 일이 얼마나 가치 있는지도 분명 경험했을 것이다.

기석은 우리 삶의 정서가 변화될 수 있다는 사실에 있다. 우리의 삶은 고착되어 있지 않다. (……) 우리의 의식은 달라질 수 있으며, 달라진 의식으로 우리의 사적 세계도 달라진다. 이 세계는 철저하게 달라질 수 있다. 변화된 정신은 과거와 현재, 미래에 이르는 우리 삶의 정서적 사건들을 변화시킨다.[6]

이 책을 통해 모멸감에 대한 독자들의 의식과 생각이 달라졌으면 한다. 또한 존엄 있는 삶을 위해 노력하며 인간으로서의 존엄성을 더욱 강하게 느끼는 데 도움이 되기를 진심으로 소망한다.

# 주

머리말

1   드 멜로(de Mello),《당신의 영혼에 시간을 주자(Gib deiner Seele Zeit)》, 2013, 213.

2   홀트-룬스타드(Holt-Lunstad), 스미스(Smith) & 레이튼(Layton), 〈사회적 관계와
    사망 위험도: 메타 분석적 고찰(Social relationships and mortality risk: A meta-analytic
    review)〉, 2010

3   휠러(Wheeler), 〈문화, 자아 그리고 장: 복잡성의 시대에 대한 게슈탈트 안내
    (Culture, self, and field: A gestalt guide to the age of complexity)〉, 2005, 94.

4   레이코프(Lakoff) & 존슨(Johnson),《삶으로서의 은유(Leben in Metaphern)》, 1998, 71;
    브루너(Bruner),《마음, 문화 그리고 자아 정체성(Sinn, Kultur und Ich-Identität)》, 1997.

5   사이크스(Sykes),《희생자들의 나라(A nation of victims)》, 1992, 19.

6   비에리(Bieri),《삶의 격(Eine Art zu leben)》, 2013b, 13.


1장

1   소포클레스(Sophocles),《오이디푸스 왕(König Ödipus)》, 2012


2장

1   사이크스,《희생자들의 나라》, 1992, 18.

2   쿠퍼(Cooper), 〈나르시시즘과 마조히즘(Narzißmus und Masochismus)〉, 1996, 45.

3   〈마인-포스트(Main-Post)〉, 2007.2.15.

4   리츠케(Litzcke), 슈(Schuh) & 플레트케(Pletke),《직장에서의 스트레스, 모빙, 번아

웃(Stress, Mobbing, Burn-out am Arbeitsplatz)》, 2013, 개정 제6판, 101.

## 3장

1 슐링엔지프(Schlingensief), 《천국도 여기처럼 아름다울 수는 없다!(So schön wie hier kanns im Himmel gar nicht sein!)》, 2009, 12.

2 묄러(Moeller), 《기회가 사랑을 만든다(Gelegenheit macht Liebe)》, 2000, 181.

3 린덴(Linden), 〈외상 후 울분 장애, 모멸감의 병리적 처리(Die Posttraumatische Verbitterungsstörung, eine pathologische Verarbeitung von Kränkungen)〉, 2005, 1.

4 솔리만(Soliman), 《침묵(Funkstille)》, 2011, 96.

5 시몬(Simon), 《배우지 않음의 예술(Die Kunst, nicht zu lernen)》, 1997, 122.

6 번(Berne), 《당신은 인사 후에 무슨 말을 하십니까?(Was sagen Sie, nachdem Sie > Guten Tag < gesagt haben?)》, 1983; 카르프만(Karpman), 〈동화와 극본 분석(Fairy tales and script drama analysis)〉, 1968

7 패터슨(Patterson), 그레니(Grenny), 맥밀란(McMillan) & 스위츨러(Switzler), 《결정적 순간의 대화(Heikle Gespräche)》, 2006, 129.

8 카르프만, 〈동화와 극본 분석〉, 1968, 40.

9 호로비츠(Horowitz), 〈나르시시즘 병리의 임상 현상학(Klinische Phänomenologie narzißtischer Pathologie)〉, 1996, 32.

10 슈템러(Staemmler) & 슈템러, 〈분노와 집착의 자아 — 펄스의 공격성 이론 및 방법론에 대한 논평(Das Ich, der Ärger und die Anhaftung — Zur Kritik der Perls'schen Aggressionstheorie und -methodik)〉, 2008

11 드라이덴(Dryden) & 고든(Gordon), 《영혼의 바늘땀(Nadelstiche für die Seele)》, 2002, 88.

12 벅(Buck), 〈의사소통의 신경심리학: 자발적 그리고 상징적 측면에서(The neuropsychology of communication: Spontaneous and symbolic aspects)〉, 1994; 한센(Hansen) & 한센, 〈군중 속 얼굴 찾기: 분노 우월 효과(Finding the face in the crowd: An anger superiority effect)〉, 1988

13 무멘데이(Mummendey), 린네베버(Linneweber) & 뢰쉬퍼(Löschper), 〈행위자 또는 피해자의 공격: 다른 관점, 다른 평가(Actor or victim of aggression: Divergent perspectives, divergent evaluations)〉, 1984, 308.

14 슈템러 & 슈템러의 위의 저서, 65.

15 무멘데이, 린네베버 & 뢰쉬퍼의 위의 저서, 309.

16 길리건(Gilligan), 《폭력(Violence)》, 2000, 110. — 라흐만(Lachmann)의 《공격성의 이해와 변화(Aggression verstehen und verändern)》 번역 2004, 173.

17  슈템러 & 슈템러의 위의 저서

18  라흐만, 《공격성의 이해와 변화》, 2004, 20.

19  니체(Nietzsche), 〈도덕의 계보(Zur Genealogie der Moral)〉, 1887, 《니체 걸작(Das Hauptwerk)》, 1990, 69.

20  코헛(Kohut), 《정신분석의 미래(Die Zukunft der Psychoanalyse)》, 1975, 229.

21  컨버그(Kernberg), 《나르시시즘, 공격성 그리고 자기 파괴(Narzißmus, Aggression und Selbstzerstörung)》, 2006, 277.

22  슈템러, 《대화하는 자아(Das dialogische Selbst)》, 2015

4장

1  레이코프 & 존슨, 《삶으로서의 은유》, 1998, 73.

2  비에리, 《자기 결정(Wie wollen wir leben?)》, 2013a, 16.

3  누멘마(Nummenmaa), 글레리안(Glerean), 하리(Hari) & 히에타넨(Hietanen), 〈신체의 정서 지도(Bodily maps of emotions)〉, 2014

4  하이데거(Heidegger), 《존재와 시간(Sein und Zeit)》, 1953, 150.

5  가다머(Gadamer), 《진리와 방법(Wahrheit und Methode)》 1권, 1990, 228.

6  가다머의 위의 저서, 301.

5장

1  하프케(Hafke), 〈피해자 개념에 대한 고찰(Nachdenken über den Opferbegriff)〉, 1996, 54.

2  카스트(Kast), 《피해자 역할과의 작별(Abschied von der Opferrolle)》, 1998, 96.

3  슈미트바우어(Schmidbauer), 〈I. 졸로시가 진행한 인터뷰(Interview, geführt von I. Szöllösi)〉, 2005, 17.

4  하프케의 위의 저서, 55.

5  카스트의 위의 저서, 91.

6  네프(Neff), 〈자기-자비 측정 척도의 개발과 타당화(The development and validation of a scale to measure self-compassion)〉, 2003, 224.

7  카스트의 위의 저서, 131.

6장

1  바르데츠키(Wardetzki), 《따귀 맞은 영혼(Ohrfeige für die Seele)》, 2000, 10.

2  드라이덴 & 고든, 《영혼의 바늘땀》, 2002, 40.

3  바론(Baron) & 바이른(Byrne), 《사회 심리학(Social psychology)》, 1984, 65; 굴드

(Gould) & 시갈(Sigall), 〈공감의 영향과 귀인의 결과: 다른 관점의 가설 검증(The effects of empathy and outcome on attribution: An examination of the divergent-perspectives hypothesis)〉, 1977

4    길버트(Gilbert) & 말론(Malone), 〈대응 편향(The correspondence bias)〉, 1995, 21.

5    존스(Jones) & 니스벳(Nisbett), 〈행위자와 관찰사: 행위의 원인에 대한 서로 다른 관점들(The actor and the observer: Divergent perceptions of the causes of behavior)〉, 1972

6    쉰들러(Schindler), 할벡(Hahlweg) & 레벤스토르프(Revenstorf), 《부부, 가깝고도 먼 동반자(Partnerschaftsprobleme)》, 1999, 6.

7    포가스(Forgas), 《사회심리학(Sozialpsychologie)》, 1987, 85.

7장

1    리들(Riedl), 〈원인에 대한 사고의 결과들(Die Folgen des Ursachendenkens)〉, 1985, 73.

2    리들의 위의 저서, 76.

3    베버-구스카(Weber-Guskar), 《감정의 명료함(Die Klarheit der Gefühle)》, 2009, 143.

4    로젠버그(Rosenberg), 《비폭력 대화(Gewaltfreie Kommunikation)》, 2003, 138.

9장

1    레이히(Leahy), 터치(Tirch). & 나폴리타노(Napolitano), 《심리 치료에서 정서 조절(Emotion regulation in psychotherapy)》, 2011, 74.

2    골먼(Goleman)의 《달라이 라마와의 대화(Dialog mit dem Dalai Lama)》에 인용된 에크먼(Ekman), 2003, 201.

3    마투라나(Maturana), & 바렐라(Varela), 《인식의 나무(Der Baum der Erkenntnis)》, 1987, 106.

4    홀로딘스키(Holodynski), 《정서 — 발달과 조절(Emotionen — Entwicklung und Regulation)》, 2006, 45.

5    홀로딘스키의 위의 저서, 34.

6    슈템러 & 보크(Bock), 《게슈탈트 치료의 전체적 변화(Ganzheitliche Veränderung in der Gestalttherapie)》, 2004, 101.

7    로젠버그, 《비폭력 대화》, 2003, 141.

8    하드캐슬(Hardcastle), 〈사아의 발달(The development of self)〉, 2003, 47.

9    비에리, 《삶의 격》, 2013b, 96.

10   뒤르(Dürr), 〈나눌 수 없는 세계의 할당(Teilhaben an einer unteilbaren Welt)〉, 2012, 23.

10장

1   그라베(Grawe), 《신경심리치료(Neuropsychotherapie)》, 2004, 185.

2   카두프(Caduff), 《모멸과 인정(Kränken und Anerkennen)》, 2010, 41.

3   바우마이스터(Baumeister), 스마트(Smart) & 보덴(Boden), 〈위협 받은 자기중심주의의 폭력 및 공격성과의 관계: 높은 자존감의 이면(Relation of threatened egotism to violence and aggression: The dark side of high self-esteem)〉, 1996, 29.

4   하버마스(Habermas), 《담론윤리학(Diskursethik)》, 2009, 298.

5   부버(Buber), 《나와 너(Ich und Du)》, 1936, 36.

6   슈템러, 《대화하는 자아》, 2015

7   호네트(Honneth), 《인정 투쟁(Kampf um Anerkennung)》, 1992, 277.

8   길버트 & 초덴(Choden), 《마음챙김과 자비(Achtsames Mitgefühl)》, 2014, 113.

9   도스토옙스키(Dostojewski), 《미성년(Der Jüngling)》, 1957, 536.

10  폴머(Vollmer), 〈인간이 당한 네 번째에서 일곱 번째 모멸(Die vierte bis siebte Kränkung des Menschen)〉, 1992, 104.

11  카두프, 《모멸과 인정》, 2010, 59쪽부터

12  마이어(Meier), 《모욕(Beleidigungen)》, 2007, 28.

13  스피넬리(Spinelli), 《실존 심리 치료의 실제(Practising existential psychotherapy)》, 2007, 46.

14  바우마이스터, 스마트 & 보덴의 위의 저서

15  바우마이스터, 스마트 & 보덴의 위의 저서, 12.

16  마이어의 위의 저서, 38.

17  엑슬린(Exline), 바우마이스터, 부시먼(Bushman), 캠벨(Campbell) & 핀켈(Finkel), 〈봐주기엔 자존심이 너무 강한: 용서의 장벽이 되는 나르시시즘적 자격 의식(Too proud to let go: Narcissistic entitlement as a barrier to forgiveness)〉, 2004, 895.

18  바우마이스터, 스마트 & 보덴의 위의 저서, 12.

19  바르데츠키의 위의 저서, 2000, 26.

20  바츨라빅(Watzlawick), 〈심리 치료 전문가의 체계론적-구성주의적 "직업병"(»Berufskrankheiten« systemisch-konstruktivistischer Therapeuten)〉, 1992, 97.


11장

1   발린트(Balint), 《치료적 관점에서 접근한 퇴행(Therapeutische Aspekte der Regression)》, 1970, 113.

2   슈템러, 《타인의 비밀(Das Geheimnis des Anderen)》, 2009

3   시겔(Siegel), 《마인드풀 브레인(The mindful brain)》, 2007, 290.

4    바우마이스터 & 리어리(Leary), 〈소속 욕구: 인간의 근본적 욕구로서 상호 인간적
     애착에 대한 갈망(The need to belong: Desire for interpersonal attachments as a fundamental
     human motivation)〉, 1995, 498.

5    트로닉(Tronick), 〈둘 사이의 확장된 의식 상태와 치료 변화의 과정(Dyadically
     expanded states of consciousness and the process of therapeutic change)〉, 1998, 294.

6    제이콥스(Jacobs), 〈심리 치료적 대화에서 수치심(Shame in the therapeutic dialogue)〉,
     1995, 88.

7    부르크하르트(Burckhart), 〈도덕적 경험(Erfahrung des Moralischen)〉, 2001, 255.

8    길버트 & 초덴, 《마음챙김과 자비》, 2014, 113.

9    메츠거(Metzger), 〈게슈탈트 이론적 교육이란 있는가?(Gibt es eine gestalttheoretische
     Erziehung?)〉, 1975, 24.

12장

1    가다머, 《진리와 방법》, 1권, 1990

2    운게호이어(Ungeheuer), 《의사소통 이론서 I(Kommunikationstheoretische Schriften I)》,
     1987

3    로스(Roth), 《감정, 사고, 행동(Fühlen, Denken, Handeln)》, 2001, 362.

4    위노그라드(Winograd), 〈언어를 이해한다는 것은 무슨 의미인가?(What does it mean
     to understand language?)〉, 1980, 218.

5    베이트슨(Bateson), 《마음의 생태학(Ökologie des Geistes)》, 1985, 350.

6    트로닉, 《영유아와 아동의 신경행동과 사회적 감정 발달(The neurobehavioral and
     social-emotional development of infants and children)》, 2007, 499.

7    로스, 《두뇌와 그 실제(Das Gehirn und seine Wirklichkeit)》, 1995, 94.

8    콥(Kopp), 《무죄의 끝(Das Ende der Unschuld)》, 1993, 49.

9    라플랑슈(Laplanche) & 퐁탈리스(Pontalis), 《정신분석 사전(Das Vokabular der
     Psychoanalyse)》, 1972, 46.

10   솔리만, 《침묵》, 2011, 66.

11   로렌처(Lorenzer), 《언어 붕괴와 복구(Sprachzerstörung und Rekonstruktion)》, 1970,
     108.

13장

1    마이어, 《모욕》, 2007, 2.

2    슈템러, 《타인의 비밀》, 2009, 65쪽부터

**14장**

1    페어필드(Fairfield), 〈게슈탈트 치료: 위해 저감 접근(Gestalt therapy: A harm reduction approach)〉, 2004

**15장**

1    사이크스, 《희생자들의 나라》, 1992, 253.

2    바르데츠키, 《따귀 맞은 영혼》, 2000, 104.

3    펄스(Perls), 헤퍼린(Hefferline) & 굿맨(Goodman), 《게슈탈트 치료(Gestalttherapie)》, 2006, 215쪽부터

4    골먼, 《달라이 라마와의 대화》, 2003, 218.

5    테일러(Taylor)의 〈경멸: 업신여김 당함의 위험(Slighting: The dangers of being disrespected)〉에 인용된 케이스(Keis), 2012

6    네프, 《자기 자비(Selbstmitgefühl)》, 2012, 86.

7    네프의 위의 저서, 170.

8    길버트 & 초덴, 《마음챙김과 자비》, 2014, 334.

9    슈템러, 《대화하는 자아》, 2015, 346쪽부터

10    네프의 위의 저서, 70.

11    갈라스(Gallace) & 스펜스(Spence), 〈대인 접촉의 과학: 개관(The science of interpersonal touch: An overview)〉, 2010, 251.

12    마지(Mazis), 〈촉각과 시각: 애무에 관한 메를로-퐁티 사르트르 논쟁 재고(Touch and vision: Rethinking with Merleau-Ponty Sartre on the caress)〉, 1998, 47.

13    니글(Niggl), 〈참회에 대한 두려움(Angst vor der Beichte)〉, 1986, 109.

14    드라이덴 & 고든, 《영혼의 바늘땀》, 2002, 103.

15    네프의 위의 저서, 22.

16    길버트 & 초덴의 위의 저서, 126.

17    길버트 & 초덴의 위의 저서, 117.

18    에크먼, 《얼굴의 심리학(Gefühle lesen)》, 2004, 55.

19    뮐러, 《진실은 둘이서 시작된다(Die Wahrheit beginnt zu zweit)》, 1996, 121.

20    고든, 《부모 효율성 교육(Familienkonferenz)》, 1997, 132.

21    트로닉, 〈둘 사이의 확장된 의식 상태와 치료 변화의 과정〉, 1998, 294.

22    슈템러, 〈공동의 구성 ― 부부 상담 치료 '대상'에서 성별에 따른 전형적인 오해의 사례를 중심으로〉, 1997

23    봄(Bohm), 《대화(Der Dialog)》, 1998, 27.

24    되링(Döring), 〈모멸감을 제대로 다루는 방법(Vom richtigen Umgang mit Kränkungen)〉,

2007, 29.

25  비에리, 《삶의 격》, 2013b, 275.

26  잘허(Salcher), 《내가 아파보기 전에는 절대 몰랐던 것들(Der verletzte Mensch)》, 2011, 82.


16장

1  로젠버그, 《상처 주지 않는 대화(Konflikte lösen durch Gewaltfreie Kommunikation)》, 2004, 35.

2  뮐러의 《기회가 사랑을 만든다(Gelegenheit macht Liebe)》에 인용된 브란트너 (Brantner), 2000, 29.

3  몸(Maugham), 《인생 회고(Rückblick auf mein Leben)》, 1948, 48.

4  오스틴(Austin), 《화행 이론(Zur Theorie der Sprechakte)》, 1972; 설(Searle), 《언어 행위 (Sprechakte)》, 1971

5  레비나스(Lévinas), 《타자의 흔적(Die Spur des Anderen)》, 1983, 112.

6  레비나스의 위의 저서, 224.

7  바흐친(Bakhtin), 《말하기 장르와 다른 후기 산문들(Speech genres and other late essays)》, 1986, 127.

8  괴테(Goethe), 《빌헬름 마이스터의 편력시대》(Wilhelm Meisters Wanderjahre), 1809/1957, 566.

9  단처(Danzer), 〈예의, 호의, 분별(Höflichkeit, Wohlwollen, Takt)〉, 1998, 247.

10  가다머, 《진리와 방법》, 1990, 22.

11  슈템러, 《타인의 비밀》, 2009, 86.

12  칸트(Kant), 《실천 이성 비판(Kritik der praktischen Vernunft)》, 1781, 54.

13  레이코프 & 존슨, 《삶으로서의 은유》, 1998, 309.

14  발처(Balzer), 《인정의 자취(Spuren der Anerkennung)》, 2014, 125.

15  바츨라빅, 《날조된 현실(Die erfundene Wirklichkeit)》, 1988, 37.

16  슈템러, 〈세련된 불확실성 — 게슈탈트 치료 자세에 대한 고찰(Kultivierte Unsicherheit — Gedanken zu einer gestalttherapeutischen Haltung)〉, 2003

17  랑어(Langer) & 피퍼(Piper) 〈마음놓침 예방하기(The prevention of mindlessness)〉, 1987; 스피넬리, 《해석된 세계(The interpreted world)》, 1989, 56.

18  리어리, 테이트(Tate), 애딤스(Adams), 앨런(Allen) & 핸콕(Hancock), 〈자기 자 비와 불쾌한 자기-관련 사건에 대한 반응: 자신을 친절히 대하는 것의 함의 (Selfcompassion and reactions to unpleasant self-relevant events: The implications of treating oneself kindly)〉, 2007, 901.

19   바르데츠키, 《따귀 맞은 영혼》, 2000, 42.

20   바우마이스터 & 보스(Vohs), 〈존중 중독으로서 나르시시즘(Narcissism as addiction to esteem)〉, 2001

21   마르쿠스(Markus), & 키타야마(Kitayama), 〈문화와 자아: 상호적 구조의 순환 (Cultures and selves: A cycle of mutual constitution)〉, 2010, 427.

22   슈미트바우어, 〈신들도 학습할 수 있는가? 남성적 나르시시즘의 치료와 코칭 그리고 관리에 대하여(Können Götter lernen? Der Umgang mit dem männlichen Narzissmus in der Therapie, Coaching und Supervision)〉, 1999, 164.

23   사이밍턴(Symington), 《나르시시즘(Narzißmus)》, 1999, 45.

24   보울비(Bowlby), 《애착(Bindung)》, 1984

25   레비(Levy), 엘리슨(Ellison), 스콧(Scott), & 베르네커(Bernecker), 〈애착 유형 (Attachment style)〉, 2011, 193.

26   그로스만(Grossmann) & 그로스만, 《애착(Bindungen)》, 2004

27   포나기(Fonagy), 《애착 이론과 정신분석(Bindungstheorie und Psychoanalyse)》, 2003, 41.

28   보덴만(Bodenmann), 《임상 부부·가족 심리학 교과서(Lehrbuch Klinische Paar- und Familienpsychologie)》, 2013, 104.

29   러스킨(Luskin), 《용서의 기술(Die Kunst zu verzeihen)》, 2003, 107.

30   브라흐만(Brachmann), 《루이제 브라흐만 시선집(Auserlesene Dichtungen von Louise Brachmann)》, 1824, 22.

31   가다머의 위의 책, 361.

32   와츠(Watts), 《물이 흐르는 길(Der Lauf des Wassers)》, 1976, 58.

33   리히텐베르크(Lichtenberg) & 그레이(Gray), 〈민주주의적-평등주의적 사회 생활상의 인식과 접근 그리고 장려(Awareness, contacting and the promotion of democratic-egalitarian social life)〉, 2006, 24.

34   탱니(Tangney), 〈겸손(Humility)〉, 2002, 411.

35   탱니의 위의 책, 413.

36   슈템러, 《대화하는 자아》, 2015, 18쪽부터

37   투겐트하트(Tugendhat), 〈영성, 종교, 신비주의(Spiritualität, Religion, Mystik)〉, 2012

38   풀턴(Fulton) & 시걸(Siegel), 〈불교와 서양 심리학: 접점 찾기(Buddhist and Western psychology: Seeking common ground)〉, 2005, 41.

39   싱어(Singer) & 리카르(Ricard)의 《뇌과학과 명상(Hirnforschung und Meditation)》에서 리카르의 말, 2008, 99.

맺음말

1     텐넨(Tennen) & 애플렉(Affleck), 〈위협적인 사건들에 대한 타인 비난(Blaming others for threatening events)〉, 1990, 213.

2     비에리, 《자기 결정》, 2013a, 11.

3     페렐(Perel), 《왜 다른 사람과의 섹스를 꿈꾸는가(Mating In Captivity)》, 2006, 260.

4     하버마스, 《담론윤리학》, 2009, 298.

5     비에리, 《삶의 격》, 2013b, 15.

6     사이밍턴, 《나르시시즘》, 1999, 117.

# 참고 문헌

S Ammann, C. (2007). *Emotionen – Seismographen der Bedeutung: Ihre Relevanz für eine christliche Ethik.* Stuttgart: Kohlhammer.

Austin, J. L. (1972). *Zur Theorie der Sprechakte.* Stuttgart: Reclam.

Bakhtin, M. M. (1986). *Speech genres and other late essays* (C. Emerson & M. Holquist, Hg.). Austin: University of Texas Press.

Balint, M. (1970). *Therapeutische Aspekte der Regression.* Stuttgart: Klett.

Balzer, N. (2014). *Spuren der Anerkennung — Studien zu einer sozial-und erziehungs-wissenschaftlichen Kategorie.* Wiesbaden: Springer VS.

Baron, R. A. & Byrne, D. (1984). *Social psychology — Understanding human interaction* (Fourth Edition). Boston: Allyn & Bacon.

Bateson, G. (1985). *Ökologie des Geistes — Anthropologische, psychologische, biologische und epistemologische Perspektiven.* Frankfurt am Main: Suhrkamp.

Baumeister, R. F. & Leary, M. R. (1995). The need to belong: Desire for interpersonal attachments as a fundamental human motivation. *Psychological Bulletin 117/3,* 497-529.

Baumeister, R. F. & Vohs, K. D. (2001). Narcissism as addiction to esteem. *Psychological Inquiry 12,* 206-210.

Baumeister, R. F. Smart, L., & Boden, J. M. (1996). Relation of threatened egotism to violence and aggression: The dark side of high self-esteem. *Psychological Review 103/1*, 5-33.

Berne, E. (1983). *Was sagen Sie, nachdem Sie > Guten Tag < gesagt haben? Psychologie des menschlichen Verhaltens.* Frankfurt am Main: Fischer.

Bieri, P. (2013a). *Wie wollen wir leben?* München: dtv.

Bieri, P. (2013b). *Eine Art zu leben — Über die Vielfalt menschlicher Würde.* München: Hanser.

Bodenmann, G. (2013). *Lehrbuch Klinische Paar-und Familienpsychologie.* Bern: Huber.

Bohm, D. (1998). *Der Dialog — Das offene Gespräch am Ende der Diskussionen* (L. Nichol, Hg.). Stuttgart: Klett-Cotta.

Bower, G. H. (1981). Mood and memory. *American Psychologist 36/2*, 129-148.

Bowlby, J. (1984). *Bindung — Eine Analyse der Mutter-Kind-Beziehung.* Frankfurt am Main: Fischer.

Brachmann, L. (1824). *Auserlesene Dichtungen von Louise Brachmann — herausgegeben und mit einer Biographie und Charakteristik der Dichterin begleitet, vom Professor Schütz zu Halle.* Leipzig: Weygand'sche Buchhandlung.

Bruner, J. S. (1997). *Sinn, Kultur und Ich-Identität — Zur Kulturpsychologie des Sinns.* Heidelberg: Auer.

Buber, M. (1936). *Ich und Du.* Berlin: Schocken.

Buck, R. (1994). The neuropsychology of communication: Spontaneaous and symbolic aspects. *Journal of Pragmatics 22/3-4*, 265-278.

Burckhart, H. (2001). Erfahrung des Moralischen — Wie und warum ist Erfahrung von Moralischem möglich? In M. Niquet, F. J. Herrero & M. Hanke (Hg.), *Diskursethik — Grundlegungen und Anwendungen* (S. 245-264). Würzburg: Königshausen & Neumann.

Cacioppo, J. T. & Patrick, W. (2011). *Einsamkeit — Woher sie kommt, was sie bewirkt, wie man ihr entrinnt.* Heidelberg: Spektrum.

Caduff, C. (2010). *Kränken und Anerkennen*. Basel: Lenos.

Cardak, M. (2013). The relationship between forgiveness and humility: A case study for university students. *Educational Research and Reviews 8/8*, 425-430.

Cooper, A. M. (1996). Narzißmus und Masochismus — Der narzißtisch-maso-chistische Charakter. In O. F. Kernberg (Hg.), *Narzißtische Persönlichkeitsstörungen* (S. 39-51). Stuttgart: Schattauer.

Danzer, G. (1998). Höflichkeit, Wohlwollen, Takt — Zur Hierarchie der guten Sitten. In I. Fuchs (Hg.), Eros und Gefühl — *Über den emotionalen Wesenskern des Menschen* (S. 247-270). Würzburg: Königshausen & Neumann.

de Mello, A. (2013). *Gib deiner Seele Zeit – Inspirationen für jeden Tag* (A. Lichtenauer, Hg.). Freiburg: Herder.

Döring, E. (2007). Vom richtigen Umgang mit Kränkungen. *Psychologie heute 34/7*, 26-29.

Dostojewski, F. M. (1957). *Der Jüngling*. München: Piper.

Dryden, W. & Gordon, J. (2002). *Nadelstiche für die Seele — Sechs Methoden zur Selbstverteidigung gegen Kränkung und Zurückweisung*. Zürich: Oesch.

Dürr, H.-P. (2012). Teilhaben an einer unteilbaren Welt — Das ganzheitliche Weltbild der Quantenphysik. In G. Hüther & C. Spannbauer (Hg.), *Connectedness — Warum wir ein neues Weltbild brauchen* (S. 15-28). Bern: Huber.

Dykas, M. J. & Cassidy, J. (2011). Attachment and the processing of social information across the life span: Theory and evidence. *Psychological Bulletin 137/1*, 19-46.

Eisenberger, N. I. (2012). The neural bases of social pain: Evidence for shared representations with physical pain. *Psychosomatic Medicine 74/2*, 126-135.

Eisenberger, N. I., Lieberman, M. D. & Williams, K. D. (2003). Does rejection hurt? An fMRI study of social exclusion. *Science 302, 5643*, 290-292.

Ekman, P. (2004). *Gefühle lesen — Wie Sie Emotionen erkennen und richtig interpretieren*. München: Spektrum Akademischer Verlag.

Exline, J. J., Baumeister, R. F., Bushman, B. J., Campbell, W. K. & Finkel, E. J. (2004). Too proud to let go: Narcissistic entitlement as a barrier to forgiveness. *Journal of Personality and Social Psychology 87/6*, 894-912.

Fairfield, M. A. (2004) Gestalt therapy: A harm reduction approach. *British Gestalt Journal 13/2*, 100-110.

Fonagy, P. (2003). *Bindungstheorie und Psychoanalyse.* Stuttgart: Klett-Cotta.

Forgas, J. P. (1987). *Sozialpsychologie — Eine Einführung in die Psychologie der sozialen Interaktion.* München & Weinheim: Psychologie Verlags Union.

Forward, S. & Frazier, D. (1998). *Emotionale Erpressung — Wenn andere mit Gefühlen drohen.* München: Goldmann.

Freud, S. (1917/1947). Eine Schwierigkeit der Psychoanalyse. In S. Freud, *Gesammelte Werke, 12. Band* (A. Freud, E. Bibring, W. Hoffer & E. Kris, O. Isakower, Hg.) (S. 3-12). Frankfurt am Main: S. Fischer.

Fulton, P. R. & Siegel, R. D. (2005). Buddhist and Western psychology: Seeking common ground. In C. K. Germer, R. D. Siegel & P. R. Fulton (Hg.), *Mindfulness and psychotherapy* (S. 28-51). New York & London: Guilford.

Gadamer, H.-G. (1990). *Wahrheit und Methode — Grundzüge einer philosophischen Hermeneutik, Band I.* Tübingen: Mohr.

Gallace, A. & Spence, C. (2010). The science of interpersonal touch: An overview. *Neuroscience and Biobehavioral Reviews 34/2*, 246-259.

Gilbert, D. T. & Malone, P. S. (1995). The correspondence bias. *Psychological Bulletin 117/1*, 21-38.

Gilbert, P. & Choden (2014). *Achtsames Mitgefühl — Ein kraftvoller Weg, das Leben zu verwandeln.* Freiburg: Arbor.

Gilligan, J. (2000). *Violence: Reflections on our deadliest epidemic.* London: Jessica Kingsley.

Goethe, J. W. (1809/1957). *Romane — Wilhelm Meisters Wanderjahre; Die Wahlverwandtschaften; Das Märchen; Novelle.* Frankfurt am Main: Büchergilde

Gutenberg.

Goleman, D. (2003). *Dialog mit dem Dalai Lama — Wie wir destruktive Emotionen überwinden können.* München: Hanser.

Gordon, T. (1997). *Familienkonferenz — Die Lösung von Konflikten zwischen Eltern und Kind.* München: Heyne.

Gould, R. & Sigall, H. (1977). The effects of empathy and outcome on attribution: An examination of the divergent-perspectives hypothesis. *Journal of Experimental Social Psychology 13,* 480-491.

Grawe, K. (2004). *Neuropsychotherapie.* Göttingen: Hogrefe.

Grossmann, K. & Grossmann, K. E. (2004). *Bindungen — Das Gefüge psychischer Sicherheit.* Stuttgart: Klett-Cotta.

Habermas, J. (2009). *Diskursethik.* Frankfurt am Main: Suhrkamp.

Hafke, C. (1996). Nachdenken über den Opferbegriff. *Gestalttherapie 10/2,* 54-63.

Hansen, C. H. & Hansen, R. D. (1988). Finding the face in the crowd: An anger superiority effect. *Journal of Personality and Social Psychology 54/6,* 917-924.

Hardcastle, V. G. (2003). The development of self. In G. D. Fireman, T. E. McVay & O. J. Flanagan (Hg.), *Narrative and consciousness: Literature, psychology, and the brain* (S. 37-50). Oxford: Oxford University Press.

Heidegger, M. (1953). *Sein und Zeit.* Tübingen: Niemeyer.

Holodynski, M. (2006). *Emotionen — Entwicklung und Regulation* (unter Mitarbeit von Wolfgang Friedlmeier). Heidelberg: Springer.

Holt-Lunstad, J., Smith, T. B. & Layton, J. B. (2010). Social relationships and mortality risk: A meta-analytic review. *PLoS Medicine 7/7,* 1-20.

Honneth, A. (1992). *Kampf um Anerkennung — Zur moralischen Grammatik sozialer Konflikte.* Frankfurt am Main: Suhrkamp.

Horowitz, M. J. (1996). Klinische Phänomenologie narzißtischer Pathologie. In O. F. Kernberg (Hg.), *Narzißtische Persönlichkeitsstörungen* (S. 30-38). Stuttgart: Schattauer.

Jacobs, L. (1995). Shame in the therapeutic dialogue. *British Gestalt Journal 4/2*, 86-90.

Jones, E. E. & Nisbett, R. E. (1972). The actor and the observer: Divergent perceptions of the causes of behavior. In E. E. Jones, D. Kanouse, H. H. Kelley, R. E. Nisbett, S. Valins & B. Weiner (Hg.), *Attribution: Perceiving the causes of behavior* (S. 79-94). Morristown, NJ: General Learning Press.

Kant, I. (1781). *Kritik der practischen Vernunft*. Frankfurt & Leipzig (keine Verlagsangabe).

Karpman, S. B. (1968). Fairy tales and script drama analysis. *Transactional Analysis Bulletin 7*, 39-43.

Kast, V. (1998). *Abschied von der Opferrolle — Das eigene Leben leben*. Freiburg: Herder.

Katie, B. & Mitchell, S. (2002). *Lieben, was ist — Wie vier Fragen Ihr Leben verändern können*. München: Goldmann.

Kernberg, O. (2006). *Narzißmus, Aggression und Selbstzerstörung — Fortschritte in der Diagnose und Behandlung schwerer Persönlichkeitsstörungen*. Stuttgart: Klett-Cotta.

Kohut, H. (1975). *Die Zukunft der Psychoanalyse — Aufsätze zu allgemeinen Themen und zur Psychologie des Selbst*. Frankfurt am Main: Suhrkamp.

Kopp, S. B. (1993). *Das Ende der Unschuld — Ohne Illusionen leben*. Frankfurt am Main: Fischer.

Lachmann, F. M. (2004). *Aggression verstehen und verändern — Psychotherapeutischer Umgang mit destruktiven Selbstzuständen*. Stuttgart: Pfeiffer bei Klett-Cotta.

Lakoff, G. & Johnson, M. (1998). *Leben in Metaphern — Konstruktion und Gebrauch von Sprachbildern*. Heidelberg: Auer.

Langer, E. J. & Piper, A. I. (1987). The prevention of mindlessness. *Journal of Personality and Social Psychology 53/2*, 280-287.

Laplanche, J. & Pontalis, J.-B. (1972). *Das Vokabular der Psychoanalyse*. Frankfurt am

Main: Suhrkamp.

Leahy, R. L., Tirch, D. & Napolitano, L. A. (2011). *Emotion regulation in psychotherapy: A practitioner's guide*. New York & London: Guilford.

Leary, M. R., Tate, E. B., Adams, C. E., Allen, A. B. & Hancock, J. (2007). Self-compassion and reactions to unpleasant self-relevant events: The implications of treating oneself kindly. *Journal of Personality and Social Psychology 92/5*, 887-904.

Lévinas, E. (1983). *Die Spur des Anderen — Untersuchungen zur Phänomenologie und Sozialphilosophie*. Freiburg & München: Alber.

Levy, K. N., Ellison, W. D., Scott, L. N. & Bernecker, S. L. (2011). Attachment style. *Journal of Clinical Psychology: In Session 67/2*, 193-203.

Lichtenberg, P. & Gray, C. (2006). Awareness, contacting and the promotion of democratic-egalitarian social life. *British Gestalt Journal 15/2*, 20-27.

Linden, M. (2005). Die Posttraumatische Verbitterungsstörung, eine pathologische Verarbeitung von Kränkungen. www.jp.philo.at/texte/Linden1.pdf — gefunden am 20. 10. 2014.

Litzcke, S., Schuh, H. & Pletke, M. (2013). *Stress, Mobbing, Burn-out am Arbeits\-platz* (6., vollständig überarbeitete Auflage). Heidelberg: Springer.

Lorenzer, A. (1970). *Sprachzerstörung und Rekonstruktion — Vorarbeiten zu einer Metatheorie der Psychoanalyse*. Frankfurt am Main: Suhrkamp.

Luskin, F. (2003). *Die Kunst zu verzeihen — So werfen Sie Ballast von der Seele*. Landsberg: mvg.

Markus, H. R. & Kitayama, S. (2010). Cultures and selves: A cycle of mutual constitution. *Perspectives on Psychological Science 5/4*, 420-430.

Maturana, H. R. & Varela, F. J. (1987). *Der Baum der Erkenntnis*. Bern: Scherz.

Maugham, W. S. (1948). *Rückblick auf mein Leben*. Zürich: Rascher.

Mazis, G. A. (1998). Touch and vision: Rethinking with Merleau-Ponty Sartre on the caress. In J. Stewart (Hg.), *The debate between Sartre and Merleau-Ponty* (S.

144-153). Evanston, IL: Nortwestern University Press.

Meier, S. (2007). *Beleidigungen — Eine Untersuchung über Ehre und Ehrverletzung in der Alltagskommunikation*. Aachen: Shaker.

Metzger, W, (1975). Gibt es eine gestalttheoretische Erziehung? In K. Guss (Hg.), *Gestalttheorie und Erziehung* (S. 17-41). Darmstadt: Steinkopff.

Moeller, M. L. (1996). *Die Wahrheit beginnt zu zweit — Das Paar im Gespräch*. Reinbek bei Hamburg: Rowohlt.

Moeller, M. L. (2000). *Gelegenheit macht Liebe — Glücksbedingungen in der Partnerschaft*. Reinbek bei Hamburg: Rowohlt.

Mummendey, A., Linneweber, V. & Löschper, G. (1984). Actor or victim of aggression: Divergent perspectives, divergent evaluations. *European Journal of Social Psychology 14/3*, 297-311.

Neff, K. D. (2003). The development and validation of a scale to measure self-compassion. *Self and Identity 2*, 223-250.

Neff, K. D. (2012). *Selbstmitgefühl — Wie wir uns mit unseren Schwächen versöhnen und uns selbst der beste Freund werden*. München: Kailash.

Nietzsche, F. (1887/1990). Zur Genealogie der Moral — Eine Streitschrift. In F. Nietzsche, *Das Hauptwerk, Band 4* (J. Perfahl, Hg.) (S. 3-176). München: Nymphenburger.

Niggl, G. (1986). Angst vor der Beichte — Gedanken zur Neuordnung der Beichte. In G. Sporschill (Hg.), *Wie heute beichten — Neuausgabe* (S. 107-135). Freiburg: Herder.

Nummenmaa, L., Glerean, E., Hari, R. & Hietanen, J. K. (2014). Bodily maps of emotions. *Proceedings of the National Academy of Sciences 111/2*, 646-651.

Patterson, K., Grenny, J., McMillan, R., & Switzler, A. (2006). *Heikle Gespräche — Worauf es ankommt, wenn viel auf dem Spiel steht*. Wien: Linde.

Perel, E. (2006). *Wild Life — Die Rückkehr der Erotik in die Liebe*. München & Zürich: Pendo.

Perls, F. S., Hefferline, R. & Goodman, P. (2006). *Gestalttherapie — Grundlagen der Lebensfreude und Persönlichkeitsentfaltung* (siebte, neu übersetzte Auflage). Stuttgart: Klett-Cotta.

Ricard, M. (2007). *Glück.* München: Nymphenburger.

Riedl, R. (1985). Die Folgen des Ursachendenkens. In P. Watzlawick (Hg.), *Die erfundene Wirklichkeit — Wie wissen wir, was wir zu wissen glauben? — Beiträge zum Konstruktivismus* (S. 67-90). München: Piper.

Rosa, H. (2013). *Beschleunigung und Entfremdung — Entwurf einer Kritischen Theorie spätmoderner Zeitlichkeit.* Berlin: Suhrkamp.

Rosenberg, M. B. (2003). *Gewaltfreie Kommunikation — Aufrichtig und einfühlsam miteinander sprechen — Neue Wege in der Mediation und im Umgang mit Konflikten.* Paderborn: Junfermann.

Rosenberg, M. B. (2004). *Konflikte lösen durch Gewaltfreie Kommunikation — Ein Gespräch mit Gabriele Seils.* Freiburg/Br.: Herder.

Roth, G. (1995). *Das Gehirn und seine Wirklichkeit — Kognitive Neurobiologie und ihre philosophischen Konsequenzen.* Frankfurt am Main: Suhrkamp.

Roth, G. (2001). *Fühlen, Denken, Handeln — Wie das Gehirn unser Verhalten steuert.* Frankfurt am Main: Suhrkamp.

Salcher, A. (2011). *Der verletzte Mensch — An Verletzungen wachsen statt zerbrechen.* München: Goldmann.

Schindler, L., Hahlweg, K. & Revenstorf, D. (1999). *Partnerschaftsprobleme — Möglichkeiten zur Bewältigung — Ein Handbuch für Paare* (zweite, aktualisierte und vollständig überarbeitete Auflage). Berlin & Heidelberg: Springer.

Schlingensief, C. (2009). *So schön wie hier kanns im Himmel gar nicht sein!* Köln: Kiepenheuer & Witsch.

Schmidbauer, W. (1999). Können Götter lernen? Der Umgang mit dem männlichen Narzissmus in der Therapie, Coaching und Supervision. *Organisationsberatung — Supervision — Clinical Management 6/2,* 163-176.

Schmidbauer, W. (2005). Interview, geführt von I. Szöllösi. *Ursache & Wirkung 54*, 16-17.

Searle, J. R. (1971). *Sprechakte — Ein sprachphilosophischer Essay*. Frankfurt am Main: Suhrkamp.

Siegel, D. J. (2007). *The mindful brain: Reflection and attunement in the cultivation of well-being*. New York: W. W. Norton. — deutsch: Das achtsame Gehirn. Freiamt: Arbor.

Simon, F. B. (1997). *Die Kunst, nicht zu lernen — Und andere Paradoxien in Psychotherapie, Management, Politik ...* Heidelberg: Auer.

Singer, W. & Ricard, M. (2008). *Hirnforschung und Meditation — Ein Dialog*. Frankfurt am Main: Suhrkamp.

Soliman, T. (2011). *Funkstille – Wenn Menschen den Kontakt abbrechen*. Stuttgart: Klett-Cotta.

Sophocles (2012). *König Ödipus* (B. Manuwald, Hg.). Berlin: de Gruyter.

Spinelli, E. (1989). *The interpreted world: An introduction to phenomenological psychology*. London: Sage.

Spinelli, E. (2007). *Practising existential psychotherapy: The relational world*. London: Sage.

Staemmler, F.-M. (1993). *Therapeutische Beziehung und Diagnose — Gestalttherapeutische Antworten*. München: Pfeiffer.

Staemmler, F.-M. (1997). Gemeinsame Konstruktionen — Über den )Gegenstand ( der Paartherapie am Beispiel geschlechtsspezifischer Mißverständnisse. *Gestalttherapie 11/1*, 57-69.

Staemmler, F.-M. (2003). Kultivierte Unsicherheit — Gedanken zu einer gestalttherapeutischen Haltung. In E. Doubrawa & F.-M. Staemmler (Hg.), *Heilende Beziehung — Dialogische Gestalttherapie* (S. 137-154). Wuppertal: Hammer.

Staemmler, F.-M. (2009). *Das Geheimnis des Anderen — Empathie in der*

*Psychotherapie: Wie Therapeuten und Klienten einander verstehen.* Stuttgart: Klett-Cotta.

Staemmler, F.-M. (2015). *Das dialogische Selbst — Postmodernes Menschenbild und psychotherapeutische Praxis.* Stuttgart: Schattauer.

Staemmler, F.-M. & Bock, W. (2004). *Ganzheitliche Veränderung in der Gestalttherapie — Neuausgabe.* Wuppertal: Hammer.

Staemmler, F.-M. & Staemmler, B. (2008). Das Ich, der Ärger und die Anhaftung — Zur Kritik der Perls'schen Aggressionstheorie und -methodik. In F.-M. Staemmler & R. Merten (Hg.), *Therapie der Aggression — Perspektiven für Individuum und Gesellschaft* (S. 29-168). Bergisch Gladbach: EHP.

Sykes, C. J. (1992). *A nation of victims: The decay of the American character.* New York: St. Martin's Press.

Symington, N. (1999). *Narzißmus — Neue Erkenntnisse zur Überwindung psychischer Störungen.* Gießen: Psychosozial.

Tangney, J. P. (2002). Humility. In C. R. Snyder & S. J. Lopez (Hg.), *Handbook of positive psychology* (S. 411-419). Oxford: Oxford University Press.

Taylor, S. (2012). Slighting: The dangers of being disrespected. *Psychology Today Online* — gefunden am 30. 10. 2014.

Tennen, H. & Affleck, G. (1990). Blaming others for threatening events. *Psychological Bulletin 108/2,* 209-232.

Tronick, E. Z. (1998). Dyadically expanded states of consciousness and the process of therapeutic change. *Infant Mental Health Journal 19/3,* 290-299.

Tronick, E. Z. (2007). *The neurobehavioral and social-emotional development of infants and children.* New York: W. W. Norton.

Tugendhat, E. (2012). Spiritualität, Religion, Mystik. *Gestalttherapie 26/2,* 2-12.

Ungeheuer, G. (1987). *Kommunikationstheoretische Schriften I: Sprechen, Mitteilen, Verstehen* (J. G. Juchem, Hg.). Aachen: Alano/Rader.

Vollmer, G. (1992). Die vierte bis siebte Kränkung des Menschen — Gehirn,

Evolution und Menschenbild. In H. Grabes (Hg.), *Wissenschaft und neues Weltbild — Vorlesungen* (S. 91-108). Gießen: Ferber.

Wardetzki, B. (2000). *Ohrfeige für die Seele — Wie wir mit Kränkung und Zurückweisung besser umgehen können.* München: Kösel.

Wardetzki, B. (2005). *Mich kränkt so schnell keiner! Wie wir lernen, nicht alles persönlich zu nehmen.* München: dtv.

Watts, A. (1976). *Der Lauf des Wassers — Eine Einführung in den Taoismus – Die chinesische Weisheitslehre als Weg zum Verständnis unserer Zeit.* Bern: Scherz & O. W. Barth.

Watzlawick, P. (1988). *Anleitung zum Unglücklichsein.* München: Piper.

Watzlawick, P. (1992). »Berufskrankheiten« systemisch-konstruktivistischer Therapeuten. In J. Schweitzer, A. Retzer & H. R. Fischer (Hg.), *Systemische Praxis und Postmoderne* (S. 87-101). Frankfurt am Main: Suhrkamp.

Weber-Guskar, E. (2009). *Die Klarheit der Gefühle — Was es heißt, Emotionen zu verstehen.* Berlin & New York: de Gruyter.

Wheeler, G. (2005). Culture, self, and field: A gestalt guide to the age of complexity. *Gestalt Review 9/1,* 91-128.

Winograd, T. (1980). What does it mean to understand language? *Cognitive Science 4/3,* 209-241.

Zur, O. (1994). Was es bringt, ein Opfer zu sein. *Psychologie heute 21/9,* 58-64.

Zawadzka, A. M. & Zalewska, J. (2013). Can humility bring happiness in life? The relationship between life aspirations, subjective well-being, and humility. *Annals of Psychology 16/3,* 433-449.

Zuschlag, B. (1994). *Mobbing — Schikane am Arbeitsplatz.* Göttingen: Verlag für Angewandte Psychologie.

# 모멸감,
끝낸다고 끝이 아닌 관계에 대하여

**초판 1쇄 인쇄** 2022년 7월 1일
**초판 1쇄 발행** 2022년 7월 8일

**지은이** 프랑크 M. 슈템러
**옮긴이** 장윤경
**펴낸이** 김선식

**경영총괄** 김은영
**편집인** 박경순
**책임편집** 문해림 **책임마케터** 김지우
**마케팅본부장** 권장규 **마케팅2팀** 이고은, 김지우
**미디어홍보본부장** 정명찬
**홍보팀** 안지혜, 김은지, 이소영, 김민정, 오수미
**뉴미디어팀** 허지호, 박지수, 임유나, 송희진, 홍수경
**저작권팀** 한승빈, 김재원, 이슬
**재무관리팀** 하미선, 윤이경, 김재경, 오지영, 안혜선
**인사총무팀** 이우철, 김혜진, 황호준
**제작관리팀** 박상민, 최완규, 이지우, 김소영, 김진경, 양지환
**물류관리팀** 김형기, 김선진, 한유현, 민주홍, 전태환, 전태연, 양문현
**외부스태프 디자인** 형태와내용사이

**펴낸곳** 다산북스 **출판등록** 2005년 12월 23일 제313-2005-00277호
**주소** 경기도 파주시 회동길 490
**전화** 02-704-1724
**이메일** kspark@dasanimprint.com
**홈페이지** www.dasan.group
**인쇄·제본** 한영문화사 **후가공** 평창피앤지 **종이** 한솔피엔에스

**ISBN** 979-11-306-9138-1 (03180)